KB176619

고전은 어떻게 **콘텐츠**가 되었을까

고전은 어떻게 **콘텐츠**가 되었을까

초판 1쇄 인쇄 · 2020년 8월 19일
초판 1쇄 발행 · 2020년 8월 27일

지은이 · 윤필상, 백훈기, 홍상은, 김공숙, 이동형, 곽이삭
펴낸이 · 한봉숙
펴낸곳 · 푸른사상사

주간 · 맹문재 | 편집 · 지순이 | 교정 · 김수란
등록 · 1999년 7월 8일 제2-2876호
주소 · 경기도 파주시 회동길 337-16(서패동)
대표전화 · 031) 955-9111(2) | 팩시밀리 · 031) 955-9114
이메일 · prun21c@hanmail.net
홈페이지 · http://www.prun21c.com

ISBN 979-11-308-1698-2 93300

값 20,000원

이 도서의 국립중앙도서관 출판예정도서목록(CIP)은 서지정보유통지원
시스템 홈페이지(http://seoji.nl.go.kr)와 국가자료종합목록 구축시스템
(http://kolis-net.nl.go.kr)에서 이용하실 수 있습니다.
(CIP제어번호 : CIP2020033506)

문화콘텐츠 총서 17

고전은 어떻게 콘텐츠가 되었을까

윤필상 백훈기 홍상은 김공숙 이동형 곽이삭

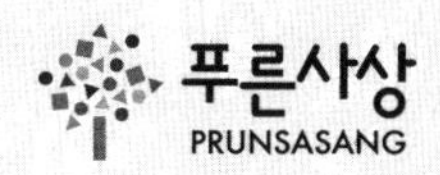

책머리에

'문화콘텐츠'라는 용어가 사용된 지는 불과 20여 년밖에 되지 않는다. 그럼에도 문화콘텐츠는 수많은 예술 장르와 대중매체를 포섭하며 엄청난 속도로 발전하고 있다. 영화, 드라마, 공연, 축제, 게임, 애니메이션 등 다양한 문화콘텐츠에 관한 대중의 관심은 어느 때보다 높으며, 인문학자들과 전문가들은 문화적 요소를 활용한 콘텐츠의 활용과 개발에 집중하고 있다. 최근의 문화콘텐츠는 과학기술의 비약적 발전에 힘입어 능력과 영역을 더욱 확장시키고 있다. 인공지능이나 가상현실과 같은 디지털 환경이 조성됨으로써 매체와 플랫폼이 다양해졌고 그로 인해 사람들이 소통할 수 있는 공간이 넓어졌다. 바야흐로 문화콘텐츠의 시대가 된 것이다.

문화콘텐츠는 한편으로 기술의 발전을 흡수하고 다른 한편으로는 고전을 활용해 매체와 장르에 적용시키고 있다. 모방이 인간의 본능이듯, 예술가의 창작이 모방으로부터 출발하듯, 문화콘텐츠는 고전을 모방하려는 본능으로부터 시작한다. 고전은 그 자체로서 훌륭한 가치를 지닌 독자적 콘텐츠일 뿐 아니라 새로운 콘텐츠에 원리와 재료를 제공하는 창작의 기반이 되기 때문이다. 예를 들어 〈신과 함께〉는 한국의 전통 신화를 활용해 만화, 영화, 뮤지컬 등으로 만들어졌고 〈별순검〉은 조선시대 검안기록을 재구성했으며, 〈반지의 제왕〉은 북유럽 신화에서 아이디어를 얻었다. 〈해리포터〉 역시 고대 그리스 신화와 영국의 민담 등 유럽의 고전에서 많은 것을 배웠다.

이처럼 고전은 다양한 문화콘텐츠 분야에 활용되어왔으나 고전이 어떻게 문화콘텐츠로 활용되었는지에 대해서는 단편적 사실만 다루어졌을 뿐 자세히 소개된 것은 드물다. 저자들은 이러한 현실을 공감하고 '고전은 어떻게 콘텐츠가 되었을까?'라는 흥미로운 주제를 선택하게 되었다. 이 책은 이론과 실무 능력을 겸비한 여섯 명의 문화콘텐츠 연구자들이 여러 분야의 콘텐츠를 고전의 활용을 중심으로 풀어낸 것이다. 고전이 어떻게 문화콘텐츠 속에 용해되어 매체와 장르의 원리로 작용하는지에 주목하고 오페라, 연극, 창극, 드라마, 게임(놀이), 그리고 문화예술 공론장의 분야를 중심으로 살펴보았다.

윤필상의 「고전(古典)의 고전(古典) – 오페라 탄생과 『시학』」은 16세기 말 오페라를 창안한 피렌체의 음악가와 인문학자들의 그룹 카메라타(Florentine Camerata)가 아리스토텔레스의 『시학』을 오페라의 고전으로 활용했음을 소개했다. 『시학』은 고대 그리스 비극의 원리와 핵심요소에 대한 고찰이 최초로 담겨진 고전으로서 고대 그리스 비극의 부활을 고민했던 카메라타의 구성원들이 비극의 원형을 연구하는 데 중요한 참고자료였을 뿐 아니라 모방의 근거로 활용되었음을 강조했다.

백훈기의 「연극을 본다는 것의 행위적 층위」는 고대 그리스로부터 계승되어온 연극의 소통 방식을 연극의 역설이라는 시선으로 바라보았다. 누군가(배우) 인간의 행위를 모방하고, 다른 누군가(관객)가 이를 보는 것이 연극이다. 연극은 관객이 보는 행위를 통해 하나가 되는 동일성의 체험을 활용하는 매체이지만, 역설적으로 연극을 통해 관객 자신이 어떻게 다른

지를 인식하여 개별성을 나타내도록 하는 사회적 의식(儀式)으로 기능함을 살펴보았다.

홍상은의 「창극과 경극의 경계에 꽃피우다－국립창극단 창극 〈패왕별희〉」는 한·중 전통극이 만나서 이루어낸 성공 요인을 탐색했다. 경극의 몸짓에 창극의 소리가 얹혀진 〈패왕별희〉는 젊은 세대 관객에게도 관심을 끌었다. 기존의 창극이나 경극과는 다른 새로운 융합 장르 개척의 가능성을 보여준 〈패왕별희〉는 전통에 기반을 둔 장르의 '화학적' 융합, 제작진과 배우들의 높은 기량이 시너지를 일으켜 성공했다고 분석했다.

김공숙의 「〈별에서 온 그대〉에 숨겨진 중국의 오래된 사랑 이야기」는 〈별에서 온 그대〉가 중국에서 공전의 히트를 한 이유를 중국 고전을 탁월하게 변용했다는 점에서 찾는다. 외계인과의 사랑은 인간이 아닌 신(神)적 존재와의 연애담으로, 드라마의 남녀 주인공은 재자가인소설의 재자가인과 비교했고, 또한 만남과 이별을 반복하는 열린 결말은 견우직녀 설화의 변용으로 바라보았다. 중국의 고전이 한류 드라마에 어떻게 녹아 있는지 소개하고 있다.

이동형의 「문화예술 공론장은 시대에 따라 어떻게 달라졌을까?」는 서구 근대사회에서 문화예술의 공론장이었던 프랑스의 살롱과 영국의 커피하우스가 21세기 인터넷 사회에서도 여전히 그 기능을 이어가고 있음을 확인한다. 그 배경에는 미디어의 발달과 새로운 시민계급의 등장에 따른 사회구조 변동이 있다. 문화예술 공론장은 인터넷 카페라는 형태로 진화하고, 시민은 문화예술의 향유자 · 소비자에서 참여자 · 생산자로 변화하고 있다는 점이다.

곽이삭의 「놀이(Play)하는 인간, 변화하는 놀이」는 학문과 예술, 문화콘텐츠에 놀이가 어떻게 담겨 있는지 살핀다. 놀이는 노동과 대립하는 여가 활동으로만 여겨졌으나, 오늘날 일상 곳곳에 깊숙이 스며들어 우리를 즐겁게 만든다. 놀이가 주는 쾌감은 인간의 본능적 감정으로 자발적이며 재미있는 기분을 동반한다. 그러므로 시대에 따라 놀이를 즐기는 환경의 변화로 사람들의 놀이 취향은 변화할지라도 우리의 삶에서 놀이가 사라지는 일은 없을 것임을 강조했다.

이 책에 실린 글 중에는 연구의 성과물로 학술지에 발표되었던 글도 일부 포함되었다. 다소 딱딱한 논문의 형식을 벗고 쉽게 읽힐 수 있도록 보완하고 정리했다. 각 저자들은 고전의 활용을 중심에 두고 자신의 전문 분야를 자유롭게 연구했으며, 융합과 통섭이라는 시대적 화두 또한 함께 살필 수 있을지도 고민했다. 이 책이 문화와 역사, 예술을 다룬 인문교양서로서뿐만 아니라 문화콘텐츠의 연구와 제작의 참고서로도 많은 독자들과 만나길 기대한다.

2020년 8월

대표저자 윤필상

차례

고전(古典)의 고전(古典)

■ 오페라 탄생과 『시학』

윤필상

고전(古典)의 고전(古典)

■ 오페라 탄생과 『시학』

무엇이 오페라 탄생에 영향을 주었나?

이른바 '종합예술'의 대명사로 불리는 오페라는 서양 음악극의 역사에서 가장 중요한 위치를 차지한다. 왜냐하면 가장 대중적인 음악극으로 확고히 자리 잡은 뮤지컬을 낳은 어머니이자 20세기 이후 진보적 음악극 양식들에 유산을 물려준 선조이기 때문이다. 또한 유산을 물려준 후에도 소멸되지 않고 지금도 살아 있는 고전으로 평가받고 있기도 하다.

예술성과 대중성을 확보해 일반 대중에게도 낯설지 않은 모차르트, 도니제티, 베르디, 푸치니 작품들의 인기는 지금도 전 세계적이다. 또한 종종 오페라로 착각하는 뮤지컬 〈오페라의 유령〉은 오페라 하우스를 배경으로 삼고 있으며, 〈렌트〉는 푸치니의 오페라 〈라 보엠〉을 현대화한 작품이다. 이처럼 종합예술이라는 수식어를 제외하더라도 오페라는 공연예술 장르로서 상당한 영향력을 갖고 있다.

16세기 말 이탈리아의 피렌체에서 시작된 오페라는 로마와 베네치아, 밀라노, 나폴리 등 이탈리아의 각 도시에서 엄청난 성공을 거두며 새로

〈라 스칼라(La Scala) 오페라 하우스

운 예술장르로 자리 잡았다. 그뿐 아니라 독일, 프랑스, 영국 등 유럽의 다른 나라에 전파되며 성공을 이어갔다.

르네상스라는 시대적 운동의 출발이 그랬던 것처럼 오페라 역시 이탈리아를 중심으로 발전한 것은 분명하지만 오페라를 받아들인 여러 나라에서는 자국의 환경과 그 당시의 문화적 흐름에 따라 다양한 양식의 오페라를 만들었다. 이는 오페라의 역사에서도 중요한 의미를 지닌다. 과거 유럽의 문화예술시장이 오랫동안 소수의 엘리트 귀족이나 성직자들의 전유물이었던 것에서 벗어나 일반 대중에게로 확장되었던 시대적 흐름과도 맥을 같이한다.

400년이 넘는 역사 속에서 많은 변화를 거치며 양식화에 성공한 오페라는 이미 존재했던 여러 가지 양식으로부터 영향을 받아 탄생한 것으로 알려져 있다. 대표적으로 중세 시대에 존재했던 전례극(Liturgical Play), 신비극(Mystery Play), 기적극(Miracle Play) 혹은 성인극(Saint's Play), 도덕극(Morality Play)과 같은 종교극, 그리고 대중적인 오락물로 분류되는 비종

중세 신비극

교극인 세속극(Secular)이 그것이다.[1)]

오페라는 음악적 요소를 가지고 있었던 연극의 형태인 교회의 미사전례와 그 밖의 종교적 의식이었거나 음악을 활용한 다양한 형태의 연극으로부터 비롯된 양식이다. 중세 후반기에는 민속극과 소극이 발전하였는데 여기에 사용된 오락성은 종교개혁과 르네상스 시대를 거치며 16세

1 중세 시대의 종교극은 교회 안에서 성직자를 중심으로 이루어졌던 것에서 점차 교회 밖으로, 그리고 일반 신자들과 함께 더 자주 행해졌다. 부활절과 성탄절에 주로 집중되었던 공연이 점차 다양한 범주의 소재로 극화되었다. 종교극이 교회의 경계를 벗어난 후로 세속적이고 오락적인 요소들이 가미된 비종교적인 연극, 즉 세속극과 같은 형태의 연극이 성행했다.

기 말 오페라의 발전에 기여하게 된다.

분명 1600년 전까지 서유럽 상류계층의 전통에는 음악을 이용한 연극의 형태(중세 전례극, 르네상스 목가극, 막간극 등)가 무수히 많이 존재했고, 오페라는 그것들로부터 모든 것을 배웠다. 또한 르네상스 시대에 성행했던 세속적 성악곡인 마드리갈(Madrigal), 그리고 막간극(Intermedio)과 같은 양식은 오페라와 매우 유사한 형태를 띠었던 것으로 오페라 탄생에 있어 중세 종교극보다 직접적인 영향을 주었다고 할 수 있다.

오페라는 이렇게 풍부한 유산을 물려받아 '카메라타(Florentine Camerata)'에 의해 탄생되었다. 카메라타는 르네상스 시대에 활동했던 피렌체의 지식인 그룹으로 천문학자인 갈릴레오 갈릴레이의 아버지 빈첸초 갈릴레이를 비롯해 시인 리누치니, 작곡가 페리, 카발리에리, 카치니 등 음악가와 인문학자들의 모임이었다. 새로운 음악극을 창안하려는 그들의 시도는 최초의 오페라 〈다프네(Dafne)〉를 만든 직접적 원인이 되었다. 카메라타는 공식적으로 만들어지거나 승인된 모임이 아니었기 때문에 정확하게 공식화된 시기는 알 수 없으나 바르디는 1560년대 초부터 갈릴레이의 연구를 후원한 것으로 알려져 있다.

앞서 언급한 바와 같이 중세로부터 이어진 다양한 연극 양식들이 오페라의 형성에 간접적으로 영향을 주었다면 카메라타는 고대 그리스 비극을 모델로 삼아 오페라를 탄생시킨 창조자로 간주된다. 따라서 오페라는 어떤 정확한 디테일도 알려지지 않았던 공연 형식을 재창조하고자 했던 의식적인 시도로부터 발아되었다고 할 수 있다.

카메라타가 새로운 음악극의 모델로 삼은 것은 고대 그리스 비극이지만 그것이 대부분 노래로 이루어진 연극 양식이었으며, 음악을 중요시했다는 사실로부터 출발했던 것으로만 알려져 있다. 따라서 당시 절정에 이르렀던 다성음악으로부터 모노디(Monody)[2]라는 양식이 만들어지기 때문에 음악적 기법에 중심을 두거나 혹은 카메라타 구성원들에게 "고대 그리스 비극의 전체가 노래로 되어 있다는 생각이 끊임없이 흘러나왔다."라는 추상적 가정이 중심을 차지한다.

그러나 르네상스라는 시대적 특성상 그리스 비극이라는 원형은 고전적인 극 구조라는 배경과 더불어 고대의 모티브들을 제공해준 것이다. 결국 카메라타가 모방한 것은 음악극 양식으로서 그리스 비극이라는 원형에 의존한 것으로 보아야 한다.

그렇다면 새로운 음악극 양식의 탄생을 위해 수십 년간 연구했던 카메라타의 연구범위에 아리스토텔레스의 『시학』은 반드시 포함되었을 것이라는 판단이 가능하다. 왜냐하면 그것은 그리스 비극에 대한 이론적 고찰이 최초로 담겨 있다는 점에서, 또한 공연 형태의 측면에서도 살펴볼 수 있다는 점에서 고대 그리스 비극의 원전으로 간주되기 때문이다.

그러나 오페라의 탄생이 고대 그리스 비극을 원형으로 삼았다고 알려진 것에 비해 『시학』을 언급한 글은 찾아보기 힘들다. 고대 그리스 비극의 원전으로 평가받는 『시학』과 오페라와의 관계가 충분한 추측이 가능함에도 불구하고 거의 다루어지지 않았다는 사실은 주목할 만하다. 이것은 역사적 사실에 대한 가치뿐 아니라 고전에 대한 탐구와 활용의 측면에서도 의미가 있다. 왜냐하면 새로운 콘텐츠는 대부분 고전에서부터

---

2 단선율 독창 양식으로 독창에 간단한 화음 반주를 곁들인 노래 양식이다. 고대 그리스 음악을 모방하려는 시도로 대위법 대신 단순한 화음 반주에 의한 낭송 양식(레치타티보)을 썼으며 가사를 효과적으로 전달하기 위해 감정을 넣어서 부르고 정확하게 발음하는 것을 강조했다.

비롯되기 때문이다.

필자는 이러한 점에 주목해 아리스토텔레스의『시학』이 오페라의 탄생에 미친 영향, 그리고 카메라타가 주목했던 것이 무엇인지 살펴보려 한다. 아리스토텔레스의『시학』과 함께 카메라타의 구성원들이었던 바르디(Giovanni Bardi, 1534~1612), 메이(Girolamo Mei, 1519~1594), 갈릴레이(Vincenzo Galilei, 1520~1591)가 남긴 몇몇 사료들을 근거로 오페라의 탄생에 관한 또 하나의 주제를 다뤄보고자 한다.

고대 그리스 비극의 특징

에게 문명의 뒤를 이은 고대 그리스 문화는 오리엔트 문명의 영향과 자극 아래 개화했으나 오리엔트의 전제국가와는 다른 폴리스(Polis)를 터전으로 성장했다. 폴리스에서는 전제적 국왕의 지배하에 있던 신민과는 다른 시민이 정치를 주도해나갔고, 그 속에서 인간의 창조력을 발휘할 수 있었다.

고대 그리스 문화는 시민들이 이룩한 폴리스 문화라 할 수 있다. 특히 페르시아 전쟁 후 그 절정에 도달한 그리스 문화는 알렉산드로스 대왕에 의해 오리엔트 세계에 전파되어 이른바 헬레니즘 문화를 낳았고, 로마는 이것을 바탕으로 고대의 여러 문명을 종합해 지중해 세계의 문명을 이룩하고 다시 이것을 유럽의 여러 나라에 전파했다.

고대 그리스 비극은 문화적으로나 경제적으로 번성했던 기원전 6세기 말부터 5세기까지 아테네에서 꽃피웠던 공연 양식이자 문학 양식이었다. 그 오랜 역사만큼이나 많은 학자들의 다양한 해석들이 존재해왔다.

그리스 비극의 기원이 제의적 형태로 시작되었다는 케임브리지학파[3]의 주장과 그것의 기능이 당시의 정치와 연관을 가지며 정치적 역할이었다는 일반적 해석, 그리고 그것에 대한 반론과 또 다른 해석도 존재한다.

비극이라는 어원은 양(tragos)과 노래(ode)의 합성어인 트라고디아(Tragodia), 즉 '양의 노래'란 뜻인데, 이 어원에 대해서도 다양한 해석이 존재한다. 경연대회의 상으로 비극시인이 양을 받았다는 해석, 디티람보스에 등장하는 배우가 양의 발을 가진 분장을 하고 노래를 불렀기 때문이라는 설, 희생제물로서 양을 바치며 노래를 불렀다는 해석 등이 있다. 다만 용어의 측면에서 볼 때 '비극'이라는 용어가 슬픔이나 고통을 의미하지 않는다는 점은 흥미롭다. '매우 슬프고 비참한 일이나 사건'을 뜻하는 일반적인 '비극'과는 전혀 관련 없는 의미이기 때문이다. 이처럼 그리스 비극은 관점에 따라 다양한 해석이 존재한다.

그러나 중요한 사실은 당시의 아테네는 강력한 제국으로서 최고의 명성을 가졌고, 자유를 추구했던 그리스 시민들은 폴리스를 토대로 정치 · 종교 · 철학 · 예술 등 여러 분야를 발전시켰다는 점이다. 파르테논 신전, 헤파이스토스 신전, 수니온과 람누스 신전 등 우리가 알고 있는 대부분의 유명 건축물들이 이 시기에 세워졌다. 또한 아테네의 매력에 이끌려 재능 있는 외국인들이 이때 아테네를 찾게 되는데, 그들의 방문을 기초로 철학적 문제에 대해 활발한 논의가 전개되었고 소크라테스,

---

3 케임브리지학파는 프레이저(James George Fraxer)로 대표되는 고전 인류학 학자들의 그룹이다. 예술의 기원에 주술적 제의가 있다는 주장을 토대로 디티람보스에 대한 아리스토텔레스의 발언을 발전시키고 그리스 신화와 제의에서 그리스 비극의 뿌리를 추적했다.

디오니소스 극장

플라톤으로 이어지는 사상 체계를 갖게 되었다.

5세기 중엽 다른 어떤 그리스의 도시국가도 아테네가 달성한 위업의 범위나 정도를 넘어서지 못했다. 이처럼 짧은 시기에 작은 지역에서 일어난 사회 전반의 발전 양상은 서양사에서 유래를 찾기 힘들다. 따라서 고대 그리스의 문화는 서양문화의 규범으로 간주되었으며, 그 시기의 문화적 산물이었던 비극 또한 문학 양식과 공연 양식의 원전으로 탐구되어왔다.

그리스 비극은 기원전 5세기 주신인 디오니소스를 기리는 축제에서 공연된 시와 노래, 춤으로 이루어진 연극 양식이었으며 국가적 행사였다. 그리스 사람들에게 이 신은 단지 주신으로 그치는 것이 아니라 자연의 생산력을 상징하는 신이기도 했다. 포도를 수확할 때가 되면 사람들은 무리를 이루어 술을 마시고 노래를 부르며, 그들에게 포도와 술을 준 디오니소스 신을 찬미했다. 다시 말해 그리스 비극은 그들이 국가적 축제 때 신화와 역사를 이해하고 사람들과의 유대감을 강화할 수 있었던 매우 중요한 매개체였다.

디오니소스 축제는 종교적 제의이자 국가적 행사였기 때문에 모든 사회 계층의 사람들이 공연에 참석했다. 그것은 제의와 축제를 통해서 신과 만나기 위해 모인 사람들이 서로 소통하는 계기가 되었던 것이다. 수직적 측면에서는 신과의 만남과 소통이며 수평적 측면에서는 타자와의 만남과 소통이다. 배우와 아테네 시민들의 의사소통은 그리스 비극을 통해 이루어졌다.

비극은 민회나 법정에서 어떤 문제를 두고 서로 토론과 변론하는 아테네인들의 일상에 대한 형상화이며, 단순한 문학 장르를 넘어 주체성에 대한 자각과 함께 공동체적 가치를 가지고 살아가는 삶의 모습에 대한 표현이기도 했다. 결국 그리스 비극은 가족, 집단, 국가공동체의 유대감을 강화시키는 데 기여하는 중요한 수단이었다.

아이스킬로스, 소포클레스, 에우리피데스와 같은 작가들의 작품에서 알 수 있듯이 신화는 인간에 대한 진지한 탐구에서 비롯되었다. 바그너가 "그리스 비극은 그리스 신화의 정신과 내용의 예술적 구현"이라고 규정한 것처럼 비극의 세계는 인간의 존재를 탐구하여 인간 존재의 밑바닥에까지 꿰뚫고 들어가 우리들의 실제의 세계, 본질의 세계를 찾으려 했다. 그러므로 비극은 현실의 세계와 별개의 세계가 아니라 진실로 현실적인 인간계였으며 그 진수였다. 단순한 현실 그대로의 인간계가 아니라 보다 고차원적인 세계였다.

그리스 비극은 평범한 인간의 탐구가 아니라 인간의 장엄성, 숭고성을 제시하려는 데 그 목적이 있었다. 신화 속에서 주인공들은 신에 의한 운명적 질서에 선 나약한 인간의 모습만을 담고 있지 않다. 신의 개입이라는 외적 요인뿐 아니라 개개인의 자유의지라는 내적 요인도 주인공의 운명을 결정하는 주요 요인이다.

고대 그리스인들은 서양사에서 처음으로 인간을 행위의 주체로 인식했다. 그들은 최초로 인간을 하나의 개체로서 우주의 중심으로 자리매김했다. 비극은 이러한 그리스 문화의 독특한 산물이며 동시에 그들이 어떻게 하나의 개체로서 자의식을 구축하고 그것을 강화시켜나갔는지 보여준 일종의 지표다.

이렇듯 그리스인들의 정신적 바탕은 인간의 자유였다. 그들은 이미 2500년 전에 민주주의를 만들었다. 그들은 남의 지배를 받지 않는 것, 자율적으로 사는 것, 자유롭게 사는 것을 최대의 보람으로 생각하였다. "자유를 잃을 바에야 차라리 죽는 것이 낫다."는 정신은 그들의 인간관이었다. 이처럼 고대 비극은 자유로웠던 시대의 예술, 즉, 자유를 추구했던 사람들이 만들어낸 삶의 일부분으로서의 예술이었다.

새로운 예술 탄생의 시대정신

르네상스의 근본정신은 신 중심, 내세중심주의가 절정에 달했던 중세의 압박에서 벗어나 인간의 자연스런 욕구의 표현과 실현을 추구하고자 하는 인간본위주의 또는 인문주의에 있었다. 인문주의자였던 페트라르카(Francesco Petrarca, 1304~1374)는 중세를 "고대의 가르침을 잃어버린 불행한 중간 시대"라고 정의하며 천년에 달했던 중세 이전의 시대, 인간의 문화가 꽃피웠던 고대 그리스 시대의 가치를 언급했다.

르네상스 정신은 여러 가지 형태로 드러났지만 처음에는 인문주의라고 불린 지적 운동 형태로 나타났다. 인문주의는 중세의 지적 활동을 주도하면서 스콜라 철학을 발전시킨 철학자들에 의해서라기보다는 학자인 세속 문필가들에 의해 시작되었다.

르네상스는 인간을 세계의 중심으로 인식하고 인간의 존엄성, 인간 자신의 자아실현 가능성을 신뢰하는 인간중심주의를 부활시키려 했던 운동이었다. 자유로운 탐구와 비판력을 자극했으며, 인간의 사고와 창의력의 가능성에 대한 새로운 자신감도 불러일으켰다. 이러한 시대적 분위기 속에서 몇몇 천재들은 이전에 맛보기 어려웠던 자유를 누리면서 재능을 꽃피웠다.

르네상스 정신의 영향은 특히 미술, 음악, 건축과 같은 예술 분야에서 두드러지게 나타났다. 레오나르도 다 빈치, 미켈란젤로, 라파엘로, 브루넬레스키, 보티첼리와 같은 위대한 예술가들의 작품들은 모두 중세의 한계를 넘어 새로운 예술 탄생의 토대가 되었던 르네상스 시대의 산물이다.(특히 르네상스를 탄생시킨 도시 피렌체, 그리고 수많은 예술가들을 길러낸 메디치 가문의 역할은 절대적이었다.)

이처럼 고대 그리스의 학문과 문화를 탐구했던 르네상스는 14~16세

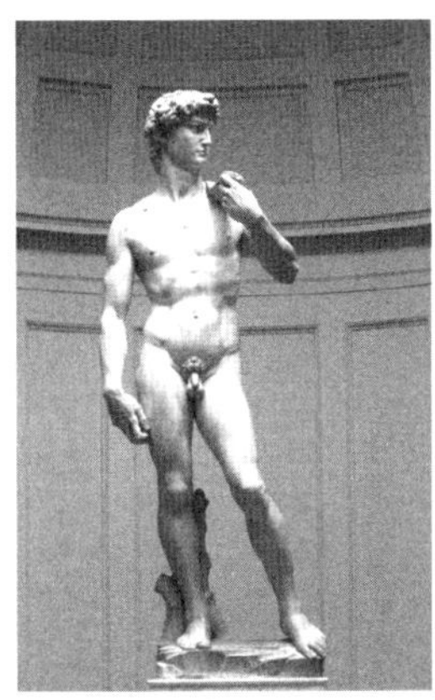

르네상스 시대의 예술작품들

기 이탈리아를 중심으로 일어났다. 이탈리아의 르네상스는 얼마 지나지 않아 알프스를 넘어 유럽의 다른 국가, 즉 프랑스, 네덜란드, 영국, 독일, 스페인 등지로 퍼져나갔다. 이탈리아는 경제적 합리주의로 유럽 자본주의 발전의 서두를 장식했던 것처럼 예술에서도 통일성의 원리에 의해 유럽 르네상스와 고전주의 발전의 시초를 이루었다. 전성기 르네상스와 매너리즘이 전 유럽적 운동이었던 것과는 달리, 초기 르네상스는 본질적으로 이탈리아의 운동이었기 때문이다. 새로운 예술문화가 이탈리아에서 처음 출현하게 된 것은 이탈리아가 경제적 · 사회적으로 다른 유럽의 나라보다 한 발짝 앞서 있었던 덕분이다.

경제부흥과 운송기술 측면에서의 이점 때문에 십자군 원정도 이탈리아에서 조직되었으며, 중세 길드조직의 이상에 맞서 새로운 자유경쟁 경제가 발달하고 유럽 최초의 은행제도가 생긴 곳도 이탈리아였다. 뿐만 아니라 이탈리아는 북유럽의 다른 나라들보다 봉건주의와 기사제도가 덜 발달하고 지주귀족이 일찍부터 도시에 정착해 도시금융귀족에 완전히 적응, 동화함으로써 유럽의 어느 나라보다도 먼저 도시 시민계급의 사회적 · 정치적 해방이 이루어졌기 때문이다.

르네상스는 이탈리아 각 도시의 신흥 부르주아들이 가진 부와 전제군주의 후원 아래 발전했다. 봉건기사로서 타고난 귀족이 아닌 부와 교양에 의한 신흥귀족들은 고전작품에 기반을 둔 인문주의를 중시했다. 피렌체의 페트라르카와 보카치오에 의해 연구되고 발견된 고전문학을 시작으로 그리스 고전문화 전반에 대한 관심이 높아졌다. 새로운 인문주의 정신과 그것이 일으킨 르네상스는 인쇄술의 발명에 힘입어 유럽 전역으로 확산되어나갔다. 인쇄술의 발명은 문자해득 계층을 증가시키고 고전 저작들을 접할 수 있는 기회의 폭을 넓히는 데 크게 기여했다.

르네상스는 고대 문명의 재탄생을 추구했던 것으로 예술 분야에 국한되지 않고 학문과 종교 등 사회 전반에 영향을 미친 혁신적 문예부흥 운동이었다. 신대륙의 발견과 탐험, 지동설이 천동설을 대체하는 변화, 봉건제의 몰락, 인쇄술 · 항해술 · 화약과 같은 혁신적인 신기술의 발명 및 응용도 이루어졌다. 특히 지적 · 예술적 탐구를 위한 새로운 정신을 일깨워주었다.

중세 시대에 금기시되었다가 르네상스 시대에 전해진 그리스 신화 또한 그러하다. 그리스 비극의 토대가 되었던 그리스 신화가 근친상간이나 폐륜과 같은 반(反)성서적 내용 때문에 금기시되었던 것이 르네상스를 통해 다시 주목받게 되었다. 이렇듯 르네상스는 기본적으로 인간의 본성을 중시하고 자유를 바탕으로 한 탐구정신으로 억압되었던 인간을 해방시키고자 한 측면이 강했다.

로마의 연극이 그리스의 연극을 모방하는 데서 한 걸음도 나아가지 못했고, 이후 천년에 이르는 동안에도 기독교라는 절대성으로부터 해방되지 못했으므로 그리스 비극을 올바로 이해하게 된 것은 르네상스 시대에 이르러서이다. 그리스가 쇠퇴하고 이탈리아 반도로 중심이 옮겨가 로마 시대로 넘어가면서 정점에 있던 비극은 약화되고 대신 희극이나 오락물이 발전한다.

그러나 로마 시대의 연극은 그리스 시대의 공연 양식으로부터 가장 큰 영향을 받았다. 또한 예술 · 건축 · 조각 등 거의 모든 문화 전반에 걸쳐 강한 영향을 받았고, 그들로부터 자유롭게 모든 것을 차용하여 발전시켰다. 희극과 비극 모두 그리스의 것을 각색하여 플롯을 짰고 그리스 비극처럼 코러스도 사용했다.

흥미로운 점은 르네상스 시대의 산물로 오페라가 탄생했고 오랜 시간

동안 전성기를 누렸음에도 불구하고 고전주의 시대의 글루크는 오페라 개혁을 주장했고, 약 150년 후 베르디는 기존의 전통을 탈피하는 모습을 보였다. 바그너 또한 '그리스 비극으로의 회귀'라는 동일한 목적을 가지고 종합예술을 주장했다는 점이다. 칼 달하우스(Carl Dahlhaus)가 '고대 그리스 비극의 회복이 오페라의 이념이며 오페라 역사의 근원이자 궁극적인 목적'이라고 언급한 것처럼 오페라는 무엇보다 고대 그리스 비극을 이상적 모델로 삼았다. 결국 고대 그리스 비극은 오페라 탄생에 원인을 제공했을 뿐 아니라 오랜 역사의 흐름 속에서 끊임없이 자극을 주었던 원형임이 틀림없다.

아리스토텔레스의 『시학』에 담긴 비극의 내용과 형식

고대 그리스의 원형극장이 로마 시대에 이어 이탈리아의 극장 건축양식에 직접적인 영향을 준 것처럼 아리스토텔레스의 『시학』은 문학에 대한 가장 고전적 개념규정이 시도된 문학 교과서이자 그리스 연극에 관한 이론적 검토를 가능하게 하는 원전으로 꼽힌다.

츠베탕 토도로프(Tzvetan Todorov)는 "시학(詩學)의 역사는 그 큰 줄기로 보면 아리스토텔레스의 『시학』의 역사와 일치한다고 말해도 과언이 아닐 것이다."라고 하며 아리스토텔레스의 『시학』을 서양 문학이론의 중요한 고전으로 판단했다. 로마의 시인 호라티우스(Horatius)의 『시학』 역시 아리스토텔레스의 것에서 상당한 영향을 받았던 것처럼 말이다.

총 26장으로 구성되어 있는 『시학』은 주로 시 창작 기술, 즉 작시술(作詩術)에 집중하고 있는데, 논리적이지 못한 구성과 개략적 설명 때문에 모호함을 주기도 한다. 그러나 아리스토텔레스는 플라톤이 주장한 모방론(미메시스)을 수용하여 “예술은 전체적으로 보아 모두 모방의 양식”이라고 말함으로써 모든 예술의 본질을 동일한 것으로 파악하고 있다. 특히 예술의 종류를 서사시와 극(비극, 희극), 그리고 디티람보스(연극적 합창), 피리 취주, 키타라 탄주 등으로 분류하였는데, 여기서 서사시와 극은 문학 또는 연극이며 나머지 것들은 음악의 범주에 든다고 할 수 있다.

아리스토텔레스는『시학』에서 사건의 배열인 플롯(Plot)을 가장 강조한다. 그것은『시학』이 작시술에 중심을 주고 있기 때문이다.[4]『시학』 6장에서는 비극의 6가지 요소, 즉 플롯, 성격, 조사, 사상, 장경(볼거리), 노래 등을 언급하며 그리스 비극이 갖는 공연예술로서의 형태를 주장했다.

플롯에 대해 먼저 살펴보면, 6장~11장, 13장~14장, 16장~18장, 23~24장까지 플롯, 혹은 플롯과 관련된 내용을 서술하고 있다. 이것은 그리 길지 않은『시학』의 분량 중 상당한 비중을 차지한다는 점에서도 책의 주된 내용을 짐작게 하는 부분이다. 6장에서 플롯의 중요성에 대해 언급했는데, 플롯을 비극의 최우선 순위에 두었다.

> 여섯 가지 가운데 가장 중요한 것은 사건의 결합, 즉 플롯이다. 비극

---

4 훗날 니체는 고대 그리스 비극을 다른 측면으로 바라보았다. 니체는 그의 저서『비극의 탄생』에서 플롯을 통한 작시 기술을 주로 강조했던『시학』과 달리 아폴로적인 것과 디오니소스적인 것이라는 두 개의 핵심적 개념을 중심으로 그리스 비극을 파악했다. 주목할 점은 아리스토텔레스가 비극의 필수요소로 포함하긴 했지만 플롯의 절대적 자리에는 미치지 못하는 음악, 등가적으로 본다면 플롯에 비해 열등한 요소로 간주되었던 음악에 니체가『비극의 탄생』을 통해서 집중한 것이다. 이것은 비극의 기원과 발전, 그리고 코러스의 본질에 대한 해석을 통해 예술 발전의 원리를 풀어보려는 것이기도 하다.

은 인간을 모방하는 것이 아니라 인간의 행동과 생활과 행복과 불행을 모방한다. 그리고 행복과 불행은 행동 가운데 있으며, 비극의 목적도 일종의 행동이지 성질은 아니다. 인간의 성질은 성격에 의해 결정되지만 행복과 불행은 행동에 의하여 결정된다. 그러므로 드라마에 있어서 행동은 성격을 묘사하기 위한 것이 아니라, 오히려 성격이 행동을 위하여 드라마에 포함되는 것이다. 따라서 사건의 결합, 즉 플롯이 비극의 목적이며, 목적은 모든 것 중에서 가장 중요한 것이다.

비극은 인간을 모방하는 것이 아니라 인간의 행동을 모방하는 것이다. 행복과 불행은 인간의 행동 안에 있기 때문이다. 즉, 인간의 어떠한 성질은 성격에 따르는 것이지만 그것은 결국 인간의 행동에 의해 결정되기 때문인 것이다. 인간의 성격을 모방하기 위해서 배우들이 연기하는 것이 아니라 행동을 위해서 성격을 끌어들이는 것이다. 따라서 공포와 연민의 감정을 불러일으키는 사건에 의해 감정의 카타르시스를 일으키는 것은 잘 구성된 플롯, 즉 일정한 크기를 가진 사건들의 질서 있는 배열을 통해 달성되는 것이다.

또한 시가 아름답기 위해서는 일정한 크기, 즉 알맞은 용량이 필수적이라고 보았다. 그는 너무 작은 생물은 아름다울 수가 없다고 보았다. 왜냐하면 그 생물에 대한 지각이 순간적이므로 분명할 수가 없기 때문이다. 또한 너무 큰 생물 역시 아름다울 수가 없다.

아리스토텔레스는 플롯을 두 가지로 분류했다. 플롯은 단순한 것과 복잡한 것이 있는데, 단순한 것은 단일하고 연속적으로 전개되는 행동을 말하고, 복잡한 것은 '급전'이나 '발견'과 같은 반전이 이루어지는 행동을 의미한다. 아리스토텔레스가 강조하는 것은 사건들의 필연적이거나 개연적인 연쇄관계라는 조건이다. 급전과 발견은 플롯의 조직적인 배열, 다시 말해 필연성이거나 개연성에 의해 일어나야 하는 논리적인 인과관계에 의해 일어난다.

발견이란 무지(無知)에서 앎으로 넘어가는 반전으로 행복하거나 불행한 운명을 타고난 등장인물들 사이의 우호관계 또는 적대관계를 드러낸다. 발견은 주인공이 자신의 행동이나 다른 사람들과의 관계에 대해 주관적으로 이해하는 것이라기보다는, 자신이 다른 어떤 사람과 객관적인 관계, 즉 사회적으로 긍정적 또는 부정적인 것으로 규정되는 관계로 맺어져 있다는 사실을 이전에는 몰랐다가 새로 발견하는 것이다.

이와 같이 급전과 발견은 플롯을 구성하는 두 부분이다. 급전과 발견이 한꺼번에 나타나게 되면 비극의 목표에 좀 더 쉽게 다가설 수 있는 것이다. 세 번째 부분은 파토스(Pathos)이다. 이것은 무대 위에서 이루어지는 살인, 심한 고통, 부상과 같은 파괴나 고통을 야기하는 행동을 말한다.

아리스토텔레스는 훌륭한 비극이 되려면 플롯은 단순하지 않고 복잡해야 한다고 하며, 그것은 공포와 연민의 감정을 불러일으켜야 함을 강조한다. 그는 플롯을 구성함에 있어 피해야 할 조건들을 세 가지로 구분했다.

첫째, 유덕한 자가 행복하다가 불행해지는 것을 보여서는 안 된다. 왜냐하면 그것은 공포의 감정도 연민의 감정도 불러일으키지 않고 불쾌감만 자아내기 때문이다. 둘째, 악한 자가 불행하다가 행복해지는 것을 보여서도 안 된다. 왜냐하면 그것은 가장 비극적이지 못하기 때문이다. 셋째, 극악한 자가 행복하다가 불행해지는 것을 보여서도 안 된다. 왜냐하면 그와 같은 플롯의 구성은 인정에 호소하는 점은 있을지 모르나 연민의 감정도 공포의 감정도 불러일으키지 않기 때문이다. 공포의 감정은 우리 자신과 유사한 자가 불행에 빠지는 것을 볼 때 환기된다.

공포와 연민은 놀라움의 효과와 연결되어 있어서 그 충격은 발견을 통해 생기고, 발견 그 자체는 급전을 통해 지탱되고 강화된다는 주장이며, 피해야 할 조건 세 가지를 통해 비극적 효과를 달성하는 데 방해가 되는 것들의 기준을 제시했다고 볼 수 있다. 반전의 비극적 특성은 다른 요인들과도 결부되어 있다. 아리스토텔레스는 여기서 두 가지를 검토하는데, 하나는 지금까지 관심을 두지 않았던 반전의 의미이고 다른 하나는 반전으로 인해 영향을 받은 사람들의 윤리적인 특성이다.

행복과 불행은 반전과 관계된 용어들이고 덕과 악덕(혹은 선함과 악함)은 참조점이 되는 윤리적 축이기 때문에, 선하거나 악한 사람이 불행에서 행복으로 또는 행복에서 불행으로 이행하는 것에 따라서 네 가지 경우가 가능하다.

첫째, 선한 사람이 행복하다가 불행해진다. 둘째, 선한 사람이 불행하다가 행복해진다. 셋째, 악한 사람이 불행하다가 행복해진다. 넷째, 악한 사람이 행복하다가 불행해진다. 다시 말해서 연민과 공포를 통해 감정의 정화를 얻기 위해서는 중대한 과실이 원인이 되어 반전을 통해 행복에서 불행으로 바뀌는 복잡한 플롯이 요구되며, 인간의 윤리적인 측면도 고려되어야 비극적 이상이 실현된다는 것이다.

비극의 형식적인 측면을 보면 비극을 구성하는 핵심요소로서 극과 음악의 중요성이 분명하게 드러난다. 비극은 프롤로그(Prologos), 삽화(Epeisodion), 결미(Exodos), 코러스로 구분되며, 코러스의 노래는 등장가(Parodos)와 정립가(Stasimon)로 구분된다. 그리고 몇몇 비극에서만 볼 수 있는 애탄가(Kommos)도 있다.

코러스는 등장인물로서 극의 전개에 필요한 역할을 맡음과 동시에 객관적 해설자의 역할도 수행했다. 그리고 15~50명 정도의 코러스가 있

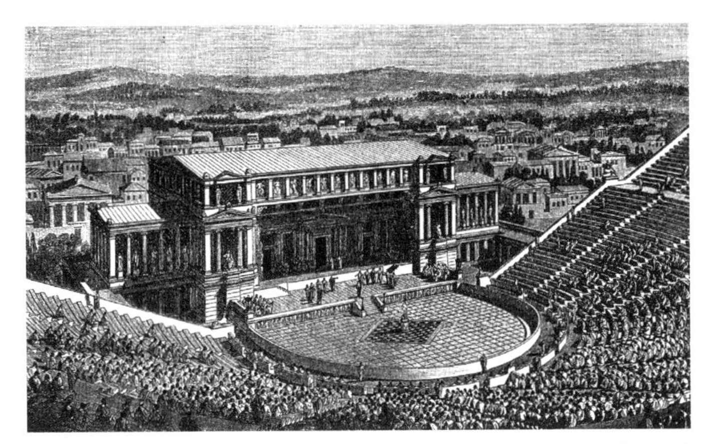

복원된 고대 그리스 극장

었다는 점에서 볼 때 노래를 부르는 코러스의 역할은 상당했음을 알 수 있다. 왜냐하면 다수의 코러스에 비해 배우는 1~3명에 불과했기 때문이다. 디티람보스로부터 비극의 형식이 갖춰진 초기의 비극에서는 단 한 명의 배우만 있었고 아이스킬로스는 두 명으로, 소포클레스는 세 명으로 증가시켰다.

이처럼 배우의 수와 그에 따른 기능과 역할은 작가들마다 차이를 보이지만 코러스의 수에 비하면 현저히 적다. 물론 시간이 지나면서 극의 갈등구조가 복잡해지고 그에 따라 배우의 수는 점점 늘었던 반면 코러스의 수는 줄어들어 코러스의 주도권이 배우에게로 옮겨가긴 했지만 코러스는 여전히 비극을 이루는 중요한 역할을 맡았다.

프롤로그는 극의 주제와 상황을 설명하기 위해 극의 맨 처음에 나오는 독백 또는 대화 부분을 말하고, 삽화는 근대극의 막이나 장에 비교할 수 있는 것으로 배우가 연출하는 장면의 대화를 말하나 코러스도 포함된다. 결미는 마지막 정립가 다음에 오는 모든 장면과 대화를 의미한다.

삽화와 번갈아가며 나오는 정립가는 극을 분할해주기도 하고 사건들을 연결시켜주기도 한다. 극을 이어주기도 하고 끊기도 하면서 극의 흐름을 원활하게 해주는 것이다. 또한 가면을 쓴 코러스는 노래와 함께 움직임으로 장경을 만들어주었다.

아리스토텔레스는 말로 된 부분들을 두 측면으로 나누어 비교했다. 한편에는 프롤로그, 삽화, 결미가, 그리고 다른 한편에는 코러스의 노래가 있고, 코러스의 노래는 다시 '입장할 때 부르는 노래'와 '무대에서 하는 노래'로 나뉜다. 구성 원칙은 말로 된 부분과 노래를 번갈아 집어넣는 것이다. 말과 노래를 번갈아 사용했다는 것은 일부의 비극에서만 사용되었던 애탄가를 재외하고서라도, 또한 비극의 모든 구성 체계를『시학』이 엄격하게 규정해놓을 수 없었을 것이라는 가정을 인정하더라도 극과 음악이 그리스 비극의 가장 핵심적 요소로 기능했다는 사실을 받아들이게 한다.

그리스 비극에서의 코러스는 극 중의 그 어떤 인물들과도 구분되는 특수한 독자적 지위를 누린다. 그것은 등장인물일 뿐만 아니라 동시에 해설자로서의 지위를 차지하기 때문이다. 이 이중적 특권으로 코러스는 극 전체의 분위기를 주도한다. 코러스는 특정한 장면에 필요한 다수의 등장인물을 소화하기도 했고 때로는 복잡한 사건에 대해서 아테네 시민들의 목소리를 내기도 하였다.

예를 들어 〈안티고네〉에서 크레온의 부인인 에우리디케가 자결하자 코러스는 그녀의 시신에 대해 "자 보시오. 이제 그것은 더 이상 집안에 감추어져 있지 않아요."라고 노래함으로써 극 중 한 배우의 역할을 수행하지만, 크레온의 등장에 대해 "그러나 그것은, 이런 말을 해도 좋다면 남의 미망이 아니라 그분 자신의 실수가 저질러놓은 것이오."라고 노래

가면 쓴 코러스

하는 대목에서는 관객으로서의 아테네 시민들의 목소리를 대변하는 것이기도 했다.

이처럼 코러스의 기능은 고대 비극이 갖는 독특한 특징이라고 할 수 있다. 고대 비극의 형식에 대한 기술이나 노래와 코러스에 관한 근거는 12장에서 찾을 수 있다.

> 프롤로그는 코러스의 등장가에 선행하는 비극의 전체 부분이고, 삽화는 코러스의 노래와 노래 사이에 삽입된 비극의 전체 부분이다. 결미는 코러스의 마지막 노래 다음에 나오는 비극의 전체 부분이다.

'전체'라는 부분의 의미가 다소 불분명하지만 중요한 것은 코러스가 부르는 노래는 프롤로그와 결미 사이에 존재하며, 특히 노래 사이사이에 삽화가 삽입된다고 한 점에서 코러스의 노래가 하나의 부분만을 위해 존재하고 기능하는 것이 아니라 극 전체에서 중심적 역할을 했다는 것이다. 다시 말해 노래를 부르는 코러스가 극을 주도한 것이다. 그리스 비극에서의 음악은 주로 코러스를 통해서 나타난다.

코러스가 없는 그리스 비극은 상상하기 힘들다. 비극적 감정의 카타르시스는 음악의 매력에서 비롯된다. 음악의 매력은 선율이 일깨우는 격정의 고통스러운 양상을 중화시킬 수 있고 나아가서 쾌감이라는 반대 요소를 통해 그것을 대체할 수 있다. 아리스토텔레스가 "음악은 극의 쾌감을 가장 생생하게 산출한다."고 언급한 것을 고려해보면 고대 비극에서 음악의 중요성이 카메라타에게 충분히 전달되었을 것이라는 짐작을 가능케 한다.

카메라타가 주목했던 것

카메라타의 구성원들이 고대 그리스 비극에 천착했던 것은 르네상스라는 독특한 시대적 상황을 전제해야 한다. 미술, 건축과 같은 르네상스 시대의 예술이 고대의 모델로부터 자극을 받아 새로운 모습으로 탈바꿈되었던 것처럼 카메라타의 선택 또한 고대 비극에 대한 원형이었다.

원형에 대한 모방 중에서도, 특히 고대 그리스 비극이 말과 음악으로 이루어졌다는 사실은 매우 중요한 단서이자 풀기 어려운 문제와도 같은 것이었다. 바르디, 메이, 갈릴레이 등 카메라타의 구성원들은 말과 음악의 문제를 모방하기 위해 고대 음악이론을 상기했다. 즉, 고대 음악과 현대(당시) 음악이론의 비교와 적용에 관심을 두었던 것이다.

메이는 그리스 비극에서 가사의 전부가 연기와 함께 노래로 이루어졌다고 주장했고, 카메라타의 구성원들은 대체로 그의 의견을 받아들여 실험하기에 이르렀다. 갈릴레이는 1581년 발표한 저서 『고대와 현대 음악에 대한 담론(*Dialogo Della musica antica et della moderna*:*Dialogue on Ancient and Modern Music*)』에서 메이의 주장에 따라 이탈리아 마드리갈을 예로 들며

메디치가에서 연주하는 음악가들

성악 음악에서의 대위법에 대해 비판했다. 그리고 적절한 음정과 리듬을 가진 하나의 선율이 시적 언어의 특성을 잘 표현할 수 있다고 주장했다.

카메라타는 결국 새로운 음악극 창작을 위한 세 가지 원칙을 만들었는데 무엇보다 텍스트와 음악의 유기적 결합을 중요시했다.

1. 텍스트는 반드시 뜻이 분명해야 한다. 그것은 최소한의 반주와 함께 독창자에 의해 연주되어야 한다. 다성 음악은 허락되지 않는다. 왜냐하면 여러 가지 다른 의미를 가진 말들이 서로 다른 목소리와 리듬으로 동시에 들리면 혼란을 야기하기 때문이다.
2. 단어는 마치 말하는 것처럼 정확하고 자연스러운 낭독과 함께 노래 불려야 한다. 이것은 다성적 모테트나 마드리갈에서 흔히 나타나는 것처럼 텍스트 일부의 불필요한 반복을 예방할 수 있다.
3. 음악은 텍스트의 표면적 내용을 단지 묘사하는 정도에 그치지 않아야 한다. 대신에 음악은 억양과 강세를 모방하고 강화함으로써 전체 구절의 감정적 본질을 해석해야 한다.

잘 이해할 수 있고 의미가 분명한 텍스트는 새로운 음악극의 전제조건이었다. 무엇보다 다성 음악을 허락하지 않았던 것은 가사의 명확한 의미 전달을 목표로 삼고 있기 때문이었다.(그러나 이중창, 삼중창, 사중창, 그리고 합창 등을 사용해 여러 가지 다른 내용의 대사를 동시에 할 수 있는 다성 음악의 기법은 오페라만의 장점으로 남았다.)

말하듯이 자연스럽게 노래해야 하고 불필요한 반복이나 장식을 배제해야 하는 것 또한 다성 음악이 절정에 이르렀던 당시의 상황에서 텍스트의 의미 전달을 중요시했기 때문에 도출된 결과이다. 음악은 아리스토텔레스가 주장한 음악의 기능, 즉 극의 쾌감을 생생하게 산출하는 가장 핵심적 기능을 해야 하는 것이다. 텍스트와 음악에 관한 이러한 원칙은『시학』의 일부 내용과 유사하다.

이러한 유사성은 고대 그리스 시대의 다른 사료들과 함께『시학』 역시 카메라타가 활동했을 당시에 번역되어 지식인들이 접할 수 있었을 것이라는 추측으로부터 가능하다. 1570년대까지 고대 그리스의 많은 문학, 철학, 역사적 자료들은 라틴어와 이탈리아어로 번역되었으며, 아리스토텔레스의『정치학』『시학』『수사학』 역시 이탈리아어로 번역되었기 때문이다.

무엇보다 고대 그리스 비극에 대한 원전으로 간주되었던『시학』은 비극을 탐구했던 카메라타에게 주요 분석대상이 되었을 것이다. 따라서 카메라타가 고민했던 새로운 음악극의 원칙은『시학』으로부터 영향을 받았을 것이며, 특히 아리스토텔레스가『시학』에서 강조한 극, 음악, 그리고 카타르시스의 개념은 새로운 창작의 중요한 매개가 되었을 것이라는 유추는 설득력을 갖는다.

몇몇 문헌들을 살펴보면 보다 구체적 근거를 찾을 수 있다. 신뢰할 만한 작가인 아리스토텔레스가 『시학』에서 비극을 다룰 때 음악에 관한 부분에서 문제에 봉착하게 만들었기 때문에, 바르디는 고대 그리스 비극과 희극에서의 노래에 천착한 것이며, 메이는 고대 그리스의 노래가 코러스이건 혹은 한 명의 배우이건 상관없이 항상 단선율이었다는 이론을 제안한 것으로부터 출발했다.

1572년 5월 8일, 메이가 갈릴레이에게 보낸 첫 번째 편지를 보면 몇 가지 중요한 단서를 찾을 수 있는데, 메이의 대답으로부터 갈릴레이의 질문을 재구성할 수 있다. 그중 일부를 보면 다음과 같다.

- 현대 음악이 성취할 수 없는 그런 놀라운 효과를 고대 음악은 어떻게 가질 수 있는가?
- 고대 음악은 협화음의 매력 없이 어떻게 듣는 사람을 즐겁게 할 수 있었는가?
- 고대인들의 노래는 현대의 것과 무엇이 비슷하고 무엇이 다른가?

이것은 단순히 음악 이론에 한정된 질문이 아닌 『시학』에 언급된 '쾌적한 장식을 가진(양념을 친) 언어'와 '카타르시스'를 해석하는 과정으로 넓게 보아야 한다. 그것은 특정한 운율의 언어 또는 노래를 의미하기 때문이며, 에토스(ethos)론[5]으로 설명되기엔 한계가 뚜렷하기 때문이다.

'놀라운 효과'나 '즐거움'은 음악 본래의 기능만을 의미할 수도 있지만 '카타르시스'의 해석과 관련이 있다. 카타르시스는 종교적 의미의 '정화'

---

5 음악이 인간에게 미치는 영향에 관한 그리스 시대의 이론이다. 막강한 힘을 갖고 있는 음악은 인간의 성격에도 직접적인 영향을 줄 수 있기 때문에 윤리적 가치를 가져야 한다는 것이다.

나 의학적 의미의 '배설'의 뜻으로도 해석되지만, 비극이라는 범주로 제한한다면 연민과 공포를 환기시키는 것에 의한 감정의 정화를 의미하기 때문이다.

메이가 갈릴레이에게 쓴 편지에서 모노디가 듣는 사람에게 단지 즐거움을 주기 위해서가 아닌 사람의 감정을 움직일 수 있는 진정한 목적을 이룰 수 있다는 이론을 제안했던 것은 『시학』과의 유사성에 관한 근거로 볼 만하다. 음악의 기능을 '즐거움'과 '감정을 움직이는 것'으로 구분하였는데, 모노디의 목적을 단순한 즐거움이 아닌 '감정을 움직이는 것'으로 규정하고자 한 것은 '카타르시스'의 다른 표현으로 볼 수 있다.

이것은 아리스토텔레스가 『시학』에서 비극의 목적이 감정의 정화를 일으키는 카타르시스에 있다고 언급한 부분에 근거한 것으로 보인다. '감정이 움직이는 것'은 감정이 풀리고 마음이 정화되는 것을 의미하는 카타르시스와 같은 의미로 해석되기 때문이다. 그러한 측면에서 고대와 당시 노래의 차이점에 대해 의문이 생겼던 것이며, 따라서 음악적 해결방법에 중심을 두었던 것이다.

조금 더 구체적으로 살펴보면, 바르디가 쓴 것으로 추정되는 논문인 「비극이 어떻게 공연되어야 하는지에 대한 담론(Discorso come si debba recitar tragedia: Discourse on how tragedy should be performed)」에서는 고대 그리스 비극이 어떻게 공연되었는지 고찰하기 위해서 아리스토텔레스의 『시학』의 내용을 보다 자세히 기술했다.[6)]

---

6 이것은 고리(Antonio Francesco Gori)와 파세리(Giovanni Battista Passeri)가 1763년에 편집한 논문으로 고대 그리스 비극 공연에 관한 익명의 논문 중 일부분인데 펠리스카(Claude V. Palisca)는 이 논문에 나타나는 바르디의 특유한 문체나

> 우리는 비극이 어떻게 공연되는지에 대해 논하기 위해서 고대 그리스 비극을 상기해야 한다. 아리스토텔레스는 『시학』에서 비극은 여섯 가지의 부분으로 이루어져 있다고 말했다. 우리는 비극의 구성요소로 규정한 여섯 가지 부분 중 처음 네 가지는 다루지 않고 공연에 속하는 남은 두 가지에 대해 다루어야 한다.

비극의 구성요소에 대한 언급은 『시학』 6장의 내용 그대로이다. 아리스토텔레스가 비극을 여섯 가지로 규정한 것 중에서 앞선 네 가지는 플롯, 성격, 조사, 사상을 의미하고 무대공연의 측면에 속하는 것으로 판단한 나머지 두 가지 요소는 장경과 노래를 뜻한다. 여기서는 무대와 무대장치 같은 장경, 그리고 배우, 코러스, 악기와 같은 노래의 영역에 대해 다루며 비극 공연에서 무대와 음악의 활용과 그것이 갖는 효과에 대해 논했다.

특히 아리스토텔레스가 『시학』에서 '코러스의 음악은 비극을 강화시키는 힘'이라고 언급한 부분을 근거로 삼아 음악의 부분에 좀 더 집중했는데, 이것은 "나머지 두 개 가운데, 노래는 비극의 쾌감을 산출하는 양념 중에서 가장 중요한 것이다. 장경은 우리를 매혹시키기는 하나 예술성이 가장 적다."는 구절에 관심을 둔 결과로 해석된다.

이처럼 카메라타는 아리스토텔레스가 주장한 비극의 목적과 기능, 극과 음악을 포함한 구성요소의 역할 등 『시학』의 핵심 내용을 알고 있었으며, 그것을 토론의 중요한 논거로 삼거나 모방의 측면에서 활용한 것으로 보인다.

관용어로 미루어 바르디의 것으로 판단했다.

고대 비극의 재탄생이라는 개념은 그 자체로 하나의 역설이다. 현재를 갱신하는 수단으로 고대의 이상으로 되돌아간다는 인문주의적 관념은 역사적 반복의 변증법에 붙잡혀 있었다. 그 가정된 과거의 표준이나 이상을 재창조하고자 한다면, 오래전에 사라진 무언가를 반복하고자 한다면, 전적으로 새로운 어떤 것을 창조함으로써만 그것을 성취할 수 있는 것이다.

결과적으로 카메라타는 고대 그리스 비극에 대해 가정된 표준과 이상, 즉 그들이 닮으려 했지만 실재하지 않았던 비극의 메커니즘을 발견하기 위해 아리스토텔레스의 『시학』을 불러낸 것이며, 아리스토텔레스가 주장한 비극의 핵심 개념에 관심을 둔 것이다.

> 비극은 진지하고 일정한 크기를 가진 완결된 행동을 모방하며, 쾌적한 장식을 가진 언어를 사용하되 각종 장식은 작품에 상이한 제부분에 따로따로 삽입된다. 비극은 드라마적 형식을 취하고 서술적 형식을 취하지 않으며, 연민과 공포를 환기시키는 사건에 의하여 바로 이러한 감정의 카타르시스를 행한다. '쾌적한 장식을 가진 언어'란 말은 율동과 화성을 가진 언어 또는 노래를 의미하고, '작품의 상이한 제부분에 따로따로 삽입된다.'는 말은 어떤 부분은 운문에 의해서만 진행되고 어떤 부분은 노래에 의해서 진행됨을 의미한다.

비극의 개념을 정의한 『시학』 6장은 비극의 형식과 기능의 측면에 있어 카메라타의 구성원들이 고민했던 많은 부분을 함축하고 있다. 무엇보다 극과 음악을 통해 카타르시스라는 감정의 정화를 경험함으로써 비극 고유의 쾌감이 산출된다고 주장했던 아리스토텔레스의 공연미학에 주목한 것이다.

바르디는 단지 시만으로는 그와 같은 효과를 내기 어렵다고 확신했고 그러한 확신은 고대 그리스 비극에 나타난 카타르시스의 효과가 노래로 불린 시 때문이었다는 이유로 귀결되었다. 분명 그리스 비극의 본질은 음악적 구조의 기반으로 설명되어왔으나 새로운 음악극 형식의 구현에 있어 명확히 실재하지 않았던 흔적 때문에 난관에 봉착했던 것이다.

카메라타가 주로 음악적 해결방법에 집중했던 이유는 비극을 구성하는 여섯 가지 구성요소 중 아리스토텔레스가 강조한 플롯을 강화시키는 음악의 힘에 근거한다. 또한 그러한 음악(모노디)은 사람의 감정을 움직일 수 있는 진정한 목적을 이루어야 한다는 전제, 즉 카타르시스를 위해 기능하는 것이다. 결국 아리스토텔레스의『시학』은 카메라타에게 '카타르시스'라는 중요한 키워드를 제공함과 동시에 고민거리를 안겨주었던 셈이다.

고전의 재탄생

지금까지 살펴본 것처럼 오페라라는 장르의 탄생은 16세기 말 이탈리아의 문화적 상황 속에서 이루어졌다. 르네상스 정신은 여러 가지 형태로 나타났지만 처음에는 인문주의의 형태로 나타나며 고대 문화에 대한 가치를 탐구했다. 인문주의는 인간의 본성과 존엄성을 중시하고 오랜 기간 동안 상실되었던 인간 정신과 지혜의 부활을 추구했다.

결과적으로 르네상스의 인문주의는 중세부터 지속된 종교의 교리나 관습의 억압으로부터 벗어나 인간의 자유로운 사고와 창의성에 대한 자신감을 허락한 것이다. 인문주의 정신이 일으킨 르네상스는 인쇄술의 발명에 힘입어 알프스를 넘어 유럽의 다른 국가로 퍼져나갔다. 인쇄술의 발명은 문맹률을 감소시키고 고전 저작들을 접할 수 있는 기회의 폭을 넓히는 데 크게 기여했다.

르네상스 운동의 중심지인 피렌체에 거주하고 있던 폴리치아노(Angelo Poliziano, 1454~1494)는 15세기 최고의 인문주의자로, 16세 때 이미 호메로스의『일리아스』를 라틴어로 번역하여 출판하기 시작했다. 메디치가 로렌초 공작의 적극적인 후원을 받았던 폴리치아노는 공작의 궁정에 머물면서 고대 그리스와 로마에 대한 풍부한 지식을 바탕으로 시와 극을 썼다.

비단 폴리치아노뿐만 아니라 그 당시의 문인들은 인문주의의 영향을 받아 고대 문화에 대한 관심이 높았다. 특히 극작가들은 고대 그리스 비극이야말로 자신들의 음악극이 모방해야 할 모델이라고 판단했고 고대 그리스의 신화 속에서 많은 소재를 발견했다.

그러나 그리스 비극에서 음악이 차지했던 역할에 대해서는 당시의 학자들 간에도 의견 차이를 보였다. 합창만이 노래로 불렸다는 주장과 극 전체의 가사들이 모두 노래로 불렸다는 주장이 있었다. 극 전체가 노래되었다는 주장은 다수의 그리스 비극을 편집했던 피렌체의 학자인 메이의 견해이기도 했다. 메이의 연구 결과는 서신 교환을 통해 카메라타 멤버들에게 전해졌고 이것이 모노디 양식의 태동과 오페라 탄생의 시발점이 되었다.

이처럼 오페라는 고대 그리스 예술의 성취에 주목한 연구 결과이다. 그것은 서양문화의 규범으로 인식된 고대 문명의 부활을 추구했던 르네상스의 시대정신이었으며, 새로운 예술에 대한 지속적인 탐구의 결과물이기도 하다. 16세기 말 피렌체의 카메라타는 고대 그리스 비극을 모델로 삼아 새로운 음악극 양식인 오페라를 탄생시킨 것이다. 즉 고전의 재탄생이라 할 수 있다.

LA DAFNE
DI
OTTAVIO RINUCCINI
NUOVAMENTE STAMPATA
IN OCCASIONE DELLE FELICISSIME NOZZE
DEL SIGNOR MARCHESE
PIER FRANCESCO RINUCCINI
CIAMBERLANO DI S. A. I. R.
LA GRANDUCHESSA DI TOSCANA
BARONE DELL' IMPERO
CON LA NOBIL DONZELLA LA SIGNORA
TERESA ANTINORI.

FIRENZE MDCCCX.
NELLA STAMPERIA DI BORGOGNISSANTI.

최초의 오페라 〈다프네〉

지금까지 알려진 바로는 오페라의 탄생이 고대 그리스 비극에서 음악(노래)의 비중이 상당했다는 사실에 기인했다거나 그리스 비극에 대한 모방의 형태가 파를라르 칸탄도(Parlar Cantando)나 레치타티보로 요약된 모노디의 사용에 있었다는 점을 들어 음악적 문제에 한정된 주장들이 주를 이뤄왔다. 결국 카메라타가 주로 음악적 해결 방법에 집중했던 사실에 비추어 그러한 가설은 정론으로 간주되어왔다.

그러나 모방의 대상인 고대 그리스 비극에 대한 탐구는 아리스토텔레스의 『시학』을 통해 보다 구체적으로 파악할 수 있으며, 카메라타의 구성원들이 남긴 문헌들을 살펴보면 아리스토텔레스가 언급한 음악의 힘에 주목했음을 알 수 있다.

『시학』은 공연으로서 비극에 관한 다양한 측면을 다루었지만 전반적으로 극의 구성, 즉 플롯을 중심에 두고 강조하고 있다. 아리스토텔레스가 주장한 카타르시스의 개념 역시 논리적 개연성이 담보될 때, 다시 말해 인과관계가 확실하고 급전과 발견과 같은 반전이 잘 구성된 플롯으로부터 발생하는 것이다.

카메라타는 아리스토텔레스의 이러한 주장을 『시학』을 통해 알고 있었으며, 공연으로서 비극의 메커니즘에 관심을 가졌던 것으로 보인다. 다만 카메라타는 아리스토텔레스의 주장을 받아들였지만 궁극적인 판단은 달랐다. 카메라타는 카타르시스에 주목했으나 그 카타르시스는 플롯으로부터가 아닌 음악의 힘으로부터 생성되는 것으로 판단한 것이다.

아리스토텔레스가『시학』에서 음악을 비극의 핵심요소로 간주하였음에도 불구하고 음악과 관련된 내용은 상당히 개략적이다. 그러나 비극의 형식적인 측면과 코러스의 비중을 살펴보면 그리스 비극이 얼마나 음악적이었는지 알 수 있다. 왜냐하면 극 전체를 지배하는 코러스의 기능과 역할, 즉 음악의 중요성은 아리스토텔레스가 절대시했던 플롯과 대등한 위치로 보이기 때문이다.

16세기 이탈리아 피렌체의 카메라타에게 아리스토텔레스의『시학』은 고대 그리스 비극이라는 원형의 고찰에 있어 매우 중요한 참고자료였을 뿐 아니라 모방의 근거로 활용되었다. 그것은 카메라타가『시학』을 직접적으로 인용하거나『시학』에서 제시된 카타르시스의 개념, 극과 음악의 문제, 그리고 비극을 이루는 구성요소 등 비극의 핵심 개념과 형식에 대해 다루었다는 점에서 가능한 판단이다.

예술은 그 장르를 만든 창조자를 모르는 경우가 대부분이다. 음악과 무용과 같은 순수예술은 물론이고 좀 더 복잡한 구성을 갖는 연극도 마찬가지이다. 대개 원시 시대 인간의 제의적 행위를 보며 뿌리를 찾는다. 반면 오페라는 카메라타라는 지식인 그룹의 창조적 노력에 의해 만들어졌다는 확실한 근거가 있다는 점에서 레퍼런스로서의 가치가 높다. 아리스토텔레스의『시학』은 그들이 새로운 콘텐츠를 만드는 데 필요한 모방의 근거, 즉 고전의 역할이 되었다.

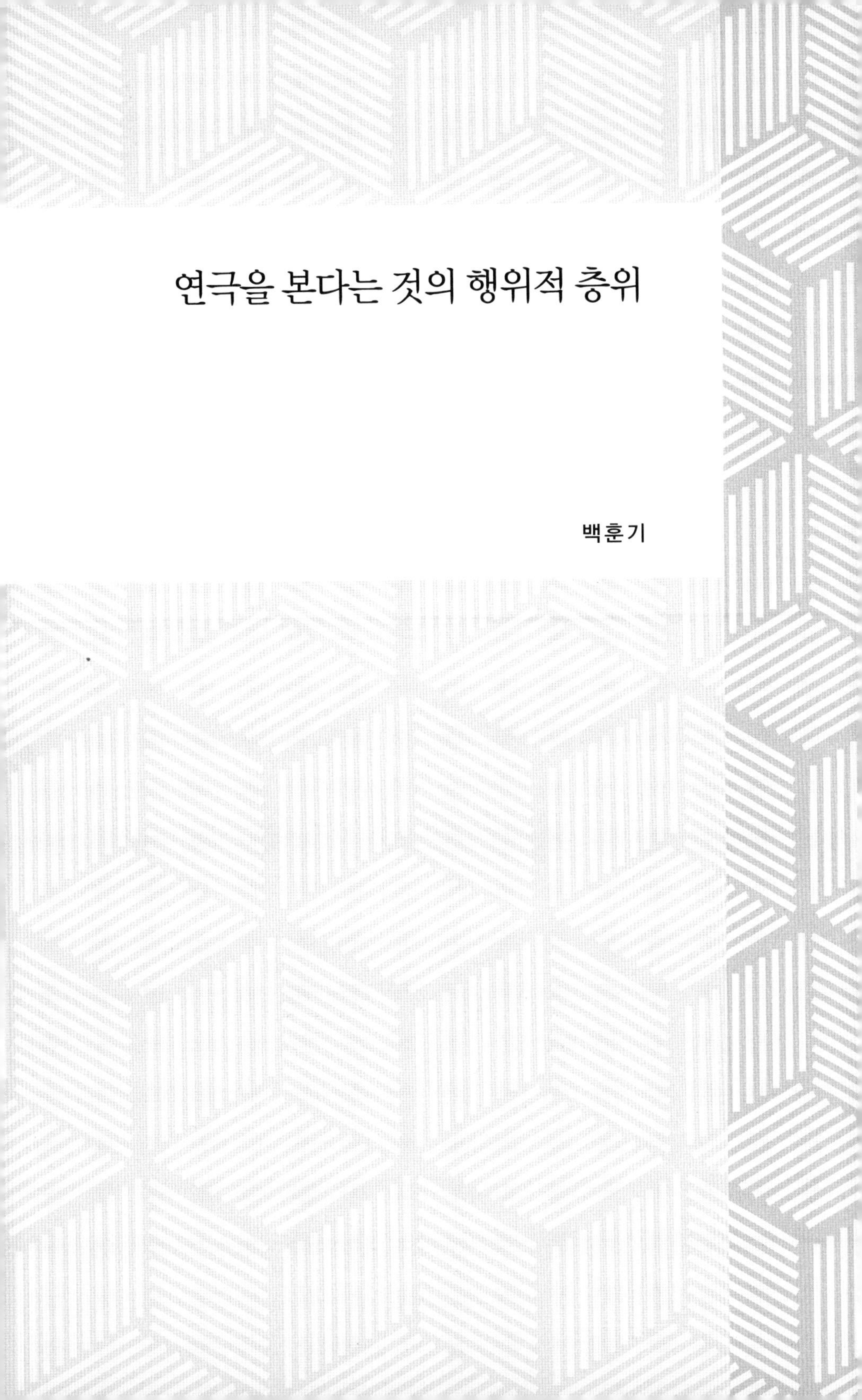

연극을 본다는 것의 행위적 층위

백훈기

연극을 본다는 것의 행위적 층위

시어터(Theatre)와 드라마(Drama)

오늘날 우리가 연극이라고 부르는 예술 형태는 고대 그리스에서 시작되었다. 고대 그리스에 벌어졌던 장례 의식, 계절 축제, 그리고 여러 신들을 경배하는 다양한 의식은 종합예술인 연극이 필요로 하는 여러 요소들을 품고 있었다. 이런 요소들을 담아낸 고대 그리스의 초기 연극은 특히 디오니소스 신을 기리는 제전과 관련이 있다.

그리스의 여러 신들 중에 풍요의 신, 술의 신인 디오니소스를 경배하는 디튀람브(dithyramb)라는 찬양가가 있었다. 이는 열다섯 명으로 이루어진 남성들이 춤을 추며 노래를 부르는 방식으로 진행되었다. 이 찬양가는 합창자들이 사람들에게 잘 알려진 후렴구를 반복하여 노래하는 동안 코러스의 장이 즉흥적으로 지어진 이야기를 읊거나 노래를 부르는 형식을 띠고 있었다. 기원전 6세기 경에는 디튀람브의 코러스 무리에서 테스피스(Thespis)라는 이름의 공연자가 빠져나와 무대 위에 올라섬으로써 최초의 배우로서 연극을 발전시키는 역할을 했다고 전해진다. 테스

피스는 프롤로그와 두 사람 이상을 필요로 하는 대사를 무대 위에서 혼자 전달했다. 이후 그리스 3대 비극 작가로 널리 알려져 있는 아이스킬로스(Aeschylus, B.C. 525~456), 소포클레스(Sophocles, B.C. 496~406), 에우리피데스(Euripides, B.C. 480~406)가 형식적, 내용적으로 연극을 발전시키며 그리스 연극의 황금기를 이끌었다.

고대 그리스에서의 연극은 종교적인 성격을 강하게 띠고 있었으며, 거국적인 행사로 여겨졌다. 연극 축제 동안에는 상거래가 멈추고, 전쟁도 중단될 정도였다. 올림픽 경기의 방식과 마찬가지로 디오니소스 축제 기간에 벌어졌던 연극들도 경연의 방식을 취했다. 위에서 말한 세 명의 비극 작가들은 모두 비극 경연을 통해 최고로 인정받았던 사람들이다. 당시 연극은 문화적인 동시에 종교적인 행사였기 때문에 그 기획은 국가가 맡았고, 연극 공간, 시상, 그리고 극작가와 배우들의 급료 등을 모두 국가가 제공했다.

오늘날 연극을 의미하는 말로 가장 많이 쓰이는 용어인 시어터(theatre, theater)는 이러한 고대 그리스의 문화적 배경을 지니고 있다. 이 말의 어원인 'theatron'은 보는 곳을 의미하는 고대 그리스어다. 앞서 말했듯이 연극은 종교적인 행사에 시원을 둔다. 종교적인 행사는 관객을 필요로 하는 것이 아니라 참여자를 필요로 한다. 연극은 원래 구경꾼이 아닌 참여자들로 이루어진 공적인 행사에서 시발되었다. 그러다가 문화행사로서의 특성이 강해져 점차 보는 것으로 바뀌어 갔다.

극장을 뜻하는 단어와 연극을 의미하는 단어로서 시어터라는 말은 이러한 관객 중심의 어휘라고 할 수 있다. 이 단어는 관객이 공연을 보러 간 장소를 뜻하는 말에서 그 장소에서 벌어지는 행위를 가리키는 말을 포함하는 의미로까지 확장된 것으로 보인다. 우리가 기독교 종교행사에

아테네 디오니소스 극장

참여했다는 의미로 '교회에 갔다'고 말하는 것과 유사하다. 교회는 기본적으로 건물 또는 공간을 의미하는 말이다. 하지만 이 말에서 건물을 의미하는 교회는 그 안에서 벌어지는 내용(예식)을 대유적으로 지시한다. 시어터라는 말 역시 그런 유사하다고 볼 수 있다. '보는 곳(극장)'을 뜻하는 말이 그 안에서 벌어진 내용(연극)을 의미하는 것으로까지 확장된 것이다.

디오니소스 제전 기간 동안 벌어졌던 연극 경연은 고대 시민들에게 오락거리인 동시에 의무적으로 참여해야 하는 공동체적 행사로서의 성격도 지니고 있었다. 비극 경연의 비용은 국가가 지원했다. 시민들은 그것을 보도록 독려되었다. 연극은 공동체의 이익을 위해 필요한 공적 기구였다. 관객들은 산세(山勢)를 이용해 만들어진 넓은 야외극장을 찾아가, 일상의 삶을 벗어난 이 공간에서 벌어지는 연극을 봤다. 하지만 그 비일상적인 경험은 자신들의 일상에 영향력을 끼치게 될 것이었다.

당시의 관객들은 오이디푸스와 같은 영웅적 인물이 운명의 힘 앞에

패배하는 모습을 보면서 인간보다 넓고 큰 힘에 대해 경외를 느꼈을 수도 있고, 인간의 한계에 대해 깨닫기도 했을 것이다. 인간과 인간, 그리고 인간과 세계의 모습을 그려내는 연극을 보면서 자신과 타인, 그리고 관계에 대해 뭔가 느꼈을 수도 있다. 연극은 그러한 인간 행위와 그 결과를 보여주었다. 그리스 시민들은 연극을 보며 특정한 영향을 받았고, 이는 삶에 대한 태도와 입장 변화로 이어졌다. 보는 것은 실로 영향력이 있는 행위였다.

인간 행위와 관련된 말로 연극을 지칭하는 또 다른 단어가 있다. 시어터라는 말과 함께 연극을 지칭하는 말로 오늘날에도 많이 사용되는 말은 바로 드라마(drama)이다. 이 단어는 어원상 인간의 행위와 관련이 있다. 아리스토텔레스(Aristotle, B.C. 384~B.C. 322)는 작시술을 논한 그의 저서 『시학』에서 연극(비극)을 "… 위에서 말한 모든 수단, 즉 율동과 노래와 운문을 모두 사용하는 예술"로 구분한다. 여기서 그는 작시술의 관점, 즉 문학을 논하는 입장에서 비극을 살폈다.

아리스토텔레스는 극 형태로 행동하는 인물, 다시 말해 '나'라고 말하는 인물을 등장시키는 특징인 모방 유형으로 연극을 규정했다. 그에 따르면 호메로스의 경우는 화자로서 이야기를 통해 재현하는 방식을 사용했지만(서사시) 소포클레스는 '행동하고 실제로 연기하는 인물을 재현'하는 방식, 곧 극시, 드라마의 작법을 사용한다는 것이다.

드라마는 단어는 고대 그리스어인 dran에서 유래했다. 이 단어는 도리아 지방에서 '행동' 또는 '행위'를 의미하는 동사로 사용되던 말이다. 아리스토텔레스의 설명에서도 볼 수 있듯이 행위 또는 행동이라는 것은 드라마(연극)의 핵심이 된다. 연극은 성격을 다루는 것이 아니라 '행동하는 인간'을 다룬다. 아리스토텔레스는 『시학』에서 이를 다음과 같이 말했다.

"연극(비극)은 인간을 모방하는 것이 아니라, 인간의 행동과 생활과 행복과 불행을 모방한다."

아리스토텔레스

아리스토텔레스는 드라마에서 행동은 성격을 묘사하기 위한 것이 아니라고 했다. 오히려 성격이 행동을 위하여 드라마에 포함되는 것이라고 그는 밝혔다. 따라서 이러한 행동의 연속체인 사건의 결합, 곧 플롯은 비극의 목적이자 가장 중요한 것이 될 수밖에 없다.

아리스토텔레스가 제시한 연극의 여섯 가지 요소

1	플롯-인물 행위의 구성, 곧 연극적 사건들의 배열
2	성격-작품에 재현된 인물
3	사상과 주제-주인공의 사고 전개
4	언어-대사와 시
5	음악
6	장경(spectacle)

이 열거는 아리스토텔레스가 제시한 바, 연극(드라마)에서 중요하다고 여긴 순서에 따른 것이다. 그에 따르면 플롯은 드라마의 가장 중요한 요소이자 목적이기도 하다. 아리스토텔레스는 성격 없는 비극은 가능할 수 있지만 행동 없는 비극은 불가능하다며 행동의 연쇄, 곧 플롯의 중요

성을 강조했다.

그런데 아리스토텔레스의 제시에서 눈에 띄는 점 중 하나는 시각적인 부분인 장경, 곧 스펙터클이 맨 마지막에 위치한다는 점이다. 아리스토텔레스에 따르면 장경은 우리를 매혹시키기는 하나 예술성이 가장 적은 것이다. 그의 이런 입장은 그가 문학의 관점에서 드라마를 다룬 것과 관련이 있다. 무대 위에서 벌어지는 시각적 연출과 분장과 무대 장치 등은 극작술과 직접적인 관련이 있는 것이 아니기 때문에 아리스토텔레스에게 장경은 비극의 여러 요소 중에 가장 덜 언급할 만한 것으로 여겨질 수밖에 없었다. 여기서 엿보이는 바대로, 드라마를 문자 언어에 밀착된 문학 장르로 여기는 입장은 서구 연극의 전통이 되어 내려왔다.

영어권에서 관객을 의미하는 말로 주로 쓰이는 단어는 audience와 spectator이다. 이 중 전자는 듣는 것을 의미하는 라틴어인 audentia에서 나왔다. 후자는 본다는 것을 의미하는 라틴어 specere에서 파생되었다. 영어권에서 이 두 단어는 연극을 보는 사람들을 가리키는 말로 경쟁적 관계에 놓여 있었다고 할 수 있다. 하지만 실제 사용되는 언어로서의 무게 추는 주로 전자 쪽으로 늘 기울어져 있었다.

영어권에서 연극의 관객은 보통 audience로 통칭된다. 이 단어는 독자(reader)라는 말과 연관되기도 한다. 독자라는 말이 읽는 행위, 곧 보는 것과 연관되어 있음에도 불구하고 듣는 것과 관련된 audience라는 어휘와 더 깊이 연관된다는 사실은 의아하게 여겨질 만하다.

이런 경향은 문맹자가 많았던 시절의 영향이 남은 것이라 할 수 있다. 문맹자들은 다른 이들이 낭송하는 것을 듣는 방식으로 읽기를 대신했던 것이다. 곧, 그들은 듣는 것을 통해 읽을 수 있었다. 연극을 관람하는 것도 역시 그러한 맥락으로 이해되었던 모양이다. 드라마라는 문학작품을 다른 사람의 낭송을 통해 읽는 것이 연극이라는 발상이 기저에 깔려 있었다고 볼 수 있다. 결국 연극 관객을 부르는 말이 줄곧 audience였다는 것은 서구에서 연극을 읽는 것 또는 읽는 것을 듣는 것으로 이해했다는 의미가 된다. 곧 연극은 언어와 깊은 관련을 지닌 문학의 장르로 인식되었던 것이다.

아리스토텔레스가 가장 덜 중요하게 여겼던 연극의 요소인 장경, 곧 스펙터클은 오늘날 연극에서 매우 중요하게 여겨지는 부분이다. 연극은 살아 있는 관객과 살아 있는 배우가 만나는 자리에서 벌어진다. 이 일회적인 사건에서 관객은 audience로서 듣는 일에만 집중하는 것이 아니다. 관객들은 연극을 보는 행위를 한다. 이 보는 행위에는 감각적인 것과 인지적인 것이 모두 포함된다. 행위라는 말과 본다는 의미를 중심에 놓고 볼 때, 연극을 성립하기 위한 조건은 다음과 같이 이야기하는 것이 오늘날의 입장에서 적절하고 타당할 것이다.

'누군가가 인간의 행동을 모방하는 행위를 한다. 그리고 누군가가 그것을 본다. 바로 연극이 벌어지고 있는 것이다.'

연출가 피터 브룩(Peter Brook, 1925~)의 말을 빌리면 이렇게 이야기할 수도 있다.

'누군가가 빈 공간을 걸어가는 동안 다른 누군가가 그것을 본다. 연극 행위가 이루어질 조건이 갖추어졌다.'

연극은 보는 것과 깊은 관련이 있다. 본다는 것은 인간이 생존을 위해 발전시켜온 주요 감각 능력이다. 인간은 음성언어를 주요 방식으로 사용하여 소통하지만 실제로 우리는 시각이라는 감각에 크게 의존하며 산다. 우리는 대화를 나누지 않는 사람들의 상태도 시각적 정보를 통해 일정 정도 파악할 수 있다. 일상의 삶에서 우리는 음성언어를 통해, 즉 청각에 의존해 구체적인 정보들을 교환한다. 하지만 때론 언어를 통해 얻는 정보보다 시각적 정보를 중시할 수 있다. 예를 들어 우리는 말하는 사람의 얼굴빛이나 태도 등을 통해 그가 하는 말의 진위를 판단하려 한다.

드라마의 어원이 제시하는 바, 연극은 행위를 다룬다. 그리고 시어터의 어원이 제시하는 바, 우리는 주어진 공간에서 그것을 본다. 인간의 행동을 모방하는 행위와 그것을 누군가가 보는 것, 이것은 연극의 성립을 위해 필수 불가결한 것이다.

본다는 것

인간의 진화 과정에서 시각이 아니라 다른 감각이 더욱 발달해왔다면 어땠을까. 예를 들어 시각 대신 후각이 발달했다면 우리는 서로의 감정이나 기분을 살피기 위해 상대방의 표정이나 태도 같은 시각적 정보 대신 냄새에 더 집중했을지도 모른다. 어쩌면 특정한 상태나 감정을 드러내는 페로몬 같은 물질을 생산해 자신의 상태나 의사를 냄새를 통해 타인에게 전달하는 생리적 기술을 발달시켰을 수도 있다. 그렇다면 우리는 마음에 드는 사람을 만난 자리에서 그의 상태와 기분, 아니면 나에 대한 그의 호감도 등을 후각 정보를 통해 주고받았을지 모른다. 지하철 같은 대중교통 수단으로 이동할 때 우리가 그 공간 안의 타인들을 주로 시각에 의존해 살피듯이, 후각 능력이 시각 능력을 대체할 만큼 뛰어났다면 우리는 후각 정보를 이용해 사람들을 살필지도 모른다. 후각의 홍수 같은 지하철 공간 속에서 말이다. 어쩌면 병원에서 의사는 환자의 안색이나 눈자위를 살피는 대신 냄새를 맡아서 황달을 파악하고 몸의 이상을 살필지도 모른다.

하지만 우리의 실제 후각 능력은 냄새로 주인이 암에 걸렸는지를 발견해낼 수도 있다는 개의 능력이나 10km 밖의 피 냄새를 맡을 수 있다는 상어와 비교하면 초라하다. 청각도 마찬가지이다. 인간은 말을 통해, 즉 청각 능력을 활용해 의사소통하지만 사실 우리의 청각적 능력 자체를 따진다면 그것이 결코 뛰어난 편이라고 말하기는 어렵다. 우리의 청각 능력은 개의 4분의 1 내지 8분의 1 수준에 못 미친다.

우리는 다른 감각보다 시각 감각을 발달시켜왔고 그것에 크게 의존하여 살아간다. 특정 감각이 뛰어난 다른 동물들을 들어 비교할 필요도 없다. 우리가 생활하는 가운데 가장 많은 접촉에 노출되는 감각은 무엇인가. 시각과 다른 감각들, 즉 청각, 후각, 촉각, 미각의 사용 빈도 또는 그것들을 통해 우리가 일상에서 얻는 정보량을 비교해보라. 깨어 있는 동안이라면, 우리는 주의를 집중하거나 의식하지 않는 와중에도 엄청난 시각 정보를 접하면서 살고 있다. 아무 소리도 들리지 않는다고 여겨지는]에도 시각적인 정보들은 우리 앞에 펼쳐져 있다. 심지어 우리는 자는 동안에도 꿈을 통해 영상을 '본다'. 꿈속에서 무언가를 듣는 경험을 할 수도 있지만, 보통 우리는 시각적인 대체물과 같은 이미지 영상을 통해 꿈을 체험한다.

같은 대상을 '보는 방식'으로 경험하는 것과 '듣는 방식'으로 경험하는 것은 어떤 차이가 있는지 살피는 것도 우리가 시각 중심적 활동을 한다는 것의 방증을 제시해준다. 텔레비전이 '바보상자'라 불리던 때가 있었다. 텔레비전은 사람들을 대화도 없이 멍하게 앉아 있게 만들고, 그 행위는 사람을 바보로 만든다는 것이다. 이 시절에는 라디오가 예찬받기도 했다. 이러한 입장이 보는 것보다 듣는 것이 유익하다는 단순한 결론으로 우리를 이끌 수는 없을 것이다. 거꾸로 라디오와 텔레비전, 곧 듣는 것과 보는 것의 비교를 통해 우리가 생활 속에서 시각적인 것에 얼마나 의존하는지를 볼 수 있다.

우리는 라디오를 통해 듣는 내용도 시각적인 이미지로 환원하고자 하는, 즉 듣는 것을 그림이나 이미지, 곧 시각적인 방식으로 머릿속에 구성해보려고 한다. 시각적 이미지를 함께 떠올리지 않고서 새콤한 맛이 곁들어진 홍옥(紅玉)과 단맛이 좀 더 많은 부사(富士)의 향미(香味)를 비교하기는 쉽지 않다. 시각화 방식의 연상을 활용해 우리는 상황과 대상을 이해하는 데 큰 도움을 얻는다.

소포클레스의 비극 〈오이디푸스 왕〉의 결말 부분에서 주인공 오이디푸스 왕은 자신의 눈을 스스로 찌른다. 그런데 이 장면은 무대 위에서 벌어지지 않는다. 오이디푸스는 작품의 앞부분에서, 선왕이 살해되었고 그 살인자가 살아 있다는 것에 분개하며 그 살인자를 잡아 틀어진 세계의 질서를 바로잡겠다고 공언했다. 하지만 추적과 조사 끝에 밝혀진 선왕의 살해자는 바로 오이디푸스 자신이었다. 오이디푸스는 자신이 아버지인 선왕을 죽이고 그의 아내, 곧 자신의 어머니와 결혼했다는 것을 알게 된 후 궁 안으로 뛰어 들어간다. 그 이후에 오이디푸스의 어머니이자 아내인 이오카스테가 방 안으로 들어가 문을 닫은 채 자결하고, 이를 발견한 오이디푸스가 스스로 눈을 찌르는 장면까지는 모두 사자(使者)의 입을 통해 보고되는 방식으로 관객에게 전달된다.

"왕께서는 (죽은) 왕비의 옷에서 황금의 장식바늘을 빼어 높이 치켜드셨다가 당신의 두 눈을 콱 찌르시고는, 이렇게 말씀하셨습니다. '너희들이 내게 덮친 많은 앙화, 내가 저지른 수많은 죄업을 보는 것도 이것이 마지막이다…' 이렇게 저주의 말을 되풀이하시면서, 한 번도 아니고 몇

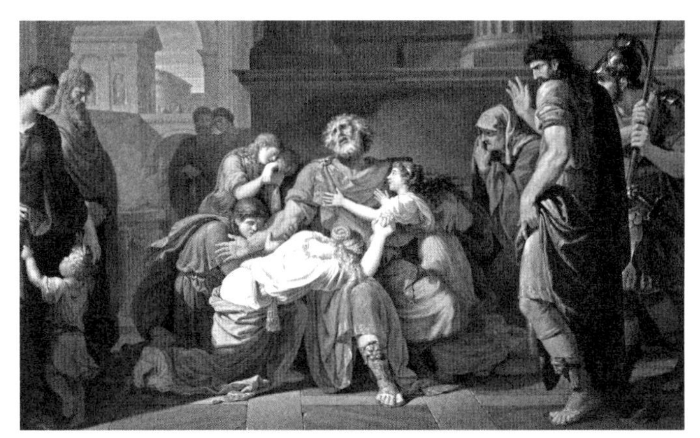

Bénigne Gagneraux(1756~1795) 작, <신에게 자녀들을 부탁하는 오이디푸스>

번씩이나 눈을 찌르시니, 그때마다 눈에서 흘러내리는 피가 수염을 적셨습니다. 아니, 핏방울이 떨어졌다기보다는 시꺼먼 피가 쏟아져 나왔습니다."

이 장면을 무대 위에서 보여주지 않고 사자의 보고를 통해 '듣게' 한 소포클레스의 의도가 무엇인지에 대해서는 이견이 있을 수 있다. 실제로 눈을 찌르는 것도 아니고 실제 피가 날 것도 아닌데 관객들이 이 장면을 보고 가지게 될 불신, 이 연극의 사건이 진짜가 아니라는 인식, 곧 연극에서 벌어지는 사건의 진실성에 대한 신뢰감의 붕괴를 피하기 위해서라고 보는 입장도 있다. 또는 지나치게 잔혹한 행위가 무대 위에서 벌어짐으로써 관객들이 충격을 받게 되는 사태를 피하려는 의도로 보는 입장도 있다.

하지만 무대 위에서 직접 보여주지 않고 사자를 통해 보고되었다 하더라도 관객들은 그 들은 바를 자신의 상상을 동원하여 시각적 이미지로 그려보았을 것이다. 그리고 그 시각화가 얼마나 생생하냐에 따라 이 비극이 주는 공포와 연민의 효과도 달라졌을 것이다.

시어터의 어원이 설명하듯이 관객들은 연극을 '보러' 극장에 간다. 하지만 연극이 보여준다는 것은 모든 것을 다 보여준다는 것이 아니다. 연극은 인간의 삶을 추리고 재구성해서 의미 있는 체계를 통해 보여준다. 직접 보여주지 않고 보고자를 통해 이오카스테의 자결과 오이디푸스의 자해를 전달하는 방식을 취하면서도 이 비극은 관객들에게 끼칠 효과를 극대화시키고자 한다. 연극이 추리고 구성하여 체계화하는 방식 속에는 그 극대화의 효과가 늘 염두에 있다.

연극을 보는 것은 단지 시각적 자극에 한정된 경험을 하는 것을 의미하지 않는다. 연극을 보는 일은 관객에게 복합적인 감각을 일깨우고, 신체적이며 감정적인 영향력을 발휘하는 행위이다. 사실 무대에서 벌어지는 일은 실제의 일도 아니다. 꾸며서 하는 모방의 행위일 뿐이다. 극장을 찾은 관객들도 그것을 잘 안다. 그럼에도 무대 위에서 벌어지는 '가짜' 사실들을 보고 경악하고 슬퍼하고 분노한다. 어떻게 이런 일이 가능할까. 이에 대해서는 최근 인지과학 분야의 발견이 좋은 설명을 제공한다.

1996년에 인지과학 분야에서 새로운 발견이 있었다. 이탈리아의 신경심리학자 리촐라티(Riacomo Rizzolatti)는 연구진과 함께 유인원을 실험 대상으로 한 실험을 진행 중이었다. 원숭이들에게 다양한 동작을 시켜보면서 그들의 뇌에서 벌어지는 활동과 변화, 그리고 반응하는 뇌의 부분 등을 살피는 연구였다. 그런데 이 연구 기간 중 예기치 않은 것을 발견하게 되었다. 연구자들은 특정한 활동을 할 때 유인원의 뇌 중 어느 부분이 어떻게 활동하는지를 데이터화하고 그 조사를 이어가고 있었을 것이다. 그런데 실험 대상인 원숭이가 아무 행동을 하지 않는 상태임에도 불구하고 특정한 행위를 할 때의 뇌 반응이 일어나고 있는 것을 모니터를 통해 보게 된 것이다. 예컨대, 원숭이는 아무 행동을 하지 않고 있었는데 모니터에 나타난 뇌의 상태는 땅콩을 집기 위해 손을 뻗을 때의 활동이 이루어지고 있었다.

그 실험자는 원숭이가 음식을 집으려 손을 뻗고 있지 않음에도 그 행동을 할 때 일으키는 뇌 반응을 하는 것을 모니터를 통해 발견하고는 매우 놀랐을 것이다. 사실 그런 행동을 했던 이는 그 연구자였고, 원숭이는 그것을 보고 있었던 것이다. 그 연구자가 특정한 행동을 하는 것을 보면서 원숭이는 자신이 행동하는 것과 같은 뇌의 활동과 반응을 했던 것이다.

연구진은, 스스로 특정한 행동을 할 때뿐 아니라 다른 사람이 행동하는 것을 볼 때 뇌에서 활성화되는 뉴런들을 거울뉴런(mirror neuron)이라고 명명했다. 이 뉴런의 활동은 인간에게 가장 활발하게 일어난다. 이 발견은 인간이 문화를 만들어가고 공동체 사회를 만들어 생존해온 것에 강력한 근거가 되는 인지과학적 설명을 제시한다.

거울뉴런의 활동을 통해 인간은 특정한 행위가 벌어지는 것을 보는 와중에도 이것을 자신의 머릿속에서 시뮬레이션하고 모의 활동으로 경험한다. 이러한 뇌 활동은 인간에게 공감이 가능한 것을 설명해주는 근거가 될 수 있다. 또한 우리가 눈앞에서 일어나는 행동을 즉시 이해할 수 있는 이유를 설명해주는 근거가 되기도 한다. 그리고 이러한 뇌의 모의 활동은 신체적 변화를 이끌어낼 수도 있다. 긴박한 상황을 보는 것만으로도 손에 땀이 날 수 있는 것이다.

연극을 보는 관객들은 자신들이 직접 행동하지 않는다. 그들은 무대 위에서 인간의 행위를 모방하고 있는 배우들의 행위를 본다. 그런데 이

때 관객의 뇌는 자신이 행동하는 것과 같은 식의 뇌 활동을 하게 된다. 거울뉴런이 활성화되는 것이다. 그리고 이는 보는 이의 신체와 감정에 변화를 만든다. 곧, 누군가 행동하고 누군가 그것을 보는 방식을 취하는 연극은 배우와 관객을 행위를 통한 관계망으로 묶어낸다. 그들은 공연의 순간 홀로 있는 것이 아니라 무대의 행위자들과 같은 행위의 굴레와 틀에 함께 엮이게 된다. 관객은 배우들 또는 극 중 인물의 행동을 보며 자신이 행동하듯 예측하고 반응하며 그 행위에 동참하게 되는 것이다.

관객은 자신의 정체를 파악하고 고통스러워하며 궁으로 달려 들어가는 오이디푸스를 본다. 뿐만 아니라 이오카스테의 자결하는 모습이나 오이디푸스가 스스로 눈을 찌르는 장면을 '본다'. 그것은 무대 위에서 벌어지지 않음에도 불구하고 말이다. 관객들은 그 장면을 묘사하는 사자의 말을 들으며 그 이미지를 그리고, 고통스러워하는 그 보고자의 몸짓과 말투, 그리고 코러스의 비통한 합창을 보고 들으면서 이 사건에 동참한다.

그들이 연극을 본다는 것은 단순히 시각적 자극에 노출된다는 의미가 아니다. 연극을 볼 때 연극의 인물들이 겪는 상황과 맥락, 그 사건의 소용돌이에 관객들의 정신과 몸이 동참한다는 것이다. 거울뉴런은 이러한 일이 가능하다는 것을 인지과학적으로 설명해준다. 그리고 여기서 관객의 정신과 몸의 참여라는 말에는 감정이라는 인간의 중요한 활동이 포함되어 있다.

관극과 감정-동일체로서의 관객

서구 역사 가운데 감정은 오랜 세월 홀대당하고 평가절하되어왔다. 서구적 사고의 전통 속에서 감정은 합리성의 대척점에 놓여 있었으며, 보다 중요한 인간 특성인 이성에 반하는 요소인 동시에 위험한 것으로까지 여겨져 왔다. 서구철학사에 있어서도 감정은 합리적인 인간 삶에 방해가 되거나 변수를 만드는 부정적 요소처럼 여겨지곤 했다. 인간의 행동을 기반으로 하는 드라마 장르의 역사 속에서도 감정은 인물의 행위를 추동하는 막강한 동기로 제시되면서도 결국 인물을 파국으로 이끄는 오류나 결함 정도로 그려지는 경우가 많았다.

오늘날 인지과학 분야의 발전은 감정이 인간의 사고와 판단과 행위에 얼마나 중요한 요소인지, 그리고 이성과 감정이 얼마나 밀접하게 결합되어 있는지를 밝혀내고 있다. 이러한 연구의 성과들은 감정 결여 상태에서의 이성적 판단이 불가능함과 특정한 상황 속에서의 판단을 위해 감정이 얼마나 중대한 역할을 하는지 등에 대해 다양한 근거를 포함한 답변을 준다. 오늘날 감정에 대한 연구는 인지과학뿐 아니라 사회학적, 현상학적으로 확장되어 진행되며 성과를 내고 있다.

오늘날 감정은 합리적인 판단을 방해하는 요소가 아니라, 그것을 가능하도록 뒷받침하는 것으로 이해된다. 도리어 감정이 없이는 합리적이라고 말하는 판단이 불가능하다. 맹독을 품은 독사를 보았을 때나 흘러내려오는 용암을 보았을 때 두려움이나 공포라는 감정을 느끼지 않는 사람은 생존을 위해 합리적으로 대처하기 힘들 것이다. 감정은 기본적으로 합리적 판단을 위한 경험적 지식의 데이터를 제공한다. 그리고 이것은 오랜 세월의 진화 과정 속에서 만들어지고 체화된 것이며 개인적으로도 경험의 과정을 통해 새롭게 축적되는 과정을 계속 거친다. 감정은 인간의 생존을 위한 매우 중요한 조건이다.

리사 펠드먼 배럿(Lisa F. Barrett)은 인간의 감정이 지닌 기능을 다섯 가지로 제시한 바 있다. 표로 제시하면 다음과 같다.

감정의 기능

의미 구성	행동 명령	신체예산 조절	감정 소통	사회적 영향력 행사
개인 영역			사회적 영역	

이에 따르면 감정은 의미를 구성하게 하고, 그에 따라 행동을 유도하며, 감정의 상태에 맞춰 신체예산을 조절하게 한다. 예를 들어 심장이 뛰고 몸에 미열이 있는 듯 몽롱한 기분을 느낄 경우 우리는 이것이 감기 기운인지 아니면 오늘 만난 이성에 대한 사랑의 감정인지 스스로 판단해보게 된다. 이러한 일은 의미 구성과 관련된다. 이런 의미 구성은 특정한 행동, 즉 쉬거나 전화를 하려는 행동 등으로 연결될 것이다. 이것이 행동 명령과 관련된다. 그리고 분노나 공포 같은 특정한 감정 등은 심박수를 높이거나 아드레날린을 분비하는 식으로 대처한 상황에 신체가 대응할 수 있도록 준비시킨다. 이것은 감정의 신체예산조절 기능과 관련이 있다. 이 세 가지는 개인적 영역과 관련한 감정 기능이다.

이에 반해 감정 소통과 사회적 영향력 행사라는 기능은 개인 영역을 넘어서는 사회적 영역과 연관된 감정의 기능으로 분류될 수 있다. 누군가에 대해 감정적으로 동화하거나 거리를 두거나 하는 식의 반응은 감정 소통과 연관된다. 그런 소통 과정에서 인간 사이에 감정의 영향력 행사가 이루어진다. 그런데 사회적 영역에 포함되는 이 두 감정의 기능이 수행되기 위해서는 집단지향성이 필요하다고 배럿은 말한다. 이는 특정한 신체적 상태 또는 신체의 활동이 특정한 맥락에서 특정한 기능을 한다는 것에 대해 당신과 대화하는 상대 또는 당신에게 영향을 받는 다른 사람이 동의한다는 전제를 기반으로 감정의 사회적 기능이 이루어질 수 있다는 의미이다.

누군가가 특정한 표정이나 태도 또는 말투 등의 신체적 상태나 활동을 보일 때 상대방이 그의 감정을 파악하거나 그에 반응하는 태도를 취할 수 있는 것은 집단지향성이 전제되어 있기에 가능하다. 이것이 없다면 감정은 단지 개인적인 차원에 머무를 것이다. 눈물을 흘리는 누군가의 옆에서 그를 토닥이는 사람, 친구의 밝은 모습을 보고 영문은 모르지만 같이 기분이 좋아지는 사람, 무서워하는 이를 안아주는 사람의 행동은 모두 이러한 전제를 기반으로 가능하다. 인간은 언어로만 사회적 소통을 하는 것이 아니라 감정의 드러남과 표현을 통해서도 사회적 존재임을 드러낸다.

사회지향성의 토대는 이차적인 감정 반응뿐 아니라 일차적인 감정의 반응 영역에도 자리잡고 있다. 흔히 감정과 연관된 영어 단어로 feeling. emotion, affect 등이 사용된다. 우리말로도 느낌, 정서, 감정 등의 표현들이 사용되는 것과 유사하게, 학자에 따라 혹은 분야에 따라 이 단어들의 용법적인 의미 차이가 있는 게 사실이다. 여기서 신체적인 것과 연관이 깊은 affect에 대해 조금 더 언급할 필요가 있다. 흔히 '정동'으로 번역되는 이 단어가 뜻하는 바는 '감정과 관련된 신체 신호 또는 느낌' 같은 것이다.

정동은 하루 내내 우리가 경험하는 것이다. 피부에 닿는 햇빛의 쾌감,

좋아하는 커피 향의 느낌, 복통이나 통증이 주는 불쾌감, 몸의 피로, 좋은 소식을 기다릴 때의 기분 등은 모두 정동으로 설명할 수 있다. 앞서 이차적이고 통제적인 반응과 대비하여 일차적인 감정 반응을 이야기한 바 있다. 정동은 신체적인 것과 밀접하게 관련된 일차적인 감정 반응과 관련이 있다. 우리는 이러한 몸의 감각 신호에 대해 이것이 어떤 시그널인지 의미를 구성하고자 한다. 감정의 이차적인 반응은 예를 들어, 몸에 미열이 있는 듯한 느낌이 무리한 운동을 해서인지, 감기 기운인지, 아니면 사랑에 빠진 것인지에 대해 판단하는 과정과 그에 따른 적절한 행동을 결정하는 것을 포함한다. 무리한 운동의 영향으로 판단했다면 적절하게 쉬는 행동을, 감기 기운으로 판단했다면 약을 먹거나 병원을 찾는 행동으로, 사랑에 빠진 것이라면 그에 맞는 다음 과정을 찾아보는 행동을 결정하고자 한다는 것이다.

지금은 고전처럼 여겨지기도 하는 제임스-랑게 이론(James-Lange theory)은 자극이 정서에 영향을 주고 이것이 신체적 변화를 가져오는 것이 아니라, 자극이 신체 변화를 이끌고 이것이 특정 정서를 일으킨다는 주장을 펼친다. 이는 정동을 잘 설명해준다. 다시 말해 감정은 신체적 변화에 대한 느낌이 되는 것이다. 이에 따르면 특정한 외적 자극에 대한 반응으로 화가 나며 심장 박동수가 증가하는 것이 아니라, 자극에 대한 즉각적 반응으로 심장 박동수의 증가라는 신체 변화가 생기고, 이 신체 변화의 의미를 분노로 받아들인 경우 우리들은 그에 맞는 태도나 행동을 취하게 된다는 것이다. 결국 자극에 의해 생겨난 신체적 변화에 대한 느낌을 상황과 인과적 측면 등을 통한 판단으로 특정한 감정이라고 판단 또는 규정하게 된다.

간단하게 말하자면 정동은 일차적인 몸의 신호와 깊이 연관된 신체적 감정이다. 다른 말로 정동은 환경변화에 대한 유기체의 자동적 반응을 의미한다고 할 수 있다. 이 반응은 피가 온몸에 도는 사람이 느낄 수 있는 주관적 경험이다. 이 통제 불가능하고, 체화되고, 개인화된 사적 경험은 얼굴 찌푸림이나 동공 확장 같은 감정표현으로 이어지게 된다. 정동이라는 일차적이고 주관적이며 개인적인 감정 반응은 외부로 드러날 때, 즉 특정한 신체적 표현으로 나타낼 때 사회적인 것이 될 가능성을 드러낸다. 곧, 주관적 반응이 읽어낼 수 있는 형태(자신도 모르는 얼굴 찌푸림, 홍조 등)로 제시될 때 감정의 표현은 객관화된다. 이 객관화는 앞서 말한 사회지향성이 전제되어야 가능하다.

에린 헐리(Erin Hurley)는 정동이 개인의 차원을 세 번 넘어선다고 지적한 바 있다. 첫 번째로 그것은 개인 의지의 통제를 벗어난다는 점에서 개인을 넘어선다. 예컨대 당황했을 때 얼굴이 붉어지는 것은 스스로의 의지를 벗어나는 신체적 반응이다. 두 번째로 그것은 개인적으로 특수한 것이 아니라 그 종(種)에 보편적이라는 점이다. 증가하는 아드레날린은 항상 우리의 정신을 날카롭게 하고 우리의 주의를 집중하게 한다. 예를 들어 줄을 타야 하는 직업군의 사람들이 높이 매달린 줄을 잡는 손에 집중하는 것처럼 말이다. 이러한 아드레날린의 분비는 우리가 정신을 집중해야 할 때 일어나는 보편적 현상이다. 그리고 세 번째로 정동은 감정의 전시를 통해 인간들이 소통할 수 있게 한다는 의미에서 개인을 넘어선다.

개인적이며 주관적인 영역의 신체적 느낌으로서의 정동 역시 이렇게 개인을 넘어서는 특성들을 가지고 있다. 곧 사회성의 맹아를 담고 있다. 감정은 사회적 맥락 안에서 운용되고, 사회적인 문제가 될 수밖에 없다. 우리는 개인적인 것으로 여겨지는 감정을 때로 자신도 모르게 드러내고, 때로 표현하고, 읽어내기도 하면서, 그리고 그에 상호 대응하고 반응하는 행위를 하면서 사회적인 관계를 이어가는 것이다.

아리스토텔레스는『시학』에서 비극은 공포와 연민의 감정을 일으킨다고 말했다. 그리고 이런 감정을 통해 비극은 관객에게 카타르시스 효과를 보여준다고 말했다. 아리스토텔레스가 카타르시스에 대해 자세하게 설명하지는 않았지만 감정의 측면에서 본다면 이는 부정적 감정의 해소, 배설 등과 관련이 있다. 부정적인 감정을 승화시키는 목적을 이루기 위해 연극은 감정을 다루고, 그것이 관객들에게 영향력을 가지도록 구성하고 조직된다.

19세기 프랑스에서 크게 발달하고 유행했던 멜로드라마는 감정의 운용을 중시하는 연극 형식이다. 멜로드라마는 선악의 구분이 명확한 인물들의 이야기를 다룬다. 여기서 선한 주인공은 부당하게 억압을 당한다. 이 주인공에게는 구제될 기회들이 있지만 그것들은 아슬아슬하게 성공하지 못한다. 관객들은 서스펜스와 안타까움을 느끼게 되고, 주인공의 처지에 공감하며 연민을 가진다. 음악은 관객들의 감정적 곡선을 만들어나가는 데 일조를 한다. 멜로드라마는 관객이 직관적으로 공유할 수 있는 이야기를 통해 주 관객에게 주인공의 감정을 이입시키는 방법을 사용한다. 교육 수준이 낮은 사람들도 쉽게 접근할 수 있었기에 멜로드라마는 다른 어떤 연극 형식보다 대중적으로 큰 인기를 누릴 수 있었다.

서구에서 멜로드라마는 비극과 비교해 열등한 것으로 여겨져 온 경향이 있다. 고대 로마의 비평가 호라티우스는 연극이 주는 교훈과 연극이 주는 즐거움이라는 두 측면을 제시한 바 있다. 좋은 약에 달콤한 설탕을 입혀놓은 것과 같이 연극은 즐거움을 통해 교훈을 받아들이게 한다는 것이다. 교훈과 즐거움이라는 두 요소 중 비극은 전자의 성취를 위한 목적성과 효용성을 분명하게 드러낸다. 하지만 멜로드라마에서는 후자, 즉 즐거움이 더 부각된다.

멜로드라마가 권선징악적인 이야기를 통해 교훈을 드러내지 않느냐고 물을 수 있다. 하지만 멜로드라마가 보여주는 단순한 세계관과 권선징악의 해피엔드는 도리어 관객들의 기대에 부응하여 그들을 만족시키려는 목적을 위해 도입되었다고 보는 것이 더 정확하다.

감각과 감정 등은 육체에 속한 것이다. 서구의 전통적 사고에서 감각과 감정과 밀접하게 닿아 있는 멜로드라마는 형이상학적 세계관을 그 안에 담아내는 비극의 전통과 비교해서 비루한 형식으로 여겨질 수밖에 없었다. 거기에서 감정의 운용은 성공적 공연을 위해 절대적으로 중요한 것이 된다.

멜로드라마는 관객들의 감정을 운용하는 측면에서 매우 효과적인 방법을 쓴다. 관객들은 선한 주인공이 부당한 고통을 당할 때 분노와 슬픔을 느끼고, 악인이 응당한 벌을 받게 될 때 쾌감을 느낀다. 그 안의 세계는 단순화되어 있기 때문에 복잡하게 생각할 필요도 없이 관객들은 그 감정의 물결에 쉽게 자신의 몸을 맡겨버리기만 하면 된다. 모든 관객들을 하나의 감정 반응 단위로 만들어버리는 것은 멜로드라마가 추구하는 하나의 목적처럼 여겨진다.

이때 단순한 세계관과 구도는 관객들의 감정을 하나로 묶어내기 위한 기본 조건이 된다. 극 중 인물의 행동을 보면서 관객들의 거울뉴런은 작용할 것이다. 멜로드라마는 복잡한 심리와 삶의 풀리지 않는 딜레마 같은 것을 다루려는 모험을 하지 않는다. 오해의 소지가 없는 분명한 억압, 부정할 수 없는 수탈을 보면서 관객들은 분노하고 주인공의 처지를 동정하며 눈물을 흘린다. 관객들의 거울뉴런이 작동하면서 관객들의 몸은 분노와 슬픔 등으로 판단될 수 있는 신체적 반응을 보이게 된다.

앞서 정동은 개인의 특수성이 아니라 인간에게 보편적으로 나타나는 것이라고 말했다. 거울뉴런을 통해 이야기하자면 특정한 행동을 하는 타인을 보는 것을 통해서도 우리는 그것을 직접 행하는 것과 유사한 두뇌활동을 한다. 이것 역시 개인적인 것이 아니라 보편적인 현상이다. 멜로드라마는 이러한 일이 효과적으로 일어날 수 있는 틀을 운용한다. 인물이 부당한 억압을 당하며 울 때 관객들도 울어야 한다. 악인이 패하고 주인공이 고통에서 벗어나는 환희의 순간에 관객 역시 기쁨을 느껴야 한다. 그래야 성공적인 멜로드라마 공연이 된다.

감정은 신체적인 반응에 대한 느낌이라고 앞서 말했다. 감정은 신체를 기반으로 한다. 이러한 점에서 멜로드라마는 몸과 매우 닿아 있는 연극 형식이었다고 할 수 있다. 연극을 보는 행위를 통해 관객이 극 중 인물와 감정적으로 묶인다는 것은 극 중 인물들이 겪는 신체적인 경험과 유사한 경험을 몸으로도 체험한다는 것을 의미하기 때문이다. 감정을 주요 접근 방법으로 내세운 멜로드라마는 인간을 하나로 묶어내는 근거가 되는 이러한 신체적 · 감정적 조건을 적극 활용하기에 정신과 육체가 기울어진 이분법을 견지해온 서구에서 낮은 평가를 받을 수밖에 없었던 것이다.

하지만 멜로드라마 작품들이 신체적 · 감정적으로 관객들과 무대를 묶어내려고 한 것처럼 한 편의 연극은 관객 모두에게 같은 반응을 일으켜야 하고, 그 동일화야말로 그 작품의 성패를 가늠 짓는 조건이 된다고 단정할 수 있을까.

관객과 배우가 연극의 상연을 통해 하나로 묶어낸다는 것은 인간의 보편적 소통과 교감의 가능성을 전제로 한다. 앞서 언급한 거울뉴런, 감정의 사회성, 정동의 탈개인성, 집단지향성 등은 모두 이러한 가능성을 뒷받침한다. 하지만 연극을 보는 사람들을 일컫는 명사인 audience, 즉 집합적인 존재를 지칭하는 경향을 지닌 이 단어가 품은 의미처럼 관객이 늘 하나가 되는 것은 아니다. 도리어 하나가 아님을 확인하는 것이 오늘날의 연극이 시도해야 하는 일이라고 주장될 수도 있다. 그리고 이것이야말로 현대의 변화된 조건 속에서 연극이 사회적 · 정치적인 영향력을 발휘하는 방법이라고 말할 수도 있다.

관극과 입장 – 개체로서의 관객

연극을 보면서 관객의 거울뉴런이 작동한다는 말이 연극 관객들을 똑같은 행동 반응으로 이끈다는 것을 의미하지는 않는다. 상황은 좀 더 복잡하다. 거울뉴런이 뒷받침하는, 그리고 앞서 말한 감정의 집단지향성, 정동의 사회성 등 인간의 감정이 사회적으로 묶여 있음을 설명해주는 인지과학적이고 생리적인 근거에도 불구하고 하나의 연극 작품을 본 관객이 동일한 반응을 한다고는 결코 말할 수 없다. 그런데 이 언급으로 연극의 힘이나 효용성과 가치에 흠이 가는 것은 아니다. 도리어 이는 오늘날의 연극이 사회적 · 정치적으로 의미와 가치를 가지게 될 조건과 연결된다.

셰익스피어의 비극 작품 〈햄릿〉에는 다음과 같은 장면이 나온다. 햄릿은 아버지의 유령을 만나 그가 숙부에 의해 독살되었다는 사실을 듣는다. 하지만 그는 복수를 위한 행동에 쉽게 나서지 않는다. 햄릿은 숙부 클로디어스가 정말 부친을 살인했는지를 알아내기 위해 연극을 활용한

Daniel Maclise, 〈햄릿의 극중극(The play scene in 'Hamlet')〉(1842)

다. 그는 배우들을 초청하여 〈곤자고의 살인〉이라는 연극을 상연한다. 이 연극 안에는 한 인물이 지위를 위해 공작을 독살하는 장면이 있다.

햄릿은 이 장면이 진행될 때 숙부가 보이는 표정이야말로 그가 아버지를 죽인 범인인지 아닌지를 알려주는 결정적 단서가 될 것으로 생각한다. 그는 아버지의 유령에게서 들은 것을 확인하는 방법으로 '보는 것'을 선택했다. 연극의 제목이 무엇인지를 묻는 숙부에게 햄릿은 '쥐덫'이라고 대답한다. 이 연극이 추동하는 현실감이 숙부의 죄의식을 건드린다면 그것이 그의 표정으로 드러나게 될 수밖에 없고, 결국 이 연극은 선왕을 죽인 클로디어스의 죄를 피할 수 없이 확인시켜줄 '쥐덫'이 되는 것이다. 그는 보는 것을 통해 확신하고자 했다.

햄릿의 발상에는 세 가지 가정이 전제되어 있었다. 하나는 연극이 관객에게 특정한 영향을 끼친다는 것이다. 그리고 또 하나는, 그 특정한 영향은 태도나 표정 등 외적으로 드러나게 될 것이라는 가정이다. 그리고 세 번째는 그렇게 일어나는 개개인의 반응이 모두 똑같지는 않으리라는 가정이다. 햄릿의 가정은 모두 들어맞았다. 연극이 진행되는 가운데 관객들은 사건과 상황에 반응을 일으켰고, 그것은 특정한 방식으로 드러났다. 그런데 다른 사람들과 클로디어스의 반응은 달랐다. 공작의 귀에 독이 부어지는 장면이 전개될 때 클로디어스는 자리를 박차고 일어나게 된다.

앞서 외적인 자극에 대한 신체적 반응, 곧 정동에 대해서 설명한 바 있다. 이러한 반응은 본인의 의지에 따라 생기는 것이 아니다. 그런데 홍조나 식은땀처럼 정동의 반응이 외적으로 드러나게 될 경우 사회적 의미를 가지게 된다. 햄릿은 그것을 포착하려고 했던 것이다.

클로디어스는 연극의 장면을 보며, 그 자극에 특정한 신체적인 반응을 일으켰을 것이다. 그리고 그 불편함을 피하기 위해 자리를 벗어나고자 했을 것이다. 그런데 이러한 그의 반응과 대응은 햄릿에게 포착된다. '쥐덫'에 걸리게 된 것이다. 햄릿은 지위를 얻기 위해 살해를 저지르는 비윤리적이며 비도덕적인 행위가 모두에게 똑같이 분노나 한탄을 자아내는 동일한 반응을 보이지 않을 수 있다는 것을 알고 있었다.

다른 관객들이 윤리적인 상식에 입각해 분노하거나 한탄하는 장면에서 숙부 클로디어스는 당황하고 정색하는 반응을 보인다. 그가 이런 남다른 반응과 태도를 보이는 데는 그의 특수한 경험과 상황이라는 원인이 있다. 이는 오늘날 연극이 사회 · 정치적인 측면에서 가치와 의의를 지닐 수 있는 지점을 시사해준다. 극장이라는 공간에 모여 하나의 작품을 보는 관객들이라도 할지라도 그들은 모두 각각의 경험과 가치관, 그리고 서로 다른 문화적 배경을 지닌 개인들이다.

정치성이나 사회성이라는 것은 연극의 본질적인 특성 중 하나이다. 그러나 오늘날 연극은 일상의 삶에서 벗어나 있는 여가의 영역에 자리잡으며, 연극을 본다는 것은 개인적 차원의 행위이다. 고대 그리스 비극이 종교적인 측면과 밀착된 국가의 공적인 행사였던 것과는 다르다. 그리고 연극을 보는 관객은 개인적 취향과 문화적 배경과 교육 수준, 그리고 출신 등에서 제각각인 개인들이다. 연극은 이러한 개별체로서의 관객들에게 어떻게 사회적이거나 정치적인 영향력을 끼칠 수 있는 것일까. 단일한 반응으로 묶이지 않는 각기 다른 배경과 경험, 출신의 주체들에게 말이다.

고대 그리스 연극이 공동체를 묶어내는 기구로서 동일체를 지향했던 것과 대비해 오늘날의 연극이 고대 그리스의 연극이 드러내는 공동체 기구로서의 이상을 꿈꾸고, 관객들은 그런 위대한 결과를 기대하며 극장을 찾는 일은 얼마만큼 가능할까. 복잡해지고 다변화된 구조 속에서 오늘날의 연극은 다른 방식으로 구동되는 기구의 역할을 해야 하는 것은 아닐까.

연극은 시초 때부터 오늘날까지 정치적인 영향력을 담고 있다. 하지만 그 맥락은 다르게 짚어져야 할 것이다.

연극의 정치성

정치란 사회생활에서 일어나는 필연적인 대립과 분쟁에 질서를 부여하는 행위이다. 막스 베버는 정치를 "국가 상호 간 또는 국가에 포함된 인간집단 상호 간에 행해지는 권력의 분배에 관여하여, 권력의 분배 관계에 영향을 미치려는 노력"이라고 말했다. 그는 또한 일상의 용법에서의 '정치적'이라는 말도 모두 권력의 배분 · 유지 · 변동에 대한 이해와 관심이라는 점과 연관된다고 하면서 정치라는 말의 의미를 추려냈다. 그의 이러한 정의는 오늘날 일반적인 의미로 사용되는 '정치'의 의미와 통한다. 아리스토텔레스가 말한 바, '인간은 모두 정치적'이라는 개념 역시 상통한다. 사회적 존재로서의 인간은 힘의 배분 · 유지 · 변동과 무관하게 존재할 수 없다. 인간의 행위와 관계를 다루는 연극은 그 성격상 본원적으로 정치적일 수밖에 없다.

메이예르홀트(1874~1940)

인간과 인간, 인간과 세계의 관계를 그려내는 연극은 힘의 역학과 분배를 다룬다. 연극의 역사 가운데 연극이 드러내는 정치성은 곧잘 논쟁의 대상이 되면서도 지속적으로 이어져 존재해왔다. 그럼에도 연극의 정치성을 애써 부인하려 하는 시각이 전혀 감지되지 않는 것은 아니다. 하지만 정치성은 연극의 본질적인 성격임에 틀림없다.

브레히트(1898~1956)

사회주의 건설을 위한 예술로 적합하지 않다는 이유, 곧 비정치적이라는 이유로 러시아의 연출가 메이예르홀트는 탄핵되었다. 독일의 극작가 겸 연출가인 브레히트는 문학이론가인 루카치로부터 그의 연극적 접근이 형식미학이라는 비판을 받았다. 내용적인 측면, 곧 정치성의 측면에 대한 치열함이 형식적 추구 뒤에 묻힌다는 지적이었다. 메이예르홀트나 브레히트는 본인들의 '비정치적'인 연극을 더(본격적으로) 정치적으로 만들기를 요구받았던 것이다.

때로 정치색을 최대한 제거한 것으로 보이는 연극은 거꾸로 권력의 문제점을 방관하고 묵인하는 방식으로 정치적이게 될 위험에 노출될 수 있다. 사회 · 정치적으로 선택과 변화의 요구가 있거나 억압적이거나, 또는 부패가 심한 권력집단하의 사회에서 이런 일은 더 두드러진다.

스탈린 시대와 나치 시대의 멜로드라마는 부패한 기존 세계의 질서를 옹호하는 방식으로 특정 권력의 유지에 도움을 주면서 정치적이게 되었다. 흔히 말초적이며 흥미 위주의 연극이 대중을 정치적으로 무감각하게 만든다는 식의 발상은 연극이 어떻게든 정치적인 측면과 연관을 지니게 되는 메커니즘과 관련된다. 우리는 또한 권력이 연극을 금지시키거나 검열하는 방식으로 그 정치적 힘을 인정한 사례들을 멀지 않은 과거, 멀지 않은 곳에서도 어렵잖게 목도해왔다.

오래전 플라톤은 연극에 대한 부정적 견해를 표출한 바 있다. 그의 견해는 매우 정치적이었다. 그는 이상국가에 위해가 되는 연극의 효과, 그 불순한 정치적 영향력을 논했던 것이다. 반면 아리스토텔레스는 공포와 연민, 카타르시스 등의 용어를 통해 연극의 기능을 설명함으로써 그것이 정치적으로 유해하다는 스승의 입장과 변별되는 견해를 표명했다. 플라톤이 정치적인 입장에서 반대한 것을 그의 제자는 감정적인 측면과 모방(행위와 연관된)이라는 키워드를 활용해 옹호했던 것이다.

연극은 '계몽의 입장에서 예술이기 이전에 사회적 기구'라는 입장은 오랜 세월 동안 지지되어왔다. 그리고 이 입장에는 연극의 사회성과 정치성이라는 개념이 깊이 포함되어 있다. 그런데 세계와 인간을 운영하는 절대적 가치 체계에 대한 기대가 무너져버린 현대에는 연극이 어떠한 방식으로 사회적 영향력과 정치적 힘을 지니게 될까. 더군다나 거대 담론이 지워진 세계 속에서 일상이라는 틀 속에 살아가는 개별체로서의 관객들을 대상으로 말이다.

한자어인 일상(日常)은 태양이 매일 뜨고 지는 항상성과 관련된 말이다. 이는 반복, 전통 등과 관련된다. 비일상이라는 말이 일회성이나, 혁신과 같은 의미를 포함하는 것과 대비된다. 비일상 역시 인간이 만나는 현실의 일부이다. 그런데 전문적인 기교 없이도 누구나 접근할 수 있는 것이 일상의 영역인 데 반해 비일상의 영역은 만들어진 규칙에 의거하고 전문가적인 지식을 요구한다는 기본적인 차이가 있다.

일상의 세계는 타인들과의 접촉을 요구한다. 여기에는 기본적으로 평범한 자아의식을 가진 1인칭 단수로서의 일상생활 속에 '나'라는 존재가 있다. 그리고 '나'와 마찬가지로 그들 존재의 '지금'과 '여기'를 구성하는 여러 '나'와의 사회적 만남이 있다. 이 만남 속에서 나의 의미와 그들의 의미에 교류가 이루어지고, 현실에 대한 공통된 의미가 공유된다는 사실을 인지하기도 한다. 그리고 종종 서로의 계획과 지향들이 충돌하는 일이 생긴다. 일상적 용법에서 사용하는 '정치적'이라는 용어 역시 이러한 상황 가운데 힘의 배분 · 유지 · 변동과 연관된다.

베르거와 루크만(Berger&Luckman)에 따르면 일상생활의 세계는 "사회의 평범한 구성원들 생활의 주관적 의미가 있는 행위 속에서 그들에 의하여 현실로 당연히 받아들여질 뿐만 아니라, 그들의 사고와 행동에 기원을 두고 이런 것들에 의하여 현실적으로 유지되는 세계"이다. 그런데 여기서 일상생활 속에서 개인이 접하는 세계는 육체적으로 반복 경험하는 것들뿐만 아니라 간접적인 방식의 경험도 포함한다. 곧 '지금', '여기'에 존재하지 않는 현상들도 포함하는 것이다. 지역적 또는 시간적으로 거리가 있는 사건의 뉴스나 정보 같은 것이 이런 예가 될 것이다. 그런데 육체 작동을 통해 직접적으로 영향받기 용이한 일상생활의 영역은 그렇지 않은 영역보다 개인에게 긴급하고도 가까운 것이 될 수밖에 없다. 시간 또는 공간적으로 먼 곳에 대한 것은 개인에게 덜 긴급한 것이 되며 사적이고 여가적인 선택의 차원이 될 가능성이 커진다.

개인의 일상생활과 마찬가지로 현실의 일부이지만 일상과 구분되는 '비일상'을 언급하는 것이 뒤의 논의를 위해 필요할 듯하다. 우리는 일상생활 속에서 만나는 친구나 이웃들을 꿈속에서 보는 경우를 종종 경험한다. 이때 이들은 일상생활이 아닌 다른 현실에 속해 있다. 우리는 일상에서의 그들과 꿈속에서의 그들이라는 두 대상에 각기 다른 긴장감을 가지고 다른 방식으로 주의를 기울이게 된다.

이는 우리가 세상이 복합적 현실로 구성되어 있다고 느끼는 방식의 하나이다. 베르거와 루크만은 꿈에서 깨어나는 때와 같이 한 현실에서 다른 현실로 옮겨갈 때 우리는 충격적인 전환을 체험한다고 말한다. 이러한 충격은 전환이 수반하는 주의성의 변화에 의해 야기되는 것이다.

인간이 접하는 현실은 복합적이다. 이 복합적 현실 중에서 현실 그 자체를 두드러지게 표현하는 것이 일상생활의 현실이다. 이 일상생활의 현실은 내 육체의 '지금'과 '여기'의 주변에 구성되어 있는 것이다. 이것은 그 특권적 위치 때문에 가장 중요한 현실이라는 명칭을 부여받는다.

일상에서 우리는 다양한 기준을 근거로 특정한 군을 이루고 그에 속하게 된다. 개인들은 이러한 분류에 의해 다양한 이름을 부여받을 수 있다. 복합적인 관계망을 통한 개인의 정체성은 일상의 의례 행위를 통해서 잘 설명될 수 있다. 크리스토프 울프(Christoph Wulf)가 지적한 대로 표현한다면 "가정, 직장, 학교 등에서 우리는 일상의 의례를 통해 공동체를 만들고 공동체 간의 차이를 만든다". 일상을 구성하는 반복적 의례는 여기서 개개인이 자신의 정체성을 확인하도록 하는 역할을 한다.

오늘날 세계는 과거의 우리가 꿈꾸던 유토피아를 향한 꿈에 대한 입장을 바꾸었다. 이는 거대 담론의 사라짐과도 연관된다. 사회운동의 측면에서 볼 때도 오늘날은 어떠한 미래도 그려볼 수 없다는 공통적 의식을 강하게 띠고 있다. 알베르토 멜루치(Alberto melucci)에 따르면 "미래에 총체적인 파국이 일어날 수도 있고, 또 복합적 체계에서 '미래'보다 균형 자체가 문제시되기 때문에, 현대의 사회운동은 선형적인 진보에 대한 기대를 버리고 현재를 위한 투쟁을 선포하는 '반근대성(anti-modernity)'을 띠"게 된다. 그런데 현재를 위한 투쟁을 위한 기초를 잡는 일 역시 모호성으로 인해 우리에게 어려움을 안겨준다. 오늘날 일상의 개인들이 속한 복합적 영역의 경계는 자신의 사회적 정체성을 명징하게 확인하는 것을 어렵게 만든다. 자기 정체성의 불투명성은 일상의 정치적인 의미를 띠는 행위들의 기준 잡기를 모호하게 하는 것이다.

파편화되고 이슈화된 정치의 논점들에 관해 오늘날의 개인들은 공공의 장소인 아고라가 아니라 사적인 일상생활의 공간에서 사사화(私事化)된 의례의 성격을 지니는 정치적 행위를 하는 경향을 드러낸다. 전문적으로 정치 영역에 종사하지 않는 이들도 정치적 내용을 다루는 팟캐스트를 청취하고, 뉴스 기사를 접한 후 포털사이트에 익명의 댓글을 달거나 뉴스를 SNS로 공유하는 식의 정치적 의미를 갖는 의례적 행위들을 한다.

개인들이 사적인 공간에서 행하는 의례는 다른 긴장감으로 접하게 되는 '비일상적' 의례–예컨대 촛불을 들고 광장에 서는–행위를 이끌어내는 기초가 될 수 있지만 기본적으로 그것과 변별되는 일상생활의 정치적 행위이다. 현대 사회의 기술적 발전은 개인의 정치적 활동 방식에 영향을 끼치기도 하고, 수적인 힘을 기반으로 하는 직접 민주주의 체제 내에서 변화를 이끌어내는 계기로 작용하기도 한다. 개인들은 이런 변화하는 환경 속에서 자신들의 배경과 입장, 정체성, 신념, 선입관 등의 기준을 가지고 일상의 정치 행위를 한다.

연극은 공적인 공간이자, 비일상이라는 삶의 영역에서 일어나는 일종의 의례 행위이다. 그런데 가족의 의례가 가족이라는 동질성 기반 위에서 존재하고, 종교 의례가 같은 신에 대한 믿음이라는 동질성 위에서 존재하는 것과 달리 연극의 관객은 무작위적인 대상이다. 보통 연극의 관객은 한정된 계층이나 계급 등의 조건을 전제하여 구성되지는 않는다. 극장의 문은 이질적인 출신과 계급, 성별, 종교적 신념 등을 지닌 이들에게 모두 열려 있다. 서로 다른 배경과 입장과 신념을 지닌 사람들의 집합체를 우리는 관객이라고 부른다.

무대 위에 펼쳐지는 드라마는 선택하고 집중하며, 때로는 선택하여 분산시킨다. 그 안에 인간 관계의 역학 관계로부터 생겨나는 정치성이 들어가 있다. 관계의 역학과 권력 관계는 오랜 드라마의 역사 속에 지속적으로 그려졌다. 그 관계 속에 특정한 입장을 옹호하는 것이든, 그 역학의 부조리 또는 불합리를 이야기하는 것이든, 아니면 풀리지 않을 관계망 속의 갈등과 싸움을 그린 것이든 연극은 그것들을 자양분으로 삼아 지금까지 만들어지고 이어져왔다. 그리고 작가들은 그 안에 삶의 총체성을 담고자 하는 노력을 해오기도 했다. 하지만 유토피아의 꿈이 깨지고 연극이 담는 삶의 총체성이라는 것에 대한 의문이 팽배해 있는 오늘날의 연극은 보다 연극의 본질적 성격을 통해 삶을 드러내고 정치적 영향을 보여줄 기회를 갖게 된다.

유토피아에 대한 꿈이 사라졌다는 것은 이상적 세계에 대한 믿음을 지운 자리에 현실 정치에 대해 변화된 관심을 위한 여백이 만들어졌다는 의미가 될 수 있다. 하지만 연극이 제안할 수 있었던 유토피아에 대한 환상이 흐릿해지거나 사라진 만큼 연극이 현실정치로 시선을 돌린 방식도 실낙원의 변화한 양상을 드러내게 될 수밖에 없게 된다. 연극은 과거에 쓰인 텍스트의 무대화라 할지라도 그것이 상연되는 그 시대의 관객과 만나는 방식을 늘 고민하는 식으로 이어져왔다. 그것은 연극이 지닌 동시대성이나 시의성, 혹은 보편성 등으로 불려온 특성이라 할 것이다. 연극은 그 시대의 사고 체계와 한계, 가능성을 담는다. 현재에 의미를 갖지 않는 보편성은 있을 수 없다.

인간의 진보와 인성의 궁극적인 승리에 대한 과신을 바탕으로 지탱되었던 계몽 시대의 입장에서 볼 때 권력집단을 통해 수행되는 정치는 유토피아로 가기 위한 중심적 도구로서의 체계로 여겨졌다. 또한 이런 시절 연극은 관객을 유토피아 건설을 위한 주체로 교육시키는 기구의 역할을 하는 방식으로 정치성을 드러낼 수 있었다. 관객들이 공공의 장소인 극장에 모여 유토피아(또는 反유토피아로서의 현실)를 보게 하는 것은 연극의 중요한 몫이었다. 이때 관객은 연극을 통한 계몽과 교육의 대상이었다.

계몽의 시대가 지나고 변화된 세계 속에서 오늘날의 연극은 다른 방식으로 특유의 정치성을 가지게 될 수밖에 없는 처지에 놓여 있다. 오늘날 신자유주의의 막강한 위력은 시장의 자유라는 명목하에 불평등을 고조시키는 동시에 경제적 측면에 입각한 계급 중심으로 인간의 유형을 나눔으로써 힘의 배분 문제에 섬세하게 대처하지 못하게 한다.

신자유주의 경향 속에서는 국가라는 권력 기관 역시 시장과 경제의 논리를 기반으로 구성원이 위임한 폭력적 권한을 활용하는 경향을 크게 띤다. 유토피아를 향한 거대 담론 대신 시장의 논리가 중심에 자리 잡은 사회에서 권력 역시 시장에서의 승리자와 승리 가능성이 높은 이들을 향해 쏠리게 된다.

이러한 현실 속에 연극은 현 세계의 기준과 체계의 방식을 대면하게 하고, 문제점을 드러내 대안을 모색함으로써 그 정치적 기능을 한다. 연극 상연이라는 시공간적 사건을 통해 관객들이 만나게 되는 인간과 인간, 인간과 세계의 관계망은 기본적으로 연극이 정치적이 될 조건을 조성한다.

연극은 공연이라는 본성을 포함한다. 공연은 관객을 향하여 상연된다. 스포츠 이벤트가 구경꾼들 앞에서 일어나는 것과 대비된다. 스포츠는 관람객 앞에서 행해지지만 그들이 목표가 되지는 않는다. 스포츠가 경쟁이라는 본연의 성질을 쇼로 변질시키지 않게 하는 이러한 성질과 대비해볼 때 공연이 관객을 향한 의도성을 분명하게 갖는다는 것은 더욱 분명해진다. 하지만 관객이 보고 있다는 동의 위에서 관객들을 향해 특정한 의도를 담은 연극 작품이 상연된다고 해도 관객이 그 의도된 바와 일치하는 반응을 보일 것이라는 순전한 보장은 불가능하다.

관객(audience)은 'they'가 아니라 'it'로 지칭되는 집합 명사이지만 관객을 구성하는 각각 반응이나 해석의 주체는 하나의 집합적 덩어리가 아닌 개인이다. 관객 개개인은 특정한 공연 이벤트의 개별적 해석을 좌우하는 자신의 문화적 관점, 정치적 신념, 성적 기호, 개인적 경험, 그리고 선입견을 지닌 존재이다. 그들은 일상생활의 사적인 영역에서 벗어나 공적인 공간인 극장에 와있다는 이유만으로 하나가 될 수는 없다. 개인이 지닌 특수한 경험과 처지와 배경 등은 그들의 해석을 다르게 만들 수밖에 없는 것이다.

연극은 그러한 경향을 도리어 활용해야 할 것이다. 공공의 공간인 극장은 연극 상연을 통해 관객들의 다양한 반응을 전제해야 한다. 오늘날 연극은 해답을 주는 것이 아니라 그 차이들을 드러낸다. 그 차이의 기저에 놓인 것들의 정당성을 질문하는 방식을 통해 적극적으로 관객 지향적이 될 수 있다. 이 경우 연극은 통일을 이루는 것이 아니라 분열을 확인하는 것을 통해 질문을 던짐으로써 정치성을 드러내게 된다.

연극 예술가들이 관객을 교육의 대상으로 보는 경우, 그들은 관객보다 높은 위치에 자리 잡게 된다. 헬렌 프레시워터(Helen Freshwater)는 많은 예술가들이 관객을 향해 의심과 경멸, 그리고 공격성을 띠는 이유가 그들의 믿음 때문이라고 말한다. 그런 예술가들은 공연이 관객들에게 유익한 것이 되어야 한다는 믿음을 가지고 있으며 관객들이 그 유익한 것을 제대로 인식하거나 받아들이는 것에 실패할지도 모른다는 조바심을 가지고 있다는 것이다.

오늘날의 연극은 과거의 연극이 드러냈던 것과는 다른 태도로 관객을 만남으로써 정치적 역할을 해낼 수 있을 것이다. 관객을 교육의 대상으로 보는 것이 아니라 각자의 성향과 신념과 위치, 선입견을 지닌 주체적 개인으로 보면서, 이들이 자신들의 토대와 세계에 대한 입장과 관념에 대해 스스로 의문하고 그것들의 균열을 직접 경험해보는 주체가 되도록 하는 것이 연극의 정치적 기능이 되어야 한다는 것이다.

롤스(John Rawls)는 분배와 보상의 측면에서 사회정의를 이루기 위한 원리를 제안한 바 있다. 이는 우리가 이야기하는 정치의 영역이다. 그에 따르면 공정한 합의를 위해서 필요한 일종의 원탁회의에서 사람들은 자신에게 유리한 쪽으로 결론을 내림으로써 불공정한 합의를 이끌어낼 가능성이 있다. 가장 적절하고 공정하기 위해서는 이 회의에 참석하는 사람들이 자신의 개인적인 처지인 계급 또는 계층을 모르는 상태에서 합의를 해야 한다는 것이다. 그는 이를 '무지의 베일'이라 하면서, 이것이 평등한 자유의 원리를 이끌어내고 부와 권력의 공정한 분배를 가능케 하는 합의를 위한 조건이 될 수 있으리라고 했다. 그런데 오늘날 권력의 분배 문제는 계급 구분을 넘어서는 다양하고 복합적인 층과 망으로 얽혀져버렸다.

오늘날의 우리들은 경제적 계급 또는 계층뿐 아니라 젠더로서, 연령으로, 출신 지역으로, 인종으로, 성적 성향, 신체적 · 심리적 특정 성질로, 교육 수준으로, 종교로, 직업군으로, 그 외에 수많은 기준으로 범주화될 수 있다. 그리고 그 다양한 범주의 교차가 만드는 경우의 수 중 어느 위치라고 경계 짓기 쉽지 않은 개인들의 복합적인 정체성이 자리 잡는다. 이런 복잡화의 영향으로 현대 사회에서 개인들은 본인의 처지를 명확하게 판단하지 못하는 일종의 '무지의 베일'을 쓰게 될 수 있다. 또한 사회적 구조와 체제가 형성하고 주입한 분절에 의거해 자신의 위치를 결정지음으로써 그렇게 될 수도 있다. 이 '베일'은 롤스가 말한 평등하고 공정한 분배를 위한 가상의 전제조건으로서가 아니라, 사회에서 개인들을 소외케 하는 것이 될 것이다.

정치 영역이 공평하게, 또는 적절하게 배분하고 유지하는 일을 수행해내지 못하는 가운데 연극은 조성하는 소외를 드러냄으로써 정치적이 될 수 있다. 복잡화된 현대의 인간 범주의 권리와 요구에 대한 문제들을 제기함으로써 정치적인 역할을 해낼 수 있다는 것이다. 다시 말해 개인이 드러내는 몸과 정신의 분리, 사회 안에서 갖는 정체성 혼란이라는 측면 아래 유지될 수 있는, 사회 체계와 정치 체제가 만들어낸 부적당한 분절에 문제를 제기하는 것 말이다. 이러한 부적절한 분절에 의해 공평한 배분에서 소외되는 인간 범주를 더 섬세하게 '명명'해봄으로써 혹은 새로운 명명 가능성을 제시함으로써 연극은 사회적 갈등을 표면화시킬 수 있을 것이다.

멜루치(Alberto melucci)는 권력과 갈등의 서로 다른 특성을 제시한 바 있다. 그에 따르면 권력은 체계의 복합성을 통제하기 위해 요구된다. 이에 반해 체계는 갈등을 통해 지배집단을 쇄신하고, 엘리트 내의 변화를 허용하며, 이제까지 결정 영역으로부터 배제되었던 것을 승인하며, 한 체계와 그것의 지배적 이해가 불가피하게 만들어놓은 비가시적인 권력의 영역을 노출시킴으로써 위기로부터 벗어난다. 갈등이 낳는 이러한 결과는 사회 변화의 기본이 되는 것이다. "새로운 갈등은 권력을 가시화하며, 나아가 새로운 유형의 권력을 발생시킬 수도 있다." 즉, 갈등은 권력의 재생산 경향을 제어하는 기능을 수행한다.

우리는 이를 수행성의 측면에서 말해볼 수 있다. 오늘날의 연극은 정치적 체계나 사회 체계가 규정한 인간의 분절 방식에 지속적인 질문을 던짐으로써 정교하게 정치적이 될 수 있다. 이런 (일종의) 명명 행위는, 주디스 버틀러(Judith Butler)의 표현을 빌리면 "주권적 형태의 수행성을 위해 작동"된다. 그런데 명명화되지 않고는 아무것도 문제화될 수 없다. 연극이 노출시키는 인간과 사회의 새롭거나 섬세한 분절은 이를 통해 체계와 그것의 지배적 이해가 만들어놓은 비가시적인 권력의 영역을 노출시키는 명명의 효과를 낳는 동시에 '정치적 작용'이라는 주권적 형태의 수행성을 연극이 작동시키게 한다.

따라서 연극은 연극 자체가 완결점이 되지는 않는다. 연극은 정치 자체를 대상으로 하는 것이 아니다. 연극의 정치성이란 것도 그런 의미와는 전혀 상관없다. 연극의 정치성은 관객을 향해, 그리고 관객을 통해 성립되는 것이다. 그리고 연극의 정치성은 관객들의 삶과 그 토대에 관심을 가짐으로써 시작된다. 연극 자체가 정치적인 것이라기보다 연극이 유발하는 효과가 일상에서 일어나게 됨으로써 연극이 정치적이 되는 것이라고 말할 수 있다. 이것이야말로 오늘날 관객과의 상호 과정을 통해 사회 · 정치적으로 연극이 행위하는 방식, 곧 연극의 수행성이라 할 것이다. 연극을 본다는 것의 정치적 의미는 오늘날 여기에 있어야 할 것이다.

연극의 역설

반복적 의례를 기반으로 하는 일상생활과 구분되는 극장의 시간 및 공간은 한 현실에서 다른 현실로 옮겨 갈 때 우리가 경험하게 되는 '충격적인 전환 체험'을 가능하게 한다. 앞에서 언급한 대로 이 충격은 전환이 수반하는 주의성의 변화에 의해 야기된다.

연극에서는 일상과 똑같은 일이 벌어진다고 해도 그것이 우리에게 주는 영향은 다르다. 연극은 특정한 종류의 외형에 주의를 갖게 하는 방식을 통해 벌어지고 우리의 의식에 흔적을 남긴다. 비일상적인 방식으로 듣고 해석하고 살피고 느끼게끔 하는 것이다. 이 말은 '낯설게 하기' 방식을 적극적으로 활용한 브레히트를 떠올리게 한다. 하지만 연극은 브레히트보다 훨씬 전부터, 아니 그 발생 때부터 익숙한 일상의 것들을 낯선 환경과 조건을 통해 그려냄으로써 관객의 정신과 감각을 일깨워왔다.

연극 관객이 이 비일상적인 시공간, 즉 주의성의 변화가 필요한 변용된 현실 속에서 경험하는 충격적 전환을 경험하는 것과 마찬가지로 연극이 끝나고 관객들이 다시 일상생활로 돌아갈 때, 즉 다시 주의성의 변화가 요구되는 시점에 섰을 때 어떻게 충격적 전환의 체험을 가능하게 할지 연극예술가들은 지속적으로 고민하고 있다. 이는 관객을 통해 이루어져야 할, 연극의 정치성의 작동을 위해 필수적인 것이다. 브레히트가 꿈꾸었지만 이루어내지 못한 지점이 바로 이것이다.

반복적인 일상의 의례 속에서 그것이 제시하는 권력에 복종하면서도 그 구조의 정당성에 대해 의문을 느끼지 못하는 개개인으로서의 관객들에게 연극은 일상을 다른 방식으로 드러냄으로써 감각과 의식의 측면에 새로운 인식이나 감각을 불러일으킬 수 있다. 일상의 빈틈없고 당연한 기반에 균열의 틈을 만드는 것이다.

삶의 '비일상적'인 시공간으로서의 연극은 이 인식과 감각의 통해 반복되는 일상적 삶에서 관객들이 체제와 구조의 정당성에 대한 질문을 던지고 그것을 담론화하도록 추동할 것이다. 그리고 그 틈이 만드는 담론은 삶의 변화를 이끌어내는 단초가 될 것이다. 오늘날 연극의 소통가능성과 사회성의 효과는 통일에 의한 것이 아니라 틈을 통해 이루어지는 것이다.

대상이 대상을 평가할 수는 없다. 그 체제와 구조가 만들어놓은 현실과 일상의 세계에 밀착해 동일화되어 있는 이들은 그 세계를 제대로 파악하기도, 반성하기도 어렵다. 체제와 구조가 구축하고 조직해놓은 세계의 문제를 보기 위해서는 그것에서 떨어져야 한다. 반복화된 행동을 통해 그 세계 안에 안정화되어 있는 일상의 개인들이 체제와 사회구조가 만들어놓은 형식과 분절의 문제와 정치적 문제에 지각하고 느낄 수 있도록 하는 것은 오늘날 연극의 중요한 정치적 역할이 될 것이다.

이 정치적 역할을 수행하는 연극은 당대의 이념, 도덕성, 가치들의 관계에서 확정된 선(善)을 넘어설 수 있어야 한다. 그 체제와의 동질성을 기반으로 한 상태에서 그 체제의 구조와 정당성, 공평함을 온전히 따져 볼 수는 없다. 이 시대의 선이나 시대가 공유하는 익숙한 관습에 의존해 그 정치적 역할을 할 수는 없다. 도리어 기존의 구조에 온전히 입각해 있는 관객의 기대들의 체계에 대한 일치로서의 연극이 아니라 흔듦과 흐트러뜨림의 연극이 되어야 한다. 연극은 관객이 얻어 갈 '평화를 주러 오는 것이 아니라 칼을 주러 오는 것'이어야 한다. 이것은 앞서 언급한 바, 익숙한 세계에 대한 문제 제기를 가능케 하는 새로운 인식의 길과 관련되어 있다.

연극 공연장에 가는 것은 국가의 의무교육기관인 학교에 가는 것이나 군대에 가야 하는 것과 다르다. 연극은 우리 사회에서 의무적인 기구가 아니다. 오늘날 대다수 사람들에게 연극을 보는 것은 여가를 활용하는 방식의 하나이다. 대개의 사람들에게 연극의 상연장은 일상생활의 공간에서 비껴서 있는 것이다. 이 비껴선 공간은 일상을 지배하는 정치와 연관되면서, 즉 정치성을 띰으로써 관객에게 영향을 주고 일상생활의 방식과 태도에 영향을 끼치게 된다. 이러한 영향은 확정된 것처럼 여겨지는 이 익숙한 세계의 틈을 드러내고, 갈등을 촉발하고, 질문을 낳고, 담론을 낳는 식으로 작동할 것이다. 이는 단지 소재나 내용에 관한 것이 아니다. 익숙함의 일상과 구별되는 연극의 세계가 드러내는 그 틈을 인지하기 위해 우리는 익숙함을 넘어서는 감각과 의식과 인지력을 요구받아야 한다.

사실 연극 작품이 품은 정치적 가치는 예측하기도 힘들다. 그것은 결국 관객에게 달려 있다. 아무리 많은 연습과 준비 과정을 통해 관객들의 반응과 수용을 예측하고 기획한 공연이라 할지라도, 그 연극 작품의 제작자들이 품은 의도대로 관객이 반응하고 해석되리라고 보장할 수는 없다. 관객은 자신의 입장과 처지, 선입관으로 연극을 본다. 연극은 그들이 지니고 있는 그 기준들의 정당성에 관해 질문할 필요가 있다. 그리고 이런 의사소통이 가능하기 위해서는 관습과 익숙함에 균열을 가할 수 있도록 하는 연극의 수사학이 필요할 것이다.

본 글에서는 앞부분을 할애하여 연극을 본다는 행위의 의미와 인지과학적 기능을 살펴보았다. 연극을 본다는 것은 단지 시각적 자극이 아니라 행위에 동참하는 것이라고 했다. 또한 감정에 대한 설명을 통해 사회적 동물로서의 인간이 신체와 관련된 생존 조건으로서의 감정을 동질성의 기초로 하여 소통할 수 있다는 점을 제시했다. 이는 보는 행위를 통해 무대 위에서 행위하는 이들과 관객이 감정적 · 신체적 동질성을 획득하는 행위가 연극임을 설명한다. 연극은 이렇게 개별체인 인간들을 하나로 묶는 역할을 한다.

글의 뒤편에서는 연극의 사회성, 정치성에 대한 논의를 펼치면서 연극이 오늘날 사회적인 역할을 하기 위해서는 동질성의 추구보다는 차이를 캐고 틈을 드러나게 해야 한다는 주장을 펼쳤다. 모순되어 보이는 이 두 지점, 연극을 통해 하나가 된다는 것과 연극을 통해 차이를 파악하는 것 사이에 오늘날 연극의 존재 가치가 놓여 있다. 연극은 동질성을 기반으로 무대와 관객 사이의 소통의 길을 열지만 기성의 질서에 가려 있는 틈을 드러내고 숨어 있던 차이를 노출시키는 방식을 통해 관객을 자극하여 그들의 삶에 영향을 끼친다.

누군가 행위하고 그것을 누군가가 본다는 일, 곧 연극이 이루어진다는 일은 공통 또는 동일성이라는 전제와 기반을 바탕으로 성립된다. 그리고 기존의 질서와 기존의 분절 방식의 틈과 차이를 드러냄으로써 개별성을 활용한 대화 걸기를 시도한다. 이렇듯 연극을 보는 행위는 인간의 보편성과 동일성을 성립의 기반으로 삼는 동시에 차이와 개별성을 드러내는 담론을 생산하는 역설적인 층위를 통해 구동되는 것이다.

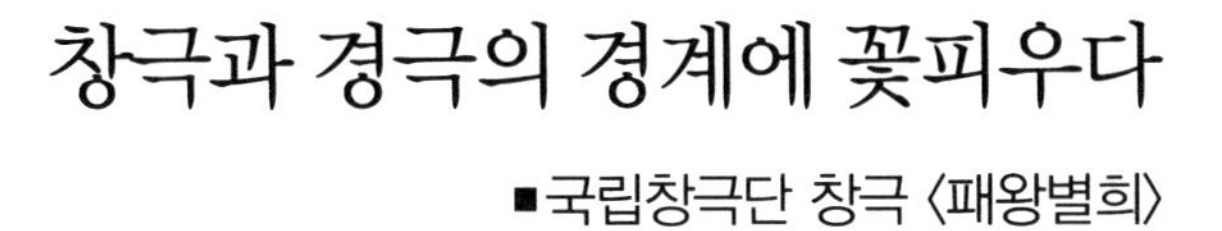

창극과 경극의 경계에 꽃피우다

■ 국립창극단 창극 〈패왕별희〉

홍상은

창극과 경극의 경계에 꽃피우다

■ 국립창극단 창극 〈패왕별희〉

창극과 경극이 만난 〈패왕별희〉

모든 예술작품은 다른 작품이나 작가에게 영향을 받는다. 그런 의미에서 100% 순순한 창작물은 없다. 일례로 연극작품은 '연극'이라는 장르의 자장 안에 있으면서 수많은 다른 연극작품과 미술작품, 음악 등에 영향을 받는다. 작곡은 다른 음악작품이나 작곡가의 영향권 아래에서 자유로울 수 없고, 다른 장르인 미술과 문학 등에서도 무수한 영향을 받는다. 그렇다면 현재 우리가 열광하는 모든 공연작품은 이전 작품과 작가, 장르에 영향을 받아 창작된 결과물이라고 할 수 있을 것이다.

새로운 공연 장르의 경우에도 이전 연극이나 전통극의 영향을 안 받을 수 없다. 심지어 전통극의 맥을 잇는 창극의 경우에는 이 특징이 더욱 뚜렷하다. 우선 음악적인 면에서 판소리를 기반으로 하고 있다는 점에서 그러하다. 창극은 판소리를 근대 들어 분창(分唱)[1]으로 부르다가 발전

---

1 판소리에서는 소리꾼 한 사람이 출연자 전원을 소리하고 연기하던 것을 창극에

하여 연극적인 형식이 결합되었다.[2] 그 과정에서 경극이 창극 형성에 영향을 미쳤다는 의견도 있다.[3]

중국 경극(京劇)은 200년의 역사를 자랑하며, 오늘날에도 '베이징 오페라'로 불리며 여전히 사랑받고 있는 전통극 장르이다. 고도로 양식화된 극예술인 경극은 노래, 춤, 연기가 혼합된 중국의 전통 연극으로 호궁, 징, 북을 중심으로 한 반주, 곡조가 실린 대사, 무용에 가까운 동작 등을 특징으로 하며, 주로 남자 배우들만 등장한다.

이처럼 전통에 기반한 창극과 경극이 융합해 새로운 작품을 만들었다. 국립창극단의 〈패왕별희〉[4]는 창극과 경극이 만난 새로운 시도로 성공을 거두었다. 서두에 언급한 것처럼 모든 작품은 다른 작품이나 장르 등에 영향을 받는다. 하지만 이번 경우는 영향을 받는 것을 넘어서 서로 다른 두 장르가 적극적으로 융합한 새로운 시도로서 유의미하다. 성공

서는 출연자별로 나누어 소리하는 것을 의미한다. 예를 들어 판소리 〈심청전〉에서는 소리꾼 한 사람이 심봉사, 심청, 뺑덕어멈 등을 전부 소리하고 연기하지만, 창극에서는 여러 명의 소리꾼들이 각각 심봉사, 심청, 뺑덕어멈 등을 나누어 소리하고 연기하게 된 것이다.

2 창극은 국악 뮤지컬, 창작 판소리, 소리극 등 다양한 명칭으로 불리고 있다.

3 조선 말에 순종은 '원각사(圓覺社)'를 설치해 수백 명에 이르는 대한제국의 희곡인들을 초청해 창작과 공연 활동을 펼치게 했다. 당시 희곡인 중에는 청룡관에서 중국의 경극인 〈삼국희(三國戲)〉(동한 말 삼국시기의 고사를 극의 줄거리로 삼는 경극)에서 영감을 얻고자 하는 이들이 적지 않았다. 이들은 경극을 관찰하고 기록하며 경극의 연출 방식과 공연 기법, 반주법 등을 참고해 한국의 전통 판소리를 바탕으로 근대 창극을 확립시켰다고 한다(위셴룽(睮顯龍), 2019).

4 이 글에서 분석한 창극 〈패왕별희〉는 2019년 4월 5일~14일 국립극장 달오름극장에서 열린 초연을 대상으로 했다. 이후 같은 해 11월 9일~17일에 예술의전당 CJ토월극장에서 재공연을 올렸다.

의 원인에는 여러 가지 있겠지만 가장 큰 것은 이번 작품이 전통극의 역사에 기반한 탄탄함 위에 서로 다른 장르가 융합해 새로움을 만들어냈다는 점이다.

국립창극단 〈패왕별희〉는 한 · 중 양국의 전통극인 창극과 경극이 융합하여, 이전의 어느 창극과도 다르고 기존 경극과도 다른 새로운 면을 선보였다. 공연은 연일 매진을 기록하며 평단과 관객들에게도 좋은 평을 이끌며 성공적으로 마무리됐다.

'전통은 케케묵은 것이 아니라 켜켜이 쌓인 것'이라는 말(진옥섭, 2013)은 여전히 유효한 명제이다. 화려한 오리지널 뮤지컬에 심취한 현세대에게 창극이란 무엇인가? 판소리는 또 어떤 의미인가? 무엇보다 이 전통극들이 현시대 관객들을 사로잡을 수 있는가? 창극이라고 하면 고리타분한 전통극이라는 선입견이 여전하고, 중장년층에게만 어필하는 장르로 오해받고 있지만, 과연 그럴까? 창극은 현시대 관객들을 사로잡을 수 없는 장르일까? 하지만 이번 작품은 젊은 관객들도 많은 관람을 했다. 그 원인은 무엇일까? 여기에 창극의 새로운 가능성이 있을 것이다. 새로운 시도는 새로운 결과물을 낳고 새로운 질문과 해답을 생산한다. 이에 필자는 국립창극단 〈패왕별희〉 작품 분석을 통해 성공 원인을 찾아내고 향후 창극 발전의 단초를 모색해보고자 한다.

창극의 역사와 특징

창극은 우리나라의 전통예술인 판소리를 뿌리로 하고 있다. 판소리는 ''판'과 '소리'의 합성어로 '아니리'와 '창(唱)'으로 구연(口演)해나가는 예술 양식으로, 창자와 고수와 청자가 각각의 역할을 하는 성악곡이며, 문학성과 음악성과 연극성이 공존한 종합예술'로 정의할 수 있다.(홍상은, 2017) 이 판소리가 근대를 거치면서 변화를 보이는데 그중 대표적인 양식이 창극이다.

최초의 창극은 1902년 가을, 고종의 즉위 40년을 경축하는 행사, '어극40년(御極四十年) 칭경예식(稱慶禮式)'과 관련이 깊다. 이때 설치된 최초의 서양식 극장 '희대(戱臺)'에서 김창환이 전국의 남녀 명창들을 불러들여 〈춘향전〉을 공연하기로 했으나 질병으로 공연이 연기되었다.(유영대, 2010) 연기된 공연은 판소리인들에 의해 1903년 〈춘향전〉이, 1904년에 〈심청전〉이 분창된 것이 최초의 창극이다. 초기 창극은 대화창에서 조금 더 나아간 초보적인 형태였다고 한다.(이재성, 2012)

협률사와 원각사 시절에는 전래의 판소리 〈춘향가〉, 〈심청가〉, 〈흥보가〉, 〈수궁가〉, 〈적벽가〉와 〈배비장전〉 등의 작품을 창극으로 공연하였다.(유영대, 2010) 1934년 조선성악연구회가 결성되고 나서 창극은 새로운 전기를 맞는다. 본격적인 공연물로서 갖추어진 공연을 올린 조선성악연구회 활동은 서구 극 양식의 영향을 받으면서 배우의 연기, 연출 기법, 분장, 무대미술, 조명 등에 변화를 갖게 된다. 하지만 신파극과의 잦은 접촉으로 '창극의 신파극화'라는 문제점을 보이기도 한 시기이다. 이후 일제의 '신체제 문화운동'으로 조선성악연구회는 분열되고, 1945년 해방 전까지 창극은 암흑기에 들어선다.(이재성, 2012)

또 하나의 전기는 1962년 국립국극단의 창단이다. 국립극장 산하 전속단체로 출발한 국립국극단은 1973년 국립창극단으로 명칭을 바꾸어 오늘에 이르고 있다.(서항석, 1970)

창극이란 '판소리를 무대화시킨 공연 양식이며 분창(分唱)과 도창(導

唱)[5]을 특징으로, 다양한 춤과 음악이 들어 있는 음악극'이라고 할 수 있다. 창극은 형성 과정에서 신파극의 영향을 많이 받고, 서구식 실내극장에서 서구 극 양식에 맞게 빠르게 선보여야 한다는 중압감 속에 탄생하였다. 창극은 판소리를 연극으로 바꾼 것으로 최초의 형태는 분창이나 입체 창이었다. 때문에 판소리와 극 양식의 자연스러운 접목을 이루어 새로운 양식으로 발전했다기보다는 판소리를 나누어 부르는 분창과 소리꾼의 사설을 따로 떼어낸 도창이라는 사족을 달고 있으며, 현재에도 진행 중인 양식이라 할 것이다.(홍상은, 2017)

현대에 올려지고 있는 창극은 국악 뮤지컬, 창작 판소리, 장막극 창작 판소리, 소리극 등 다양한 양식과 유사해지고 있으며, 현재 그 형식이나 내용 면에서 별반 차이가 없어지고 있다.

창극은 판소리라는 한국 전통음악을 기반으로 한 공연 장르라는 것이 가장 큰 특징이다. 기존의 판소리 대목을 이용하거나 새로운 작창을 하더라도 주요한 그 악기와 선율은 전통의 그것을 사용한다. 다만 현대적인 양식으로 발전하면서 서양음악이나 서양악기를 사용하는 등 그 영역을 넓히고 있다.

두 번째 특징은 판소리와 비교할 때, 서양 연극의 영향을 받아 생성되었기에 연극처럼 다수의 배우가 등장하여 역할을 나누어 연기한다는 점이다. 판소리는 소리꾼 한 명이 다수의 역할과 해설자 역할까지 겸하고 한 명의 고수가 전부이지만, 현대에는 다수의 소리꾼(배우)과 연주자가 등장한다는 것이 특징이다.

---

5 창극의 무대 앞에서 판소리의 소리와 아니리를 부르는 사람을 말한다. 도창은 해설자 역할을 하기도 하면서 극을 이끈다.

마지막 특징은 현대 뮤지컬이나 연극과 비교할 때, 해설자 역할을 하는 도창이 남아 있다는 점이다. 창극의 전신인 판소리에서는 소리꾼이 해설자 역할까지 했지만 분창되면서 소리꾼들이 각자의 역할을 나누어 소리하고 연기하게 되자 극을 이끌어갈 해설자의 역할이 도창으로 남게 된 것이다. 유사 양식인 창작 판소리, 소리극, 국악 뮤지컬 등에는 도창이 없으며, 최근 창극에서는 도창이 없는 경우도 있으나 여전히 도창이 남아 있는 경우가 많다.

경극의 역사와 특징

경극은 청나라 중엽 건륭 만년(1790)에 시작하여 도광(道光) 9년(1829) 무렵에 이루어진 연극 양식이다. 중국은 원래 각 지역별 지방희(地方戲)[6]가 활발히 이루어졌는데, 건륭 55년(1790) 건륭황제의 80세 생일을 축하하는 지방희(地方戲) 단체들이 궁중에서 연극을 벌였고 이 중 안후이(安徽)의 극단인 삼경반(三慶班)이 베이징에 남아 공연을 계속하게 된다. 삼경반은 고랑정(高郎亭)이라는 배우가 여자주인공 '단(旦)' 역으로 인기를 얻었으며, 다른 극단과 경쟁하며 그들의 음악과 레퍼토리의 장점을 받아들여 자신들의 연극을 개량해, 후에 경극으로 발전하는 바탕을 이루

6 지방희(地方戲)란 중국 희곡(戲曲)의 한 종류이다. 희곡은 노래와 춤으로 이야기를 풀어가는 것으로, 지방희는 청대에 각 지역별 전통 희곡을 일컫는 말이다.
근대의 학자 왕국유(王國維)는 송원남희(宋元南戲), 원명잡극(元明雜劇), 명청전기(明清傳奇), 청대 지방희(地方戲)와 경극을 포함하는 중국의 전통 연극 맥락을 통틀어 '희곡'이라고 불렀다.

었다.(오경희, 2011)

당시 황실에서는 궁내에 배우를 양성하고 연출을 담당하는 전문 기관을 설치하였고, 공식적으로 공연되는 연극 외에도 수시로 연극을 벌였으며, 3층으로 지어진 큰 무대인 대희대(大戲臺)가 자금성과 이화원, 원명원, 열하행궁에 각기 하나씩 있었다. 이 밖에 중간 희대와 작은 희대는 그 수가 더 많았다. 청의 황실에서 체계적인 관리와 지원을 받은 경극은 성수기를 맞게 되고 상하이, 톈진, 우한, 선양을 비롯한 전국 각지로 유행하게 된다.

한편 경극에서는 여자 역할을 남자 배우가 맡았는데, 이는 경극 초기에 건륭황제가 풍기가 문란해진다는 이유로 여자 배우가 무대에 설 수 없도록 한 데서 기인한다. 후에 여자 역할을 하는 여자 배우가 무대에 서기도 했는데, 남자 배우만큼 인기를 얻지는 못했다.

1911년 신해혁명이 일어나면서 경극도 시대적인 변화를 겪게 된다. 내용 면에서는 나라를 걱정하고 현실을 반영해 애국적이고 혁명적인 내용을 요구받게 되고 형식 면에서는 시장신희(時裝新戲)[7]를 받아들여 시대에 맞는 옷을 입고 연극을 하게 된 것이다.(오경희, 2011)

1908년 7월에 최초의 서양식 극장인 신무대(新舞臺)가 상하이에 세워진 것도 경극에 새로운 변화를 불러왔다. 무대는 새로운 조명과 배경 설비를 하였고 음향효과와 색채효과도 넣을 수 있었다. 기존의 경극은 탁

7 시장신희(時裝新戲)에서 시장(時裝)이란 그 시대에 통용되던 옷을 의미한다. 시장신희(時裝新戲)란 이전에는 경극에서 가난한 집 딸이라도 비단옷에 수가 놓아진 옷을 입고 무대에 섰던 반면 이후에는 실제 가난한 집 여식처럼 무명천의 어두운 빛깔의 옷을 입고 그 시대와 배경에 맞는 인물을 표현하게 된 것이다.

자 하나, 의자 2개 정도의 간소한 무대 도구만을 사용했는데 서양식 극장의 등장으로 서양 연극처럼 다양한 소품과 무대효과를 사용하게 된 것이다. 중국인들의 심미관인 사의적(寫意的)[8]인 특징이 드러난 간소한 무대 도구에서 신식 극장의 도입으로 사실적(寫實的) 무대미술이 더해져 경극 무대가 다양하게 변모하게 되었다.(조득창, 2004)

경극의 위기도 도래했는데, 1919년 5 · 4운동 시기 지식인들의 비판이 대표적이다. '타도공자점(打倒孔子店)'이라는 구호 아래 중국의 전통문화를 배격하게 되는데 경극도 예외는 아니었다. 이는 '희극개량운동(戲劇改良運動)'을 통해 현대적으로 변화하게 되는 계기가 되며,(오경희, 2011) '국극운동(國劇運動)'을 통해 새로운 국면에 접어든다.

한편, 경극은 모택동의 중국공산당과 국민당 양쪽에서 환영받으며 그 효용성을 인정받았다. 중국공산당은 경극과 지방극을 이용해 농민계몽과 공산당 이론의 전파 등 선전 활동을 펼쳤다. 공산당 활동에 적극적으로 참여했던 배우들은 요직을 차지하기도 하였다.

대표적인 경극 배우 매란방은 이 시기에 활발한 활동을 하였다. 8세부터 전통극을 배우기 시작한 그는 스무 살 때부터 두각을 나타내기 시작하여 1927년에는 당대 최고 배우인 '사대명단(四大名旦)'으로 꼽히게 되

8 사의적(寫意的)이라는 것은 사물의 형태보다도 그 내용이나 정신에 치중하는 것으로 사물이나 상황, 인물을 형상화할 때 직접적이고 사실적이기보다는 그것이 갖고있는 의미에 충실하게 표현한다는 의미이다. 중국회화에서 나온 개념으로 사의(寫意)는 사군자(四君子)나 산수(山水)와 같은 구체적인 사물을 빌어 의(意)를 나타내게 되는 것을 말한다. 이는 대상과 닮게 그리면서 화가의 뜻을 표출한다는 형사(形似)와 다르게 사물의 모양을 비슷하게 하지 않으면서도 작가의 의(意)를 나타낸다는 의미이다.

었다.(오수경, 2015) 이어 일본, 미국, 소련 등 성공적인 해외 공연을 통해 '베이징 오페라'로 불리는 경극을 중국의 대표적인 극예술로 세계에 알리는 역할을 했다.

중화인민공화국이 들어서면서 중국공산당을 이끈 모택동은 전통극에 대한 이해와 옹호를 가진 인물로 경극을 공산당의 선전에 적극 활용하면서 희곡과 관련된 기관과 학교들이 세워지는 등 경극이 전성기를 맞게 된다.

하지만 이후 문화대혁명 시기에는 홍위병이 '4개의 폐습(四舊)'을 타파하는 운동이 일어난 가운데 경극도 이에 포함되어 공연할 수 없게 되었다. 대신 혁명적 내용을 담은 '8개의 모범극(樣板戱)'만이 올려지고 경극배우 등은 농촌으로 쫓겨나거나 강제 노동에 몰리게 된다.

1978년의 개혁개방 정책 이후 다시 전통예술에 대한 중요성이 부각되면서 경극은 중국의 가장 대표적인 공연예술로 위상을 정립하였다. 이어 2002년 곤극(崑劇)[9]이 유네스코 세계무형문화유산에 등재되고, 2010년 경극이 유네스코 세계무형문화유산에 등재되어 오늘날에 이르고 있다.

중국 경극의 특징을 간략히 살펴보면 첫째, 곤극(崑劇)과 지방희(地方

---

9 곤극(崑劇)은 곤산(崑山)에서 시작되었다고 해서 곤극(崑劇) 또는 곤곡(崑曲), 곤강(崑腔), 곤산강(崑山腔)이라고도 한다. 중국 전통 희곡 중 가장 오래된 희곡으로 작품은 〈모란정(牡丹亭)〉, 〈연환기(連環記)〉, 〈서상기(西廂記)〉, 〈완사기(浣紗記)〉 등이 있다. 피리, 소(簫), 생황(笙簧), 비파(琵琶) 등의 악기가 반주에 사용되며 대사는 당시, 송사, 원곡과 같다. 경극에 밀려 쇠퇴하다가 지금은 겨우 명맥만 유지하고 있다.

戲), 시장신희(時裝新戲) 등을 수용한 혼종[10]의 장르라는 점, 둘째, 노래(唱), 대사(念), 동작(做), 무예(打)의 4가지 표현수단으로 이루어진다는 점, 셋째 사의적(寫意的)인 특징으로 고도의 양식미를 갖는다는 점, 넷째 대부분 남자 배우들만으로 이루어져 있다는 점 등을 들 수 있다.

첫째, 경극이 다양한 공연을 수용한 혼종의 장르라는 특징을 갖는 것은 경극의 태생부터 시작된다. 경극의 태생부터 다양한 지방희(地方戲)가 북경에서 만나 서로 이합집산하면서 생성된 피황희(皮黃戲)[11]가 경극

---

10 혼종(混種)의 개념은 다음과 같다. '혼종성(hybridity)'이란 말은 원래 생물학적으로 암퇘지와 야생 수퇘지 사이에서 태어난 새끼를 말한다. 나중에는 서로 다른 인종 사이에서 태어난 혼혈을 뜻했는데, 1990년대부터는 문화 과정 전반에 걸쳐 확장되어 사용되었다. 아울러 '혼종성'의 함의는 첫째, "혼종성은(…) 이미 고정된 문화적 경계를 불안정하게 만들거나 희미하게 만드는 것이기 때문에 안정된 위치를 차지하고 있는 불변의 문화라는 바로 그 관념을 불안정하게 만드는데 상당한 역할"을 들었다. 혼종성은 다른 개념들보다도, 근대성이 가져다 준 이분법의 논리와 본질주의에서 벗어나, 문화의 변화에 방점을 찍을 수 있도록 하는 데 더 적합하다. 그래서 혼종성의 관점은 세계화와 지역화가 대립어로, 세계화의 대항점으로 자족적인 것과 고유한 문화의 강화를 주장으로 이어지는 것과는 다른 길을 걷는다고 하였다. 둘째, 혼종성은 새로운 것의 창조나 창안에 주목하게 하며, 이에 근거한 문화형성을 사유하게 한다. 다시 말해 혼종성이야 말로 새로운 문화의 탄생의 모태라는 말이다. 셋째 혼종성이 근대적 주체 개념에서 벗어나 새로운 주체 개념을 모색할 수 있게 하는 개념이라는 점이다. 바커는 혼종이 행위주체들의 의식적 선택을 함의하는 전유나 문화번역과 다르다고 말한다. 혼종은 행위 주체들이 인식하지 못하는 변화까지 다루는 용어이기 때문이다.(김세원, 2014)

11 경극은 피황(皮黃) 소리체계에 속한다. '피황(皮黃)'이라는 이름은 서피(西皮)와 이황(二黃)의 소리체계를 합한 것이다. 서피는 호북(湖北) 지역에서 기원하였으며, 한조(漢調)의 가락을 구성하는 주요 소리체계이다. 그런데 서북 가락(梆子)의 영

의 모태이며, 이것이 당시 지나친 아화(雅化)[12]로 대중의 외면을 받던 곤극(崑劇)을 흡수하여 경극의 내용과 형식을 이루게 되었다. 이후 서양식 극장인 신무대(新舞臺)가 상하이에 세워지면서 서양 연극의 영향으로 시장신희(時裝新戲)로 변모를 거듭하게 된다. 즉, 그 시대와 배경에 맞는 옷을 입고 그 시대 인물을 표현하게 된 것이다. 하지만 서구의 연극처럼 극사실주의로 치닫지는 않는다. 여전히 경극은 사실적인 연기보다는 상징적인 연기가 주를 이루고 있다.

둘째 경극은 노래, 대사, 동작, 무예로 이루어진다는 특징이 있다. 연극이 대사와 동작으로 이루어져 있고, 뮤지컬이 노래, 대사, 동작으로 이루어져 있으며, 창극 역시 노래, 대사, 동작으로 이루어져 있는 데 비해, 경극은 여기에 무예가 포함되어 노래, 대사, 동작, 무예 4가지로 구성되는 특징이 있다. 노래(唱), 대사(念), 동작(做), 무예(打)라는 이 4가지 표현수단은 실제적인 연기라기보다는 강렬하고 운율적인 동작과 노래로 이루어지며 상징적이고 정형화된 특징을 갖는다. 이 4가지를 익히기 위해 경극 배우는 어렸을 때부터 상당 기간의 수련을 거쳐야 함으로써 세습되는 경향도 보이고 있다.

향을 받았기 때문에 '서피'라고 부르는 것이다. '이황'은 안휘(安徽) 지역에서 기원하였으며, 휘조(徽調)의 가락을 구성하는 주요 소리체계이다. 그 후 이황은 의미가 확대되어 남방에서 유행하는 여러 민간 곡조를 융합하여 만든 소리체계를 뜻하게 되었다.

12 여기에서 아화(雅化)란 곤극이 지나치게 우아함을 추구하여 대중성을 외면한 현상을 말한다. 현대에도 지나친 예술성의 추구로 대중에게 외면받는 작품이 있는 것처럼 말이다. 당대에는 곤극이 주요 장르로 자리하고 있었는데 지나친 아화로 결국 경극에게 그 자리를 내주게 된다.

노래(唱)는 경극에서 가장 중요한 표현수단 중 하나로, 진짜 소리(眞聲)와 가짜 소리(假聲)로 구분하여 사용하였다. 대사(念)는 경극에서 감정과 줄거리를 진행하는 데 주요한 수단으로 경극 전체에서 70% 정도를 차지한다. 정확한 발음과 깔끔한 발성이 중요하다. 동작(做)은 크게 몸 동작과 얼굴 동작으로 나뉘며, 정형화되어 있다. 어떤 동작과 표정은 어떤 상태와 배역을 설명한다는 식으로 말이다. 마치 발레에서 각각의 동작에 맞는 상황이 정해져 있는 것과 비슷하다고 보면 될 것이다. 무예(打)는 경극의 가장 독특한 표현 양식이라고 보면 될 것이다. 이 표현방식은 맨손으로 하거나 무기를 들고 연기하기도 하며 일대일, 또는 3인 이상의 집단 대결 장면이 있다.(송철규, 2004) 상대 배우와 서로 합을 맞추어 연기하는 부분은 현대 액션 영화에서 스턴트맨들이 무수한 연습 끝에 서로 합을 맞추어 실감 나는 액션 연기를 펼치는 것을 떠오르게 한다.

셋째, 사의적(寫意的)인 특징으로 고도의 양식미를 갖춘다는 점이다. 사의적(寫意的)이라는 것은 사물의 형태보다도 그 내용이나 정신에 치중하는 것으로 사물이나 상황, 인물을 형상화할 때 직접적이고 사실적이기보다는 그것이 갖고 있는 의미에 충실하게 표현한다는 의미이다. 이는 정형화된 묘사로 나타나는데, 예를 들어 말을 탄다거나 문을 닫는 동작을 일정하게 정형화된 동작으로 표현한다는 것이다. 경극에서 장수는 뒤에 깃발을 꽂고 나타나는데 이 깃발이 많을수록 많은 군대를 의미한다거나, 말을 표현하는데 그 말의 형상이 나타나는 것이 아니라 말의 머리에 꽂는 깃털로 말을 의미한다거나 하는 것을 말한다. 예를 들어 수만 대군이 싸우는 전투 장면에서 실제로 경극은 수만 명의 군인이 등장하는 것이 아니라 장수의 뒤에 꽂은 깃발의 수와 몇몇의 군인만으로 수만 대군의 접전을 표현하게 된다. 이것이 직접적인 표현을 넘어서 사의적인 표현이면서 동시에 동작에 무용을 첨가해 극에 아름다움을 더하는 고도의 양식미를 전해준다.

넷째, 대부분 남자 배우들만으로 이루어져 있다는 특징이다. 초기에는 여자 배우들이 여자 배역을 연기했지만 풍기가 문란해질 수 있다는 이유로 남자 배우들만 출연하게 된 경극은 오히려 이로써 독특한 미감을 선사하게 되었다. 경극의 가장 유명한 배우인 매란방 역시 여자 배역인 '단(旦)'으로 명성을 쌓고 입지를 굳힌 배우이다. 후에는 여자 배우들이 출연해 여자 배역을 맡기도 했지만 오히려 남자 배우만큼 인기를 얻지는 못했다. 여기에는 경극이 단순히 예쁜 여자만이 아니라, 무예까지 겸비하는 여자 배우가 필요하기 때문이기도 하며, 여자가 여자를 연기할 때와는 다른 색다른 매력을 선보인다. 중성적이면서 힘 있고 아름다운 여자 배역은 남자 배우가 했을 때 더 빛을 발하기 때문이다.

창극과 경극의 융합, 〈패왕별희〉

융합(convergence)이란 일반적으로 '두 개 이상의 상이한 요소들이 동일한 방향으로 움직이거나 하나의 요소로 수렴되는 현상'이라고 할 수 있다. 이는 다시 통합과 융합으로 나눌 수 있는데 통합은 번들, 패키지를 말하며, 융합은 하이브리드, 퓨전, 융합을 포함한다.(이병욱. 2011)

본 연구에서 융합은 바로 이 하위개념의 융합으로 '다른 개념이 만나서 화학적으로 결합하여 새로운 것을 만드는 것'을 의미한다. 화학적으로 결합한다는 의미를 부연 설명하면 A와 B가 만나 서로 성질이 섞이면서 새로운 C를 만들어낸다는 의미로 해석할 수 있다.

한국의 전통극인 창극과 중국의 전통극인 경극이 만나 탄생한 창극 〈패왕별희〉는 창극과 경극의 특징이 만나 새로운 공연을 만들었다는 의미에서 융합이라는 개념으로 설명할 수 있다. 이 작품은 기존의 창극이나 경극과 다른 새로운 공연 장르의 지평을 개척했다고 할 수 있기 때문이다.

한국의 창극과 중국의 경극이 만난 국립창극단의 창극 〈패왕별희〉. 중국의 대표적인 경극 연출가 우싱궈(Wu Hsing-Kuo), 의상 디자이너이면서 예술가인 예진텐(Tim Yip)의 의상, 린슈웨이(Lin Hsiu-Wei)의 안무, 새로운 판소리 공연을 지속적으로 시도해온 이자람이 음악감독으로, 국악 뮤지컬 집단 타루의 정종임 대표가 협력 연출로 참여해 시작 전부터 관심을 모았다.

제작진뿐만 아니라, 창극 배우들도 당대 최고의 배우들이 합세했다. 국악계의 아이돌 김준수가 우희 역을, 판소리 뮤지컬 〈적벽〉에서 조자룡을 맡았던 정보권이 객원으로 항우 역을, 국립창극단 윤석안과 이연주가 유방과 여치 역을 맡았다. 도창 역할을 하며 극을 이끌어가는 맹인 노파 역에는 김금미가 열연을 펼쳤다.

결과는 명불허전! 어설픈 퓨전과 콜라보레이션은 가라! 창극과 경극이라는 전통에 단단히 두 발을 딛고 새로 만들어진 이 작품으로 창극과 경극의 경계에 아름다운 꽃을 피웠다.

우선 경극의 동작과 음악이 창극의 음악과 소리에 녹아들어 새로운 울림을 선사했다. 경극의 분장은 항우와 우희의 모습에서 보였다. 특히 항우는 '판관 포청천'을 연상케 하는 경극 분장으로 경극 배우의 몸짓을 보이면서 판소리를 쏟아내 항우의 사랑과 절망을 그려냈다.

이 작품은 전체 7장으로 구성되어 있다. 1장 '오강의 노래', 2장 '홍문연', 3장 '전술과 전략을 세우다', 4장 '십면매복', 5장 '사면초가', 6장 '패왕별희', 7장 '오강에서 자결하다'이다. 이 중 6장 '패왕별희'와 7장 '오강에서 자결하다'가 하이라이트를 이룬다. 제목 〈패왕별희〉는 '초패왕 항우가 애첩 우희와 이별한다'는 의미로 춘추전국시대 세상을 잡고자 했던 영웅들의 이야기와 사랑하는 이들의 가슴 아픈 이별 이야기이다. 이제 연기, 음악과 연주, 의상, 분장, 무대 세트와 조명 등 무대 위에 구현된 주요 요소를 중심으로 이 작품을 분석해보자.[13]

〈패왕별희〉 포스터.
(사진 제공 : 국립창극단)

배우의 연기로 꽃피우다

극의 도입부에서 둥글고 흰 달이 떠오르면서 흰 옷을 입고 등장한 우희(김준수)의 모습은 마치 영화 〈7년 만의 외출〉에서 여우 마릴린 먼로(Marilyn Monroe)가 지하철 환풍구에서 바람에 치마가 휘날리는 장면을 연상시켰다. 이 장면은 아름다움의 극치를 보여주면서 극에 대한 기대감

13 공연작품의 성공 요인은 작품적인 측면, 기획 측면, 마케팅 측면 등 다양한 요소들이 복합적으로 작용한다. 이 글에서는 이중 무대 위에서 구현되는 작품적인 측면에서 성공 요인을 분석하고자 한다.

을 고조시키기에 충분했다. 김준수는 이제 여장 남우로서 자신만의 입지를 구축한 듯 보인다. 국립창극단 〈트로이의 여인들〉에서 헬레나 역, JU창극발전소의 〈내 이름은 사방지〉에서 사방지 역을 맡은 그는 이번 공연에서 여느 여배우 못지않은 아름다움과 기량을 뽐냈다. 소리뿐만 아니라 극의 하이라이트인 검무 장면도 완벽히 소화해내며 관객의 기대를 만족시켰다. 연출을 맡은 우싱궈(Wu Hsing-Kuo)도 중국 경극의 매란방(梅蘭芳)과 비교하며 김준수의 연기를 극찬하였다. 당분간 다른 소리꾼이 김준수를 대신하여 여장 남우를 연기하기는 어려울 것으로 보인다. 여자 배우가 연기했을 때보다 오히려 여장 남우가 연기했을 때 미묘하고 독특한 미감을 선사한다. 특히 검무 장면에서는 여린 듯 강인한 춤선으로 관객을 사로잡았다.

항우 역을 맡은 정보권은 김준수, 유태평양 등과 함께 차세대 국악 스타로 떠오르는 인물이다. 판소리 뮤지컬 〈적벽〉에서 조자룡으로 출연하는 등 그동안 국악계에서 실력을 인정받아온 재주꾼이다. 이번 항우 역을 맡은 그는 노련한 유방에게 당하면서도 그 기개에서는 결코 뒤지지 않는 면모를 보였다. 실제 20대 중반의 항우가 50대 유방의 노련함을 당해내기란 어려웠을 것이다. 그래서 홍문연에서 유방을 없애고 세상을 얻을 수 있음에도 영웅의 모습답게 그를 놓아주었던 것이다. 그래서 결국 유방에게 패하고 자결하게 되지만, 역설적이게도 그렇기 때문에 현세에도 영웅으로 칭송받는 인물이 되었다. 그런 기개와 고집, 20대의 치기 어린 용기 등을 젊은 정보권은 완벽히 소화해냈다. 경극의 검보 분장은 그의 젊음과 치기 어림을 감추어주었지만 그 안에서 더욱 여린 항우의 내면을 응시케 했다. 귀족 출신 항우의 당당함과 자신감은 그의 의상

환상적인 아름다움을 선사한 우희의 첫 등장 장면.(사진 제공 : 국립창극단)

과 분장, 당당한 걸음걸이와 무술 장면에서 유감없이 발휘되었다. 하지만 사랑하는 이 하나도 지킬 수 없는 영웅의 비참함을 노래할 때는 절절한 슬픔을 짙은 검보 분장에도 불구하고 표정과 몸짓으로 온전히 드러냈다. 우희와의 마지막 장면에서 "두렵구나. 이번에 가면 너와 영원히 이별할까."라는 항우의 대사가 관객에게 깊은 인상을 심어주었다.

극 중 맹인 노파는 경극 〈패왕별희〉에는 없는 역할이지만 창극 〈패왕별희〉에서는 도창의 역할을 한다. '도창'은 아리스토텔레스의 『시학』에 나오는 코러스의 역할과 같으며, 노래하고, 극 중 인물과 대화하며 관객에게 질문하는 등 극의 흐름을 이끌고 설명한다. 이 '도창'은 창극에만 있는 독특한 역할로서 유사 장르인 창작 판소리나 국악 뮤지컬 등에서는 거의 나타나지 않는다. 판소리가 분창되는 과정에서 생겨나 창극에서 이어지고 있는 독특한 역할이다. 국립창극단의 〈트로이의 여인들〉

에서도 안숙선과 유태평양이 '고혼'이라는 도창으로 등장해 극의 흐름을 이끌었다. 이번 창극 〈패왕별희〉에서는 〈트로이의 여인들〉에서 주인공 '헤큐바'로 전쟁의 비극을 절절히 전달했던 김금미가 맡아 묵직하게 극을 전달했다. 그녀의 낮고 갈라진 목소리가 전쟁의 비참함, 사랑의 무모함, 영웅의 덧없음을 관객에게 효과적으로 전했다.

5장 '사면초가'에서는 한나라 군사들에게 둘러싸인 초나라 군영에 구슬픈 노랫소리가 들리는 장면이다. 추위와 배고픔에 떨던 군사들은 고향을 그리워하는 노랫소리에 사기가 꺾이게 된다. 이 장면에서 야경꾼 네 명이 등장해 해하(垓下)의 참패[14]를 이야기하는데 야경꾼들이 전라도, 경상도, 충청도 사투리를 쓰는 장면이 나온다. 극 중 비장감을 해소하며 쉬어가는 재미있는 장면으로 넣은 것 같은데, 재미있기보다는 어색함을 주었다. 굳이 재미있는 요소를 억지로 넣을 필요가 있었을까 싶은 장면이다.

또 하나 이번 공연에서 이야기 전개상 아쉬운 점은 2장 '홍문연' 장면이다. 중국 역사가 생소한 한국 관객을 위해 추가한 이 장면은 오히려 지루하게 느껴졌다. 재공연하게 된다면 이 부분을 좀 줄여 밀도 있게 전달하는 것이 더 효과적일 것이라고 생각한다.

---

14 중국 안후이성 쑤저우시 링비현 지역에서 한(漢)의 유방이 초(楚)의 항우를 공격한 최후의 일격으로 항우가 이 전투에서 패함으로써 초(楚)가 망하고 항우가 사망하게 된다.

2장 홍문연 장면. 여기에서 항우가 유방을 놓아줌으로써 비극적인 최후를 맡게 된다.
(사진 제공 : 국립창극단)

음악과 연주가 받쳐주다

창극 〈패왕별희〉는 경극의 몸짓에 창극의 소리가 얹혀진 작품이다. 소리는 〈적벽가〉를 비롯한 판소리 다섯 마당을 기초로 하여 이자람이 작창하였다. 이자람은 "평소 작업할 때 제가 겪은, 들은 모든 화성이나 음색, 장르들을 막지 않는데 이번에는 그걸 막으면서 제 안의 전통적 소리를 다루려고 했다. 전통적인 음색이 잘 살아야 한다고 판단했다. '홍문연'의 경우 〈적벽가〉의 레퍼런스 '항우'와 '우희'가 죽기 전 함께 부르는 장면은 〈춘향가〉의 레퍼런스를 참고했다. 음악적으로 판소리 다섯 마당을 바탕으로 했다"고 밝혔다.(황수정, 2019)

전장에 나온 병사들이 고향을 그리워하는 장면과 맹인 노파가 항우의 주검을 보며 부르는 "집 떠날 때에는 버들잎이 푸르렀는데 집 돌아올 때에는 흰 눈이 날리네"라는 넘버와 우희의 자결 후 우희의 주검을 끌어안고 항우가 부르는 "산을 뽑을 힘이 무슨 소용인가, 사랑하는 이 한 명도 지키지 못하거늘"이라는 넘버가 특히 극의 흐름을 이끌며 관객을 극에 몰입하도록 했다.

아울러 맹인 노파 역을 맡은 김금미의 노래는 극의 흐름을 이끌면서 낮고 갈라진 목소리로 전쟁의 비참함을 잘 전달하고 있다.

아쟁과 피리, 거문고, 북, 대금, 비파와 철현금, 해금, 가야금, 타악기와 신시사이저까지 11명의 연주자들이 자리한 무대 앞 연주석은 꽉 찼고, 소리는 객석을 가득 채웠다. 국악기와 중국 악기, 신시사이저가 어우러진 노래와 연주는 기존 창극의 그것과 비슷하나 더욱 풍성한 소리를 냈다. 그동안 국악과 창극, 대중음악 등에서 활발히 활동한 이자람의 작창 실력과 협력 연출인 정종임의 음악적인 안목, 여기에 국립창극단 기악부장인 박희정을 위시한 연주 단원들의 호흡이 빚어낸 결과이다.

전통에 충실하면서 볼거리를 제공한 의상

이 공연에서 또 하나 주의 깊게 볼 것은 의상이다. 의상디자이너일 뿐만 아니라 그 자신이 예술가이기도 한 예진텐(Tim Yip)의 의상은 대가의 손길이 느껴졌다. 의상 슈퍼바이저인 이시내의 노고도 느껴지는 작품으로 의상 하나하나가 그 인물의 정체성을 표현하는 데 기여하고 있었다. 색깔과 질감, 자수와 비즈까지 동대문시장을 돌며 원단을 구해 한 땀 한 땀 장인의 숨결로 태어난 의상은 무대에서 빛을 발했다.

보통 경극에서의 의상은 시대상을 반영하지 않는다. 경극 의상은 시대의 제약을 받지 않고, 맡은 역할에 따라 정해진 의상을 입는다. 현대 경극의 의상은 명대의 복식을 기본으로 하여 약간의 변형을 거친 경우

전쟁 장면에서 등 뒤에 꽂은 깃발은 군사의 수를 상징한다.
영상으로 전쟁 장면을 효과적으로 표현했다.(사진제공 : 국립창극단)

가 많다. 하지만 이번 작품에서는 예진텐(Tim Yip)의 디자인과 이시내의 협업으로 인물 성격에 따른 섬세하고 화려한 의상이 눈길을 사로잡는다. 아울러 무대 세트가 단순한 경극에서 의상은 중요한 시각적 요소로 자리한다. 배우의 등에 달린 깃발이 천만 군사를 상징하고, 소매 끝에 달린 긴 천은 슬픔을 표현하기도 한다.

귀족 출신인 항우의 의상은 화려한 금박이 들어간 자줏빛의 단단한 재질의 옷이다. 항우의 출신 성분과 강직하면서 젊고 자신감 있는 인물을 표현하고 있다. 그의 등에는 6개의 깃발이 꽂혀 있는데, 4개만 꽂혀 있어도 수천만의 군사를 상징하는 경극에서 6개는 그야말로 많은 수의 군사를 거느린 그의 위용을 드러낸다고 볼 수 있다. 극 초반에 등장하는 우희의 흰색 의상은 우희의 청초함과 아름다움을 드러내고 있으며, 6장 '패왕별희'에서의 검무를 출 때 붉은 의상은 피로 물든 두 사람의 사랑과 이별을 암시하는 것으로 보인다. 우희의 붉은색 의상에도 금색 자수로 포인트를 주었다.

반면 하층민 출신인 유방의 의상은 회색 톤으로 장식을 최소화하고 부드러운 질감으로 표현했는데, 이는 '홍문연'에서 구사일생으로 살아남으며 최후의 승자가 되는 그의 유연함을 잘 표현하고 있다. "나를 위해 비추는 거울, 남자에게 양보하지 않겠네"라며 여걸의 야망을 품은 유방의 아내 여치의 의상은 우희와 상반되는 초록색 비단에 폭 넓은 소매와 금박 장식으로 강인함을 표현하고 있다. 유약한 유방을 대신해 계략을 짜는 그녀는 화려하고 넓은 금색 머리 장식으로 그 포부를 드러낸다.

한 인터뷰에서 예진텐(Tim Yip)은 "전 인간의 비밀을 탐구한다는 마음으로 작업을 합니다. 의자 같은 사물을 볼 땐 좋고 싫음이 명확하지만 사람을 대할 땐 쉽게 판단하기 어렵죠. 우리는 자신의 마음을 투영해 상대를 바라봅니다. 소설이나 드라마 속 캐릭터에 자기 감정을 이입하고 이를 통해 새로운 인물을 상상해내죠. 무대에서는 그가 입은 옷이 그 인물을 해석하는 열쇠가 되고, 인물 간의 관계를 컨트롤하는 역할을 하기도 해요. 무대 위에 배우가 올랐을 때 비로소 많은 이야기가 깨어나고 무대와 객석 사이에선 에너지가 교류됩니다. 무대에는 그런 특별함이 있죠."라고 말한다.(이미혜, 2019) 이처럼 창극 〈패왕별희〉는 의상만으로도 충분한 볼거리를 제공한다.

캐릭터를 구현한 분장

경극 배우들의 분장은 크게 기초 분장(俊扮)과 색조 분장(彩扮)으로 나뉜다. 기초 분장은 '흰 얼굴(素面 또는 潔面)' 또는 '연지 화장'이라고 부른다. 먹으로 눈화장을 하고 연지로 얼굴을 발라 간단한 화장으로 아름다움을 표현하는 방법이다.(송철규, 2004) 일반적으로 '생'과 '단' 역의 배우들이 많이 하는데, 본 작품에서는 우희 역을 맡은 김준수의 분장이 이에 해당한다. 단지 눈가에 붉은색을 좀 더 넣어 우희의 아름다움과 강직함을 강조했다.

색조 분장은 검보(臉譜)를 그리는 것인데, 주 색상과 보조 색상, 경계 색상, 바탕 색상의 구별이 있다. 몇 가지 색상을 쓰든지 주 색상으로 극중 인물의 성격을 드러낸다. 주 색상을 제외한 나머지는 보조와 장식 역할을 담당하며, 해당 인물의 다른 성격적 특징을 보완해 준다. 예를 들어 붉은색은 관우처럼 충성과 강직 및 혈기 등을 상징하고, 자주색은 근엄과 장중 및 정의감 등을 상징한다. 검은색은 이중성을 띠어서, 한편으로는 포청천처럼 웃음기 없이 엄숙하고 강경한 성격을 표현하기도 하고, 한편으로는 수호 이야기 속의 이규(李逵)처럼 물불을 안 가리는 무모한 용기 등을 상징하기도 한다. 흰색은 조조처럼 간사함과 의심 많음, 흉악함, 포악함 등을 상징하고, 파란색은 강직과 도도함을 상징한다. 또, 노란색은 문인일 경우 꿍꿍이가 있음을 상징하고, 무장일 경우에는 용맹하여 전투에 뛰어남을 상징한다. 이 밖에도 초록색은 다듬지 않아 거친 용기를 상징하며, 황금색은 위세와 장엄함을 의미한다. 신선이나 요괴 등의 배역에는 주로 황금색이나 은색을 사용한다.(송철규, 2004)

창극 〈패왕별희〉에서 항우의 검보는 검은색이다. 이는 포청천처럼 강경함을 표현하면서 남의 말을 잘 듣지 않는 고집 셈을 표현하기도 한다. '홍문연'에서 책사인 범증(아부)의 계책대로 유방을 죽이지 않고 풀어줌으로써 이후 패장이 되며, 죽음으로 간언한 우희의 말대로 오강을 건너가서 재기를 도모하지 않고 자결하는 항우의 성격을 드러내는 것이다. 하지만 항우의 이러한 강직한 성격은 모순되게도 패장을 기억하지 않는 현시대에도 여전히 영웅으로 추앙받는 근거가 되기도 한다. 중국 송대의 여성 시인 이청조(李淸照)는 "지금까지 항우를 잊지 못하는 것은 항우가 강동으로 건너가길 원치 않았기 때문"이라고 노래했다.

단순하지만 효과적인 무대세트와 조명

무대 뒤 막을 이용한 적절한 영상의 활용(특히 흰 달이 떠오르는 부분이 영상미의 극치를 보여주었다)과 조명 디자인도 극의 흐름에 탄력을 더해줬다. 무대 중간을 사선으로 가로질러 분할하고 여기에 드라이아이스 효과로 강을 표현한 장면은 연극 〈안티고네〉(한태숙 연출, 2013)에서 지하감옥 장면을 떠오르게 했다. 〈안티고네〉에서는 무대 중앙을 분할하고 여기에 깊이를 더해 지하감옥을 형상화했다. 〈패왕별희〉에서는 생과 사를 가르는 장면으로 이 무대분할이 쓰이기도 하고, 강으로 변해 분할된 무대 틈으로 뱃사공을 등장시키기도 하면서 다양하게 활용했다.

공연 팸플릿에서 무대디자이너 창웨이웬(Chag Wei-Wen)은 삶과 죽음, 음과 양, 허와 실 그 경계가 모호하기 때문에 무대를 사실주의적으로 표현하지 않고 이미지화했다고 밝혔다. 즉 산천과 대지는 난세 영웅들의 권세 다툼의 장을, 갈라진 바닥은 고향으로 돌아갈 수 없는 영웅의 결말을 뜻한다는 것이다. "풍랑에 씻겨 나가버린 영웅들의 시비성패와 산천 · 대지 · 바다를 형상화하기 위해 무대의 높이와 바닥 선을 날리 표현했습니다. 이로써 연기 · 돌 · 물 · 빛 · 바람이 바닥 선 틈에서 새어 나오는 것처럼 보이고자 했습니다. 무대 바닥이 열렸다 닫힐 때, 관객은 시공간을 넘나드는 듯한 느낌을 받을 수 있습니다. 예를 들어 뱃사공(도인)이 등장할 때 바닥이 열리는데, 마치 그가 천하를 굽어보며 세상과 동떨어진 쓸쓸함을 느낄 수 있습니다. 이와 대조적으로 음악 및 의상은 섬세하고 화려하여 무대와 만났을 때 더욱 시너지 효과가 납니다."라고 말했다.

우희와 항우의 이별 장면. 우희가 검무를 추고 자결한다.
(사진 제공 : 국립창극단)

조명도 의상 및 영상, 무대 소품과 어우러져 극의 긴장과 이완을 도왔다. 우희가 검무를 출 때 연출된 붉은 조명은 우희의 결심과 곧 닥칠 불행한 결말을 암시하고 있고, 항우의 장면에서 쓰인 보라색 조명은 항우의 불안함과 미숙함을 잘 드러내주었다. 전쟁 장면에서 수천만의 군사가 싸우는 장면은 어떻게 연출할까 궁금했었는데, 경극의 전통대로 몇 명의 군인이 나와서 싸우는 동작을 하면서 영상과 음향으로 전쟁 장면을 속도감 있게 완성했다.

우희가 자결하자 절규하는 항우. "산을 뽑을 힘이 무슨 소용인가, 사랑하는 이 한 명도 지키지 못하거늘."
(사진 제공 : 국립창극단)

경극의 고도의 상징성은 창극의 소리와 만나 새로운 장을 만들어냈다. 항우가 오강을 건너가는 장면에서 오추마를 상징한 것은 말의 머리에 꽂는 깃털이다. 항우의 손끝에 깃털을 들고 호령하자 오추마가 상상되었다. 어설픈 연기였다면 실소를 자아냈을 장면(한국의 공연에서는 이러한 상징성은 낯설기 때문이다)에서 항우와 오추마의 비극이 현실로 다가왔다. 항우가 깃털을 오강(무대의 갈라진 부분)에 던짐으로써 오추마의 추락이 완성되었다. 오히려 말이 등장했다면 그 감동은 덜했을 것이다. 때로는 사실적인 묘사라는 것이 인간의 상상력을 제약함으로써 사실성을 떨어뜨리기도 하기 때문이다.

창극 〈패왕별희〉 성공 요인은 무엇인가?

공연작품이 성공이냐 아니냐 하는 평가는 공통된 기준이 있는 것은 아니라고 생각한다. 같은 작품이라도 어떤 관점에서 보느냐, 보는 사람이 어떠한 경험치를 갖고 있느냐에 따라 그 평이 갈린다. 미술작품을 감상할 때 이야기하는 '아는 만큼 보인다'라는 말이 공연 분야에도 적용되는 것이다. 한발 더 나아간다면 예술작품에 대한 평가나 예술작품에 대한 효용성 논의 등과도 떨어질 수 없는 이야기이다.

필자는 거칠게 정리하자면 공연작품은 '재미' 또는 '감동'을 주어야 한다고 생각한다. 다른 예술작품도 마찬가지겠지만 예술가가 본인의 작품을 다른 사람에게 발표할 때에는 그 작품이 예술가 본인뿐 아니라 다른 사람들에게도 의미가 있어야 한다. 적어도 그 작품을 접하기 전과 후에는 어떠한 미세한 영향이나 변화를 줄 수 있어야 한다는 말이다. 만일 예술가가 자신만을 위해 작품 활동을 하고, 이것이 다른 사람들에게 어떠한 영향을 주는지 상관없거나 무관심하다면, 그 작품은 발표하지 않고 본인 혼자만 즐기면 되는 것이다. 예술 수용자가 예술 창작자에게 바라는 것은 창작자의 생각이나 느낌, 사상, 경험 등을 본인의 예술 분야

기립박수를 보내는 관객들.(사진 제공 : 국립창극단)

를 활용해서 수용자들에게 전달해주고, 이를 통해 수용자들이 영향을 받기 원하기 때문이다. 연극 한 편을 보고 나오면서 자신의 삶을 되돌아보거나, 음악을 듣고 정서가 가라앉거나 즐거워진다면 이런 것들이 예술의 존재가치가 아닐까 생각한다. 그리고 이러한 수용자들이 있어야만 창작자들이 존재하는 기반이 되는 것이다.

어떤 공연작품이 관객(예술 수용자)들에게 '재미'와 '감동' 둘 다 줄 수 있다면 금상첨화겠지만, 그렇지 않더라도 적어도 둘 중 하나는 제공해야 한다고 생각한다. 그렇지 않다면 그 작품은 관객(예술 수용자)들에게 아무런 영향도 주지 않고, 시간과 돈을 낭비하게 만들게 되며 결국 관객에게 외면받으면서 잊혀지게 된다.

창극 〈패왕별희〉은 4월 초연에 이어 11월에 열린 재연에서도 전석 매진을 기록하며 관객들의 호응 속에 막을 내렸다. 전석 매진이라는 기록뿐만 아니라, 공연의 전반적인 내용이 성공적이라는 평을 받았다. 필자가 이 작품을 성공적이라고 평가하는 것은 창극 〈패왕별희〉가 관객들에게 '재미'와 '감동'을 선사해주기 때문이다. 앞서 살펴본 바와 같이 한국과 중국의 전통에 기반한 창극과 경극이 만나 새로운 융합을 선보여 새로움을 선보인 이 작품의 작품적인 면에서 성공 요인을 분석해 보고자 한다. 필자가 이 작품을 성공적이라고 보는 이유는 크게 두 가지이다.

첫 번째, 전통에 기반한 두 장르의 융합이라는 측면이다. 경극은 중국이 자랑하는 세계적인 예술 장르이며, 미국과 유럽, 일본 등에서는 인기를 얻고 있기도 하다. 하지만 유독 한국에서는 별 인기가 없었다. 한국에서는 경극 공연도 거의 없으며, 한국인 대부분이 경극이라고 하면 장국영이 출연한 영화 〈패왕별희〉를 떠올리는 것이 고작이다. 실제로 한국에서는 경극을 볼 기회도 별로 없고, 인기도 없는 것이 현실이다.

중국의 유명한 난징의 강소곤극단(江蘇崑劇團)과 매란방경극단(梅蘭芳京劇團)이 예술의전당에서 공연할 때도 초청된 사람들로도 자리를 채워주지 못했다고 한다. 일본에서 경극단을 융숭히 대접하고 경극 작품을 일본 전통연예로 개편하여 공연하고, 중국 측에서는 일본의 가부키 등을 경극으로 개편하여 서로 연기와 연출 방법을 배우고 있는 것(김학주, 2011)과는 상반된 모습이었다. 창극과 경극이 양국의 전통에 기반한 공연 장르로 양국의 전통과 예술성을 수준 높게 보여주고 있으며, 현재까지 공연을 올리고 있는 현재진행형 장르라는 점에서 유사성이 높다. 아울러 두 장르가 노래와 대사, 동작으로 이루어진다는 특징 면에서도 유사하다 할 수 있다. 특히 노래라는 측면에서 전통적인 선율과 감정선에 기초하고 있다. 이처럼 양국의 민족성에 호소할 수 있는 전통음악에 기반 한다는 점에서 여타 현대 음악이나 공연 장르와는 차별되며 희소성이 높다 할 것이다. 이러한 두 장르의 희소성은 여타 장르에서는 볼 수 없는 독특한 매력을 창조해냈다. 어느 부분에서는 경극의 전통을 따르면서(항우과 우희의 분장 및 연기, 고도의 상징성, 음악적 요소 등), 어느 부분에서는 창극적인 요소를 십분 발휘하고(노파의 도창 역할, 판소리에 기반한 작창, 창극의 연기 등)하면서 새로운 작품을 탄생시켰다. 특히 음악적인 면에서 창극의 음악 어법을 그대로 따라 새 작품을 만들었다는 점에서 이 작품을 '창극'이라 당당히 칭할 수 있는 것이다.

여기에서 전통에 기반한 장르라는 점은 두 장르가 융합할 때 빛을 발한다. A와 B가 만나서 새로운 C를 창조해내는 '융합'이라는 관점에서 볼 때, A와 B 자체가 자신만의 성격을 뚜렷이 갖고 있고 오랜 세월 속에 변화 발전해왔기 때문에 서로 다른 성질의 A와 B가 만나 둘의 성격이 흐릿해지거나 탁해지지 않고, 오히려 새로운 성질의 C를 탄생시킬 수 있는 것이다. 이미 A, B는 탄생, 성장, 발전과정에서 다른 장르와 무수히 만나 변화, 발전해왔기 때문이다.

두 번째, 전문적인 제작진과 기량 높은 배우들이 출연했기 때문이다. 국립창극단은 최근 몇 년 동안 창극의 새로운 시도를 계속해왔다. 〈적벽가〉(2015), 〈산불〉(2017), 〈흥보씨〉(2017)로 창극의 새로운 가능성을 보여주었고, 2016년 에우리피데스의 동명 희곡(B.C. 415)을 창극으로 무대에 올린 〈트로이의 여인들〉은 창극 세계화의 길을 열었다. 이어 2018~2019년 신창극 시리즈로 〈소녀가〉, 〈우주소리〉, 〈시〉를 선보였다. 이러한 새로운 시도들이 이번 창극 〈패왕별희〉에서 정점을 찍었다고 보여진다.

우선 창극 〈패왕별희〉는 한국과 중국 양국의 전문적인 제작진이 의기투합했다. 11세 때부터 경극배우로 활동하며, 이제는 가장 대표적인 경극 연출가인 우싱궈(Wu Hsing-Kuo), 시각 예술가이자 의상 디자이너인 예진텐(Tim Yip), 린슈웨이(Lin Hsiu-Wei)의 안무와 극본, 판소리뿐 아니라 다양한 음악 활동을 벌이고 있는 이자람의 작창, 국악 뮤지컬 집단 타루의 정종임 대표가 협력 연출로 나섰다.

여기에 요즘 가장 주가를 높이고 있는 판소리 스타 김준수, 유태평양, 정보권이 진용을 형성하고, 창극단의 중진인 윤석안이 유방 역을, 이연주가 여치 역을, 김금미가 맹인 노파 역을 맡으며 극의 무게중심을 잡아줬다. 창극에서 가장 잘 나가는 제작진과 판소리 배우들이 한 무대에 오르고 여기에 중국 경극의 전문가들까지 모이니, 처음부터 성공이 예견된 것인지도 모른다.

경극의 장점과 창극의 장점이 어우러지면서 뺄 것 빼고 넣을 것을 넣으면서, 새로운 창극이 탄생했다. 경극의 동작과 의상, 분장은 새로움을 촉발했고, 창극의 음악과 소리에 녹아들며 배우들의 연기를 상승시킨 것이 창극 〈패왕별희〉이다.

창극 〈패왕별희〉, 앞으로 남은 과제는?

이제까지 살펴본 것처럼 창극은 '판소리를 무대화시킨 공연 양식으로 분창(分唱)과 도창(導唱)을 특징으로, 다양한 춤과 음악이 들어 있는 음악극'이다. 창극의 특징은 첫 번째, 판소리라는 한국 전통음악을 기반으로 하면서 서양 연극의 영향을 받아 생성된 장르라는 점. 두 번째, 노래와 연기, 대사와 동작으로 이루어졌다는 점. 세 번째, 판소리와 비교할 때, 서양 연극의 영향을 받아 생성되었기에 연극처럼 다수의 배우가 등장하여 역할을 나누어 연기한다는 점. 네 번째, 현대 뮤지컬이나 연극과 비교할 때, 해설자 역할을 하는 도창이 남아 있다는 점이다.

경극은 청나라 중엽 건륭 만년(1790)에 시작하여 도광(道光) 9년(1829) 무렵에 이루어진 연극 양식이다. 중국 경극의 특징을 간략히 살펴보면 첫째, 곤극(崑劇)과 지방희(地方戲), 시장신희 등을 수용한 혼종의 장르라는 점. 둘째, 노래(唱) · 대사(念) · 동작(做) · 무예(打)의 4가지 표현수단으로 이루어진다는 점. 셋째, 사의적(寫意的)인 특징으로 고도의 양식미를 갖는다는 점. 넷째, 대부분 남자 배우들만으로 이루어져 있다는 점 등을 들 수 있다.

이러한 특징을 가진 창극과 경극이 만나 융합한 것이 창극 〈패왕별희〉로, 그 성공 요인은 다음과 같다.

첫 번째는 전통에 기반한 장르의 융합이라는 측면이다. 창극과 경극이 둘 다 전통예술에 기반하고 있으면서 현대에도 무대에 올려지는 작품으로 기본기가 튼튼한 두 장르가 서로 장점을 흡수하면서 융합하여 창극 〈패왕별희〉라는 새로운 작품을 탄생시켰다는 것이다. 경극의 전통(분장, 연기, 상징성, 음악 등)을 흡수하고, 창극적인 요소(도창의 등장, 판소리에 기반한 음악, 창극의 연기) 등이 유효하게 융합하였다는 것이다.

두 번째는 전문적인 제작진과 기량 높은 배우들이 함께했다는 점이다. 국립창극단의 최근 몇 년간의 새로운 시도가 결실을 맺으면서, 중국과 한국 양국의 최고의 경극 전문가, 창극 전문가들이 의기투합하였다. 여기에 근자에 가장 기량이 높은 판소리 스타들과 국립창극단 중진들이 포진한 판소리 연기자들의 조합이 작품을 성공으로 이끌었다는 점이다.

마지막으로 한 가지 아쉬운 점은 팸플릿의 출연자 순서이다. 주인공인 항우 역의 정보권이 맨 뒤에 소개된 것은 이해하기 어려웠다. 아무리 객원이라지만, 당당히 주인공인데 관객 입장에서는 당연히 앞부분에 소개되길 바라지 않을까? 국립창극단의 관행일 수도 있지만 이러한 출연자 소개 순서는 국립창극단을 매우 보수적으로 느껴지게 했다.

중국인들은 자신들의 역사에 대한 자부심이 높다. 이번에 연출을 맡은 우싱궈(Wu Hsing-Kuo)도 이번 작품을 통해 한국인들이 중국의 역사에 대한 이해를 높이는 계기가 되기를 바란다고 했는데, 그의 의도는 성공한 듯 보인다. 『초한지』를 읽지 않더라도 항우와 유방, 우희와 여치 등을 통해 춘추전국시대 상황을 알 수 있게 되었으니 말이다.

이 공연은 '전석 매진'이라는 성과에 힘입어 2019년 4월 초연에 이어 같은 해 11월 재연에 성공했다. 한 발 더 나아가 국내 공연에만 머물지 말고 우싱궈(Wu Hsing-Kuo) 연출과 상의해서 대만으로 진출해 공연을 해도 좋겠다는 생각이 들었다.

창극과 경극의 경계에 핀 아름다운 꽃! 이 아름다운 꽃이 어떻게 피었을까? 우선 창극과 경극이 한국과 중국의 전통예술에 근간하기 때문에 그 예술적 토대가 튼튼하고 깊이 있다는 생각이 든다. 부박하지 않고 깊이 있는 서사와 극 양식이 새로운 공연예술로 감동을 준 것이다. 여기에 양국의 창극과 경극에 정통한 전문가들의 참여가 성공의 기초가 되었을 것이다. 연출과 의상, 안무와 음악감독, 여기에 최고의 소리꾼들이 합쳐지니 수준 높은 공연의 필요충분조건이 되었을 것이다. 이번에는 중국의 『초한지』를 서사로 했으니, 다음번에는 우리나라 이야기로 제작해보는 것도 의미 있을 것이다. 중국의 뮬란을 떠올리게 하는 고전, 『정수정전』을 떠올려본다. 장쾌한 서사와 남녀차별의 시대상을 뛰어넘는 이야기가 새로운 즐거움을 선사할 것이다.

이번에는 창극과 경극이 만났으니, 다음에는 일본의 노나 가부키를 만나보는 것도 새로운 시도가 되지 않을까? 각국의 전통예술에 근간한 새로운 예술의 탄생을 기대해본다.

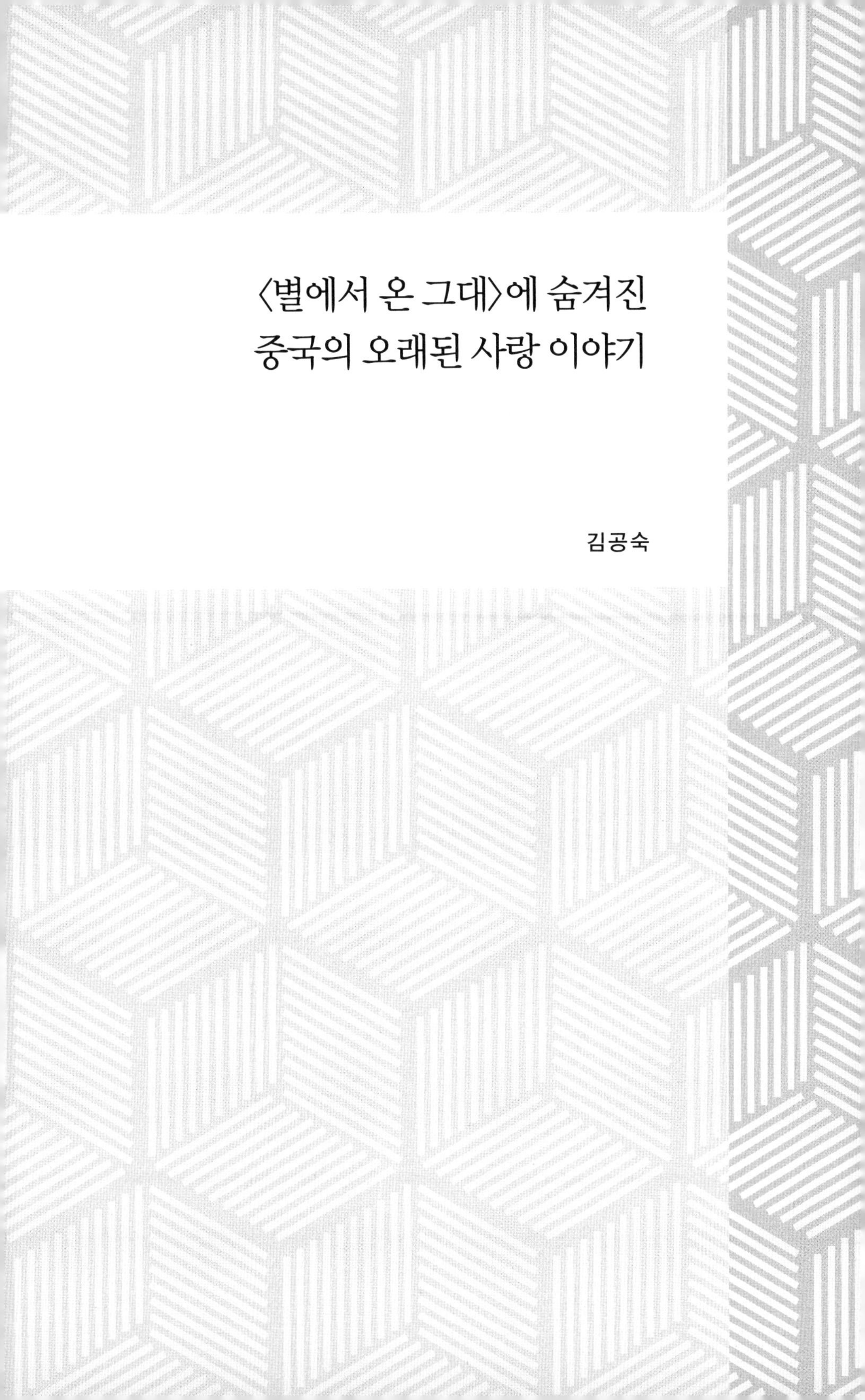
〈별에서 온 그대〉에 숨겨진
중국의 오래된 사랑 이야기
김공숙

〈별에서 온 그대〉에 숨겨진 중국의 오래된 사랑 이야기*

중국을 뒤흔든 〈별에서 온 그대〉 광풍

〈별에서 온 그대〉(이하 〈별그대〉)는 외계인 도민준(김수현 분)과 톱스타 천송이(전지현 분)의 사랑 이야기이다. 박지은 극본, 장태유 연출로 SBS에서 총 21부작(2013.12.18.~2014.02.27.)으로 방송되었다. 이 드라마는 『조선왕조실록』「광해군일기」의 기록을 근거로 조선 시대에 UFO가 한반도를 찾아왔다는 상상을 가지고 풀어낸 이야기라고 한다. 광해 1년인 1609년 하늘에 정체를 알 수 없는 물체가 나타나 우레와 같은 소리와 함께 빛을 내며 날아다닌 것을 본 사람이 여럿이었다는 내용이 나온다. 박지은 작가는 이때 만약 외계인이 찾아왔다면? 외계인이 젊은 모습 그대로 400여 년을 살아오면서 과거 인연과 똑같이 생긴 현대 여성과 사랑에 빠졌다면? 등의 상상력을 발휘해 이 드라마를 썼다고 한다.

---

* 김공숙, 「〈별에서 온 그대〉에 나타난 중국애정서사의 원형과 변용」, 『한국학연구』 제57집, 고려대학교 한국학연구소, 2016을 수정 · 개작하였음.

외계인과의 사랑을 소재로 한 〈별그대〉의 인기는 대단했다. 〈별그대〉는 한국 드라마 역사에서도 기념비가 될 만한 작품이다. 2010년대 초반부터 시작된 한국 로맨틱 드라마의 주요 변화상을 그대로 보여주고 있기 때문이다. 당시 로맨틱 드라마에는 커다란 변화가 일고 있었는데, 바로 로맨스에 판타지가 융합되는 현상이었다. 남녀 주인공의 영혼이 바뀌는 비현실적인 판타지로 인기를 모은 2010~2011년의 〈시크릿 가든〉에 이어, 2012년에는 허구사극 〈해를 품은 달〉이 수많은 판타지 요소가 삽입되어 화제가 되었다. 같은 해 사람의 마음을 읽는 초능력 남성이 등장하는 〈너의 목소리가 들려〉는 로맨틱 코미디에 스릴러가 더해졌고, 귀신을 보는 인물이 나오는 〈주군의 태양〉은 로맨틱 코미디에 호러가 융합된 드라마로 인기를 모았다. 〈별그대〉는 일련의 판타지 유행과 여러 장르가 혼합되는 현상 속에서 탄생한 드라마이다. 이 작품은 국내 드라마 사상 최초의 SF 로맨스로 기록된다.

〈별그대〉는 마지막 회가 시청률 30%를 넘기는 등 인기가 대단했다. 하지만 이 정도는 중국에서의 폭발적 관심에 비하면 아무것도 아니었다. 중국 시청자들 반응은 말 그대로 광풍에 가까웠다. 전국인민대표대회회의에서 이 드라마가 거론되는가 하면, 중국 국영 텔레비전 방송 CCTV 시사 프로그램에서는 〈별그대〉 열풍을 사회적 현상으로 다룰 정도로 화제를 모았다. 극 중 여주인공 천송이가 좋아하는 치맥과 남녀 주인공의 패션이 폭발적 인기를 얻은 것은 물론 중국 중학교 시험에서 〈별그대〉 관련 문제가 출제되기도 했다. "한국 드라마 〈별에서 온 그대〉의 외계인 도민준은 초능력을 가지고 있지만 3개월이 지나면 지구를 떠나야 한다. 하지만 만약 지구를 떠나면 천송이가 슬픔에 빠지게 된다. 만약 당신이 도민준이라면 어떤 선택을 하겠는가?"라는 문제였다.

중국인들의 극성은 자국 내에서만 그친 것이 아니다. 〈별그대〉의 중국 팬들은 서울대 강 모 교수가 한국 드라마를 좋아하는 중국 시청자를 폄하하는 논문을 발표했다고 항의하면서 조선일보에 전면광고를 실었다. "강 교수의 주장은 틀렸다. 우리는 한드와 도민준 교수님을 좋아하고, (도민준의) 높은 지력(知力)은 더 좋아한다"는 반박 광고였다. 강 교수는 "사려 깊지 못한 표현으로 중국의 한국 드라마 애청자들에게 심려를 끼친 것에 깊은 유감의 마음을 전한다"고 사과했다. 비용도 만만치 않았을 신문 광고료는 팬클럽 회원들이 모아서 낸 것이라고 한다.

몇몇 사례만 봐도 〈별그대〉가 중국인들에게 얼마나 큰 영향과 반응을 일으켰는지 짐작할 수 있다. 분위기를 의식했는지 드라마가 방영된 2014년에 방한한 시진핑은 서울대 강연에서 〈별그대〉 등 한류 드라마가 중국에서 대유행이라고 했다. 그러자 한술 더 떠 시진핑의 아내 펑리위안 여사는 시진핑의 젊은 시절이 도민준과 똑같다고 거들기도 했다.

중국 사회에 불어닥친 〈별그대〉 현상에 대해 중국학계는 이 드라마가 왜 그렇게 큰 반향을 일으켰는지 탐색했다. 〈별그대〉가 방영된 2014년 한 해에만 무려 100여 편의 연구 논문이 발표됐는데, 중국에서 외국 드라마 한 편을 이처럼 단기간에 집중적인 연구 대상으로 삼은 것은 매우 놀라운 일이다. 한국에서도 드라마 한 편을 양적, 질적으로 이렇게 집중적으로 연구한 사례는 흔치 않다.

중국학자들은 〈별그대〉의 장르와 서사방식, 인물형상, 인문학적 가치에 대해 주목하였다(강필임 외, 2015). 이들이 말하는 〈별그대〉의 성공 비결을 들어보자. "〈별그대〉는 서사장르의 융합과 파괴, 서사방식의 낯설게 하기, 이상과 현실을 투사한 인물 형상, 대중의 기호와 대중적 감성의 충실한 반영이 특징이다. 중국인들에게 친숙한『명심보감』『요재지이』 등의 이야기가 자연스럽게 배치됐다. 도민준의 성 '도(都)' 씨가 중국 고대 왕국인 동주(東周) 왕실의 성이다. 그런 점에서 강렬한 문화적인 동질감을 느끼게 했다. (분수를 지켜 만족할 줄 아는) 지족(知足), (은혜에 보답하는) 보은(報恩), (도가 자연을 본받는다는) 도법자연(道法自然), (하늘과 인간이 하나가 되는) 천인합일(天人合一) 등의 정신이 현대 중국인의 전통적 가치관에 대한 심리적 갈증과 정신적 수요를 만족시켰다. 또한 조선과 현대를 오가는 이야기 방식을 취한 점이 특별했다."

중국학자들은 〈별그대〉를 통해 '전통'을 어떻게 수용할 것인가에 대한 진지한 반성과 대안 탐색이 필요하며, 〈별그대〉를 시청하면서 전통적 유가 문화와 정신의 고향으로 돌아오는 듯한 감정을 느꼈다고 한다(이루다, 2013).

그런데 필자는 중국학자들의 분석을 접하면서 중요한 한 가지가 빠졌다는 생각이 들었다. 드라마가 유가적 인륜 관계나 풍속 등 전통적 문화와 가치관을 보여주었기에 성공했다고 하면서 왜 자신들의 문화원형과 깊은 연관이 있는 옛이야기 전통에 대해서는 숙고하지 않고 있을까.

중국은 전통적 이야기와 매우 친숙한 나라이다. 국가급 무형문화유산에 6개의 전설을 올려놓고 있을 정도이다. 6대 무형문화유산 전설은 중국판 로미오와 줄리엣인 양산백(梁山伯)과 축영대(祝英臺) 전설, 인간여성으로 둔갑한 뱀과 남성의 사랑 이야기인 백사전(白蛇傳), 하늘의 직녀라고 칭한 칠선녀의 도움을 받은 효자 동영(董永) 전설, 남편에 대한 의리를 지킨 열녀 맹강녀(孟姜女) 전설, 중국 4대 미인의 하나인 서시(西施) 전설, 살아 있는 부처라 불린 제공(濟公) 전설 등이다. 옛이야기들은 오늘날까지도 중국에서 영화나 애니메이션 등으로 만들어지고 있으며 대중의 사랑을 받고 있다.

중국에서 탄생된 이야기와 문학 전통은 중국 내에서만 소비된 것이 아니라 과거 한자(漢字) 문화권 아래에 있던 아시아의 여러 나라에 퍼졌고, 각 나라의 여건과 특성에 따라서 다양한 모습으로 변화했다. 역사적으로 한자를 공용문자로 사용한 한국과 일본, 베트남은 중국의 서사문학 장르를 직접적으로 공유해온 경험이 있다. 그렇다면 현대의 대중적 영상서사라 할 수 있는 한국 드라마에도 오래된 중국문학의 흔적이 남아 있다고 가정할 수 있지 않을까. 또한 중국인들이 한국 드라마 〈별그대〉에 보낸 열광과 문화적 동질감의 밑바닥에는 어쩌면 중국인 자신들에게는 너무도 익숙한 자국의 이야기 전통이 녹아 있기 때문은 아닐까.

이 글은 그런 가정에서 출발한다. 왜냐하면 〈별그대〉가 중국에서 성공한 것이 의도하지 않은 우연적 현상처럼 보이기 때문이다.

〈별그대〉의 연출가 장태유는 2014년 〈서울디지털포럼－한류 드라마, 세계에 통하다 세션〉(2014.05.22.)에서 "〈별그대〉가 중국에서 성공한 것은 예측 불가한 일이었다. 원인을 찾자면 여러 측면에서 볼거리와 재미를 준 것이 성공 요인인 것 같다"고 말했다. 즉, 중국 시청자를 의식하고 만든 것이 아닌데 우연히 중국인들의 마음을 뒤흔들어 열광에 빠지게 했다는 것이다. 결국 이 말은 〈별그대〉가 왜 중국에서 그토록 인기가 많았는지 제작자도 잘 모르겠단 얘기이다.

왜 이런 일이 생겼을까. 과연 우연이었을까. 필자는 〈별그대〉의 성공 이유를 다른 측면에서 살펴보면 답을 찾을 수도 있다고 생각한다. 과거 중국의 옛이야기 전통을 한국과 동아시아에서 널리 공유했다는 데에서 찾아보는 것이다. 아시아인이 공유한 이야기 유전자가 현대 한국 드라마 작가의 무의식에서도 작용해 저도 모르게 중국인들에게도 익숙한 이야기를 작품에 담은 것은 아닐까. 실제로 한류 드라마의 인기 원인을 동아시아인이 공유한 이야기 전통 때문이라고 주장하는 자료가 그 가정을 뒷받침 해준다(권도경, 2013a, 2013b, 2014).

필자는 〈별그대〉에 중국의 오래된 사랑 이야기의 원형(原型, Archetype)이 숨겨져 있다고 생각한다. 그럼에도 원형이 쉽게 드러나 보이지 않는 이유는 원형을 곧이 곧대로 적용한 것이 아니라 새롭게 변용(變容)을 잘 했기 때문이다. 음악에서 원곡의 주제를 바탕으로, 선율 · 리듬 · 화성 따위를 여러 가지로 변형하는 것을 변주(變奏, variation)라고 하듯이, 신화와 민담을 포함해 고전의 오래된 이야기의 원형은 시대마다 다양한 예술작품으로 등장한다. 오늘날의 영화나 드라마를 통해서도 원형은 다른 옷을 입고 나타나 대중을 사로잡는다. 원형의 성공적 변용이요 변주이다.

〈별그대〉에 나타난 중국의 사랑 이야기 원형은 크게 세 가지라고 생각된다. 인간이 아닌 존재와의 사랑 이야기 이류연애담, 재주 많은 남성과 아름다운 여성과의 사랑 이야기 재자가인소설, 우리도 익히 아는 설화 견우직녀 이야기이다. 〈별그대〉는 이러한 사랑 이야기들의 원형을 바탕에 깔고 현대 시청자가 좋아할 만한 요소를 가미하여 재미있게 만들었다고 본다.

〈별그대〉는 〈대장금〉 이래 주춤해진 한류 드라마의 인기를 재점화하여 신한류 드라마로 자리매김한 작품이다. 단순히 일회성 한류의 열풍이 아니라 중국 사회를 뒤흔들 정도로 큰 반향을 일으킨 드라마이다. 한류 드라마가 계속해서 성공하려면 각국의 문화적 다양성을 흡수하고 사람들의 무의식에 공통적으로 새겨진 옛이야기 원형의 현대적 재구성이 필요하다.

이를 위해 기본적인 것은 많은 사람들이 좋아하고 공감할 수 있는 보편적인 서사원형에 대한 탐구이다. 한류 드라마를 시청하는 국가의 사회와 문화가 드라마를 어떻게 인식하고 받아들이는지 그 국가의 배경과 서사원형이 무엇인지 안다면 글로벌 성공을 목표로 삼는 드라마 제작 시 효과적인 방법을 찾는 데 도움을 얻을 수 있을 것이다. 〈별그대〉에 숨겨진 중국의 사랑 이야기 첫 번째, 인간이 아닌 존재와의 사랑 이류연애 이야기부터 시작한다.

인간이 아닌 존재와의 사랑, 이류연애담(異類戀愛談)

다를 이(異)를 쓰는 이류란, 인간과 다른 류(類)이다. 보이지 않는 귀신·영혼·요괴, 눈에 보이는 동물·식물류 등을 들 수 있다. 이류가 인간의 세계로 넘어와 인간과 애정사건으로 엮이는 설화를 국내 학자들은 이류와 교류하고 혼인한다는 뜻의 이류교혼(異物交婚) 또는 이류교구(異物交媾) 설화라고 부른다. 사회적으로 승인된 혼인 관계가 존재하는 경우는 교혼, 혼인 관계없이 육체적으로 관계하는 경우에는 교구라고 하는 경향이 강하다.

중국학자들은 신(神)이나 선(仙), 귀(鬼)나 혼(魂), 정괴요매(精怪妖魅) 등 인간이 아닌 모든 대상, 즉 이류와의 애정적 결합을 이류혼연(婚戀)이라고 부른다(문현선, 2012). 필자는 문현선이 사용한 이류연애담이라는 용어를 차용하려고 한다.

이류와의 연애 이야기는 전 세계에 널리 분포된 설화 유형이다. 그리스 로마 신화의 큐피드와 프시케 이야기, 제우스가 동물로 변하여 여인 곁으로 찾아가는 이야기, 동화에 나오는 개구리 왕자 등 수없이 많다.

이류연애담은 인간이 이류와 교류하고 소통하는 이야기로서 항상 한쪽은 인간, 다른 한쪽은 이류이어야만 한다. 인간과 신 또는 귀신, 인간과 동물, 인간과 식물, 인간과 무생물 등 인간을 제외한 존재와 교혼, 교구하는 이야기가 이류연애담이다.

영상콘텐츠의 인기 소재, 이류연애

〈별그대〉의 방송을 전후로 한국 드라마와 영화계는 이류연애 이야기가 화제였다. 시청률 1위를 고수한 〈구가의 서〉(SBS, 2013)는 반인반호(半人半狐), 즉 구미호 아들과 인간 소녀의 사랑 이야기이고, 영화 〈늑대소년〉(2012)은 반인반수(半人半獸)의 늑대소년과 인간 소녀의 애틋한 사랑을 다루어 역대 한국 멜로영화로 최다 관객 동원을 기록하기도 했다. 그동안 서양에서는 늑대인간과 흡혈귀, 좀비까지 다양한 이류가 영화나 드라마에 등장했고, 동양에서는 온갖 신선과 요괴, 구미호, 반인반수 등이 대중의 이야기 속에 들어와 있었다.

이류는 영상문학인 영화와 드라마에서 대개 사랑의 주인공으로 등장한다. 대중매체에 등장하는 이류의 공통분모는 '인간보다 월등한 능력을 가진 존재'라는 것과 '인간 세상과 격리된 채 살아가는 존재'라는 것이다. 그러므로 이류와의 로맨스 이야기는 판타지가 될 수밖에 없고, 로맨스와 다른 장르의 융합도 자연스럽게 이루어져 관객에게 다양한 재미를 전달하게 된다.

이류연애담의 시작은 한(漢) 말부터 육조 시대까지 유행한 지괴소설(志怪小說)이라고 한다. 기괴한 이야기라는 뜻의 지괴는 미지의 이류가 불러일으키는 공포와 불안을 이야기에 담아내려는 것이었다.

지괴는 당나라 때의 전기(傳奇)문학에 오면 전혀 다른 모습으로 변한다. 이류가 공포와 불안을 일으키는 것이 아니라 즐거움과 만족을 선사하는 사랑의 대상으로 변화하는 것이다. 이류의 '다름'이 오히려 위험하지 않은 매력으로 다가오게 되었고, 사람과 이류 사이에는 '연애'라는 일상적이지만 특별한 사건이 시작되었다. 인간과 이류 간의 연애 이야기는 '애정을 소재로 한 전기'에 담겼다. 애정전기는 청춘남녀 외에 신녀(神女), 혼신(鬼神), 요괴 등 이류와의 환상적인 애정사건을 다루는 이야기가 많았다.

이류연애담은 만물은 본질이 동일하기에 신분과 종을 넘어 정을 나누는 것이 신이(神異)하기는 하지만 불가하지는 않다는 생각에서 출발한다(김창현, 2011). 그것은 인간과 신적인 존재와의 인신연애(人神戀愛), 신이 아닌 이류와의 이류상애(異類相愛) 유형으로 나뉜다(최진아, 2008). 대부분은 '인간 남자'와 '이류 여자' 간의 애정사건을 다룬 것이 많고, 그 중에서도 인신연애 유형은 중국 애정서사의 가장 초기 형태에 해당한다(문현선, 2012).

동양에서 인신연애 이야기는 샤먼과 신 사이의 남녀 양성적 관계에 뿌리를 두고 있다. 남성 신에게는 여자 무당(女巫)이, 여성 신에게는 박수인 남격(男覡)이 헌신함으로써 신과 하나가 되는 경지에 다다를 수 있다는 사고방식이다. 이러한 관계는 점차 인간 남성과 여신(또는 여선(女仙)) 간의 연애로 세속화했다. 후대로 갈수록 인간 남성과 선녀의 우연한 만남은 특별한 공간이 아닌 인간 생활과 관련된 일상적 방식으로 바뀌게 되었다(袁珂, 2012).

중국 애정전기의 이류연애담은 당시 한국과 일본, 베트남 등 한자문화권에 전해져 널리 유행하였다. 중국과 동아시아의 애정전기에는 공통적으로 현실과는 다른 초월적인 시공간이 등장한다. 인간과 연애하는 신적인 존재는 시간을 초월하며 전혀 늙지 않고 죽지도 않는다. 또한 인신연애담의 환상적 시간 속에서는 공간도 역사를 뛰어넘는 공간으로 묘사된다. 인신연애담의 결말은 주인공이 '맨 마지막은 어디로 갔는지 모른다(不知所終)', '그 후로 그를 만난 사람은 아무도 없었다(後世人莫有遇者)'로 끝나는 일이 흔한데 이것은 초역사적 공간의 표현이다. 신적 존재와의 연애는 인간이 시공간을 넘어서 태초의 모습을 회복하여 초월적 존재가 되고 싶은 무의식적 욕망을 보여주는 것이다(최진아, 2005).

인신연애담에 초월적 시공간이 등장하는 이유는 이것이 단순한 남녀의 만남과 사랑의 이야기인 듯이 보이지만, 바탕에 초월적 존재와의 교합을 통한 음양합일이라는 신화적 사유방식이 깔려 있기 때문이다(최진아, 2005). 인신연애담은 거의 대부분 해피엔딩으로 종료되는데 이것도 같은 맥락에서 이해할 수 있다. 인신연애담의 상징적 의미는 초월적 존재와 결합함으로써 완전성을 획득하여 득선(得仙), 즉 장생불사하여 신선이 되는 것이다(최진아, 2008).

이류연애담은 청나라 때 포송령의 『요재지이』에 많이 담겨 이어져왔고, 오늘날에는 중국의 수많은 영상매체를 통해서 새롭게 재현되고 있다. 중국에서 인간과 이류 간의 로맨스는 오랜 전통과 역사를 가진 소재이다.

〈별에서 온 그대〉에 나타난 인간과 신의 연애

〈별그대〉를 이류연애담으로 볼 수 있는 결정적인 이유는 남성 주인공 도민준의 이류적 특성 때문이다. 도민준은 인간을 경계하며 고독하게 살아온 외계인으로서 초월적 존재라는 점에서 이류이다. 지구에서만 400년을 불로장생해왔고 시간 정지와 순간적인 공간 이동이 가능한 초능력자이다. 미래를 보는 예지력, 자동차를 막을 수 있는 엄청난 힘, 물건을 손대지 않고 움직이는 염력, 인형 속에 박힌 몰래카메라를 찾아내는 투시력과 뛰어난 청력을 가진 존재이다. 월등한 능력으로 인간의 물리적 · 정신적 한계를 넘어서는 초월적 존재는 인간과는 전혀 다른 비류인간(非類人間)에 속한다(문현선, 2012).

도민준은 지괴소설의 시각으로는 괴물이자 공포의 대상일 수 있다. 하지만 늙지 않는 아름다운 외모와 전지전능한 매력으로 인해 드라마 여성 시청자의 동경과 연모의 대상으로서 이상적 남성상이 된다. 이런 관점은 이류를 매력적인 사랑의 대상으로 보는 애정전기의 시각과 유사한 것이라고 볼 수 있다.

이류인 도민준은 살인마 이재경(신성록 분)의 위협에서 천송이를 여러 차례 구해주면서 긍정적인 인간성을 보여주게 된다. 도민준은 천송이를 사랑하기 전까지는 인간과 자신을 철저하게 분리해왔다. 그가 누구와도 함께 식사를 하지 않는 이유는 인간의 체액이 가장 위험하기 때문이다. 그는 비인간이지만 인간사의 온갖 추악상과 얽히지 않고 홀로 살아가는 존재이므로 두려운 대상이 아니다. 공포스러운 존재는 오히려 인간인 이재경이다. 이재경은 인간성을 상실한 사이코패스이다. 친형과 자신의 아이를 임신 중인 한유라를 죽였으며 전 부인을 정신병원에 가둔 범죄자이다. 도민준은 외계인이지만 인간답지 못한 이재경과 목숨을 걸고 맞붙어 대결함으로써 진정한 인간성이 무엇인지 성찰하게 한다(장민지, 2016). 〈별그대〉 최고의 미학적 가치는 도민준이 아름다운 사랑을 찾는 과정에서 자신이 부정적으로 여겨온 인간성의 가치를 다시 발견한다는 것이다(俞娟, 2014).

도민준은 인간적 감정에 냉소적이었으나 천송이를 만나면서 가장 인간적 감정인 사랑에 휘말리게 되었다. 겉모습은 오랜 시간이 흘러도 내적 · 외적 변화가 나타나지 않았지만 지구에서의 400년이라는 축적된 시간 속에서 인간의 감정과 인간 세계의 질서를 이해하게 되었기에 이류적 속성에 변화가 나타난 것이라 할 수 있다.

도민준은 자기중심적이고 내면의 결핍이 있는 인간적인 모습도 보여준다. 처음 조선에 착륙했을 때 위험에 처한 이화를 구해주지 못하고 자기 대신 죽게 한 상처가 있다. 그는 가슴 아픈 이별에 대한 죄책감으로 마음의 문을 닫고 묵은 감정의 먼지를 털어내지 못하고 살아왔다. 내면이 심약한 도민준은 오랫동안 인간의 지식은 쌓았을지 모르나 감정은 미숙하다. 이런 도민준은 현대 도시인의 모습과도 비슷하다. 냉정하고 까칠해 보이는 겉모습은 고독한 현대 도시인의 정서와도 상통하고, 진실한 사랑에 대한 회의적 태도 역시 현대인의 물질적이고 단편적인 사랑에 대한 불신의 태도와 겹쳐 보인다.

도민준의 심리적 결핍은 천송이를 만나서 치유된다. 천송이는 400년 전 운명으로 묶이게 된 이화의 환생으로 추측된다. 도민준은 자기 존재가 노출될 위험에도 불구하고 천송이를 위험에서 구해주는 과정을 되풀이하면서 결국 그녀와 함께 하기 위해 수백 년을 기다려온 자기 별로 돌아가는 일을 포기한다.

로맨틱 드라마에서 연인을 위한 자발적 희생을 운명으로 만드는 장치는 대개 신분 차이나 부모나 가문 등의 방해이다. 하지만 〈별그대〉는 이류의 속성을 가진 외계인이 인간 여성을 사랑하게 된다는 설정이 운명적 로맨스의 시작이자 종착점이 되고 있다. 분석심리학은 남성이 한 여성을 보고 첫눈에 반하는 것은 무의식의 여성성인 아니마(anima) 원형의 심리적 작용 때문이라고 본다. 도민준은 자신의 아니마인 천송이를 사랑하게 되면서 지구인에 대해 냉소적이었던 외계인에서 한 여성을 사랑하는 평범한 남성으로 변모했다고 볼 수 있다.

#〈별그대〉 8부 – 민준과 장변호사의 대화

민준: 자꾸 돌아봐져요. 그리고 자꾸 후회가 돼요. 한 번도 남들과 같은 일상을 살아 보지 못해서. 소소한 아침과 저녁을 누군가와 함께 나누고 어떤 사람이 기다리는 집으로 돌아가고 한 사람을 좋아하는 진심을 표현 해보고 그런 것 … 백 년도 못 사는 인간들은 다들 하고 사는, 그래서 사소하다고 비웃었던 그런 것들 … 그 작고 따뜻하고 아름다운 일상의 모든 것들이 이제 와 하고 싶어졌습니다. 저 어떻게 하죠?

인간의 감정을 드러내지 않는 무정(無情)의 상태였던 도민준의 이류적 속성이 가장 인간적인 감정인 이성과의 사랑을 통해서 유정(有情)의 존재로 바뀌었다(문현선, 2012 참조). 신적 존재임에도 인간적 감정으로 괴로워하며 이기적이고 개인적으로 살아온 도민준이 사랑을 하면서 오히려 진정한 신적인 존재로 거듭나게 되는 것이다.

그러나 도민준의 심리적 자기회복 과정은 신체적인 소멸을 자초한다. 천송이와 함께 밥을 먹고 스킨십을 하면서 점차 추위를 느끼고 초능력을 잃어가며 생명까지 위태로워진다. 하지만 여전히 두려움 없이 목숨을 걸고 천송이를 지키려고 한다. 도민준은 불완전한 인간 남성과 마찬가지로 아니마를 통해 내면의 완전성을 체험하고 그 결과 인간성이 극대화되는 모습을 보여주고 있다.

이류연애담은 환상의 서사 장치를 활용한다. 〈별그대〉의 중요한 환상의 장치는 현재의 시간을 멈춘다는 설정이다. 도민준이 탄 비행물체가 일으킨 돌풍으로 조선의 이화가 절벽 밖으로 떨어지는 순간, 그는 시간을 멈춰 이화를 구했다. 400년 후 이재경에 의해 절벽 아래로 추락할 위기에 처한 천송이도 시간 정지를 통해 구한다.

도민준은 시간 정지 능력뿐만 아니라 그 자신 또한 시간이 멈춰진 듯이 살아온 불로불사의 존재이다. 젊은 모습으로 영생을 누린다는 것은 현실 논리로는 불가능하며 환상적인 시간 속에서만 가능하다. 이것은 서구 기독교의 직선적인 시간과는 다르다. 아무리 먼 과거라도 현재로 다시 불러내며 영원한 현재를 추구하는 시간관이라고 할 수 있다(문현선, 2012). 이것은 판타지 속에서만 가능한 설정이지만 근원적이며 영생하는 신의 시간으로 회귀하려고 하는 인간 욕망의 시도라고 볼 수 있다.

도민준과 천송이의 결합을 인신연애담이라고 할 때 신성혼(神聖婚) 설화의 특징으로도 해석할 수 있다. 신성혼은 한 쪽은 신성을 지니고 또 한 쪽은 속성(俗性)을 지닌다. 도민준은 천상에서 왔으며 지적이고 품격 있는 삶을 지향하고 통속적 삶을 부정하는 완벽한 존재라는 측면에서 신성을 가졌다고 볼 수 있다. 반면 천송이는 치맥과 만화책, 명품을 즐기는 평범한 지상의 세속적 인간 여성이다. 신성을 지닌 도민준은 세속적 인간의 삶에 대해 관조하며 비판적인 방관자로 살아왔지만 자기 별로 복귀를 앞둔 중요한 시점에서 인간과 초인의 마지막 연결 고리일 수 있는 사랑에 빠지게 된다. 이런 관점에서 신성혼 설화의 재현이라고 볼 수 있다. 〈별그대〉는 수많은 드라마가 다뤄온 사랑을, 초월적인 신성 권능을 가진 남성 이류와 세속적인 인간 여성 간의 사랑으로 설정함으로써 새롭고 입체적이면서 풍부한 심리적 충격과 강렬하고도 오랜 여운을 남겨주고 있다(俞娟, 2014).

도민준은 반인반수 〈늑대소년〉의 주인공이나 반인반호 〈구가의 서〉의 주인공과도 차이가 있다. 도민준은 지구와 매우 흡사한 환경을 가진, 지구인들이 KMT 184.05라고 부르는 행성에서 날아와 조선에 착륙한 것으로 되어 있다. 하늘에서 인간 세상으로 하강한 초월적 존재라는 특성은 반인반수적 이류가 아니라 인신연애담에 등장하는 신적인 존재로 볼 수 있는 근거가 된다. 〈별그대〉가 독창적인 이유는 무엇보다 '하늘에서 인간 세상으로 하강한 남신적 존재'라는 도민준 캐릭터의 특성 때문이다.

그런데 도민준은 중국의 인신연애담의 이류와는 몇 가지 측면에서 다르다. 먼저 중국의 신화와 옛이야기에서는 신성 권능을 가진 남신이 하늘에서 내려오는 경우가 드물다. 남신적 존재가 천상에서 벌을 받고 내려오는(적강, 謫降) 이야기 요소가 중국에는 없다. 반면 한국의 건국신화와 서사무가(巫歌), 불교서사와 고전서사에는 남성 적강형 인물이 자주 등장한다. 한국 신화의 특성은 나라를 건국한 개국시조가 인간 세상의 교화를 위해 자발적으로 내려온다는 것이다(김진영, 2010). 박혁거세 · 김알지 · 김수로 신화에서도 공통적으로 남신적 존재가 인간 세상으로 하강하거나 강림한다.

다음으로 중국 애정전기의 인신연애담은 인간 남성과 여신(혹은 女仙) 간의 애정 구도가 일반적이다. 그러나 〈별그대〉는 남녀 구도가 바뀌어 인간 여성과 남신적 존재의 사랑 이야기이다. 이런 특징도 한국의 전통에서 발견할 수 있다. 환인의 아들 환웅은 인간 웅녀와 혼인했고, 천제의 아들 해모수는 인간 여성 유화와 인연을 맺는다.

〈별그대〉에서 남신적 존재가 하강하고, 인신연애담의 남녀 구도가 바뀐 것은 중국의 이류연애담을 변주하여 낯설게 한 것이라고 해석할 수 있다. 인간의 가장 창조적 작업인 예술의 목적은 이처럼 일상의 반복과 익숙함을 낯설게 하여 새로운 느낌을 가지게 하는 '낯설게 하기(ostranenie)'이다(김정운, 2015).

이에 대해 중국학자 王秀榮 · 餘朵도 '낯설게 하기(陌生化)' 이론으로 〈별그대〉를 분석한 바 있기는 하다(강필임 외, 2015). 이들은 "〈별그대〉는 흔한 신데렐라 이야기이면서도 국민 여배우와 초능력 외계인이라는 인물 형상을 내세웠고, 400년을 살아온 도민준을 통해 조선 시대의 언어로 전개했으며, 전지적 서사시점과 1인칭 서사시점의 운용, 시간 순서에 따른 순차적 서사전개 외에 역순, 끼워 넣기, 미래 서사의 예시 등을 다양하게 운용했다"는 점에서 낯설게 하는 것에 성공했다고 보았다. 또한 路鵬 · 唐遠清은 '〈별그대〉가 새로운 이야기라고 해도 그 가운데 전통적 모티프를 삽입함으로써 시청자들이 생소한 익숙함을 느끼게 했다"고 주장한다(강필임 외, 2015).

그러나 이들이 말하는 전통적 모티프란 유교적 윤리관을 식상하지 않게 표현했다는 것에 불과하다. 중국학자들의 분석은 표면적인 현상 분석의 결과만을 나열하고 있어 한계가 있다고 보인다. 이야기 전통의 근원을 탐색하는 심층적 연구까지는 미치지 못하고 있는 것이다.

필자는 〈별그대〉가 중국의 인신연애담에 뿌리를 두고 있다고 생각한다. 인신연애담은 중국 시청자들에게는 익숙한 것이다. 거기에 인물의 성격과 남녀의 애정 구도를 변주해 한국의 이야기 전통을 적용하고 있다. 이런 점들이 중국인들에게는 새롭고 재미있게 느껴졌을 수 있다고 본다. 결론적으로 〈별그대〉는 익숙한 것을 낯설게 보이도록 하여 중국 대중에게 큰 호응을 얻은 것이라고 할 수 있다.

재자와 가인의 사랑, 재자가인소설(才子佳人小說)

재자(才子)는 재주 많은 남성, 가인(佳人)은 아름다운 여성을 말한다. 재자라는 말은 중국 전국시대의 『좌전(左傳)』에서 찾아볼 수 있는데, 주로 사회에서 인정되는 모범적인 행위를 하여 존경을 받는 도덕적인 자의 표현이었다. 이후 문학적인 재능을 가진 인물을 의미하다가 당나라 때에 이르러 시인을 칭하는 용어로 사용되었다. 가인은 『초사(楚辭)』의 「구가(九歌)」 상부인(湘夫人) 등에서 찾아볼 수 있는데, 본래는 남성을 가리키다가 나중에는 성별과 무관하게 쓰였다. 그러다가 『한서(漢書)』에서 아름다운 용모를 지닌 여인으로 사용되기 시작하여 점차 용모, 정(情)과 재(才)를 두루 갖춘 여인을 가인이라고 부르게 되었다(최수경, 2001).

재자가인과 같은 남녀는 역사가 시작된 이래 수많은 애정 이야기의 주인공으로 반복적이고 관습적으로 등장해왔다. 이러한 주인공은 동서양 모두에게 나타난다. 인류가 보편적으로 가장 좋아하는 이상적인 이성상이기 때문이다. 재자가인형 남녀 주인공은 시대에 따라 표현을 달리하면서 오늘날까지도 수많은 이야기에 끊임없이 출현하고 있다.

〈별그대〉가 중국 시청자의 마음을 사로잡은 이유는 사랑에 빠지는 남녀 주인공의 매력 때문이다. 이들에게는 중국의 전통적 애정 이야기인 재자가인소설의 남녀 주인공의 모습이 녹아들어 있다고 생각한다.

재자가인소설을 닮은 로맨틱 코미디 드라마

중국 옛이야기에서 재자가인의 원형적 모습을 보여주는 인물은 중국의 무형문화재 '양산백과 축영대 전설'의 주인공이다. '양축(梁祝)'이라고도 불리는 이 전설은 중국인들이 가장 사랑하는 이야기 중의 하나이다. '중국의 로미오와 줄리엣'이라고 부를 만큼 둘의 이루어질 수 없는 비극적 사랑이 주제이다.

전설 속의 재자가인은 당나라 때에 이르면 전설이 아닌 창작된 이야기의 주인공으로 등장하기 시작한다. 바로 애정전기의 재자가인들이다. 애정전기의 재자가인은 현대의 개방적인 연애 풍토와도 유사하게 결혼을 전제로 하기보다는 만남과 사랑에 관심을 가지며 서로의 욕망에서 나온 애정을 갈구한다.

재자가인이 등장한 애정전기는 원나라·명나라 시대의 중편문언소설을 거쳐 명나라 말기 청나라 초기에 통속적 한문소설 '재자가인소설'로 발전한다. 통속적이란 말은 현실을 이상화하고 낭만적으로 포장해 독자들의 욕망을 충분히 만족시킨다는 의미이다.

재자가인소설의 결말은 언제나 해피엔딩이라고 해도 과언이 아니다. 과거 당나라 때의 재자가인형 애정전기는 희극과 비극이 공존하는 결말이었으나, 명나라 때부터 해피엔딩으로 정형화되기 시작하고, 청대에 이르러 해피엔딩이 재자가인소설의 공식이 되었다. 줄거리도 천편일률적이다. 재색을 겸비한 귀족 집안의 남녀 주인공인 재자와 가인이 '우연히' 만나 사랑에 빠진다. 부정적 인물의 '방해'로 인해 만남이 '지연'되고 이별을 '반복'하지만 우여곡절 끝에 결혼에 성공한다. 재자가인소설은 이처럼 전형적인 연애 이야기를 반복하는 것이 특징이다.

주목할 점은 재자가인소설이 동아시아 한류 드라마의 인기를 주도하는 '로맨틱 코미디 드라마 장르의 서사원형'으로 거론되고 있다는 것이다 (권도경, 2013a). 재자가인소설에서 남주인공은 재자다운 풍모로 인해 필연적으로 미모의 여주인공과 만나게 되며 주인공들은 만나자마자 곧바로 사랑에 빠지고 머지않아 자신의 속마음을 상대방에게 노출시킨다. 이런 행동을 하는 이유는 재자가인이 근본적으로 고독한 존재이기 때문이다(박희병, 1997). 이런 성격은 로맨틱 코미디 드라마의 남녀 주인공의 성격과 유사하다. 로맨틱 코미디 드라마의 남녀 주인공도 근본적으로 결핍이 있고 고독하며 재자가인의 행동과 다르지 않은 모습을 보여준다.

사랑에 빠진 재자가인과 드라마의 남녀 주인공 앞에는 언제나 훼방꾼과 여러 장벽이 놓여 있다. 장벽은 대개 남녀의 신분 차이나 원수 집안으로 나타난다. 장벽으로 인해 만남을 지연하고 이별을 반복하는 과정이 이야기의 많은 분량을 차지한다는 것도 공통점이다. 하지만 두 장르 모두 수많은 난관을 뚫고 사랑을 이루어낸다. 재자가인소설과 로맨틱 코미디 드라마는 둘 다 해피엔딩이라는 점에서 닮아 있다. 그렇다면 재자가인소설은 어떻게 로맨틱 코미디 드라마와 연관성을 갖게 되었을까.

중국의 재자가인소설은 17~19세기까지 한국, 일본, 베트남 등 동아시아 각국으로 활발하게 전파되었다(정병설, 2001). 특히 조선의 재자가인소설은 중국 명·청대의 재자가인소설이 대량으로 흘러들어오면서 크게 흥성했다(한의숭, 2015). 조선의 재자가인소설은 다른 어떤 장르보다 중국 전통 문학의 영향력이 직접적인 장르라고 할 수 있다.

장회체의 긴 이야기인 재자가인소설의 내용 대부분은 재자가인의 결합을 방해하는 사건이 줄줄이 이어지는 것으로 채워진다. 장편 미니시리즈로 제작되는 로맨틱 코미디 드라마의 전개도 이와 유사하다.

〈별그대〉는 사랑의 이야기를 늘리기 위해서 '추락' 혹은 '떨어지는' 사건의 모티프(motif, 어떠한 이야기를 구성하고 있는 이야기 요소)를 반복적으로 등장시킨다. 예를 들어 〈별그대〉에는 모래시계가 자주 등장한다. 이것은 중력의 원리로 시간을 측정하는 도구이다. 하지만 도민준은 시간 정지 능력이 있기 때문에 중력의 지배를 받지 않으며 추락의 공포를 두려워하지 않는 초월적 존재이다. 그가 두려워하는 것은 인간 세상으로부터의 감염이다. 그러나 그렇게 되지 않으려고 스스로를 격리한 채 외롭게 살아온 도민준이 천송이를 사랑하게 되자 세상에 동화되어 세속적인 인간으로 추락할지도 모른다는 공포를 느끼게 된다.

추락 모티프는 천송이에게도 적용된다. 천송이는 범아시아적 인기 연예인이지만 언제 추락할지 몰라 불안하고 고독하며, 한유라의 살인자로 의심을 받아 한순간에 인기의 추락을 경험한다. 천송이의 전생으로 추측되는 400년 전 조선 권문세가의 여성 이화도 규범을 위반한 과부로서 신분하락과 동시에 가마 끝에 매달려 추락할 위험에 빠진다. 이때 이화를 구해준 이가 도민준이다. 이화는 아버지의 사주로 자신을 죽이려는 자들에 의해 절벽 앞에 서게 되고 예교에 어긋난 과부 딸의 오명을 덮어버리려는 아버지의 하수인들에 의해 화살을 맞고 죽는다. 이화를 구하지 못한 도민준은 현대에 와서는 어린 천송이를 교통사고에서 구한다. 그리고 성인이 된 천송이가 살인마 이재경의 계략으로 유람선에서 추락사할 위기에 처하자 시간 정지와 순간 이동의 초능력으로 천송이를 구해낸다. 도민준과 천송이의 인연은 천송이의 전생부터 이어져온 운명이었다.

천송이와 도민준은 도심의 고급 초고층 펜트하우스의 이웃으로 알게 된다. 두 사람은 홀로 혹은 함께 아래 세상이 내려다보이는 초고층 베란다에 서서 이야기하는 장면을 자주 보인다. 이것은 두 사람 모두 추락에 대한 두려움을 가진 존재라는 것을 은유적으로 보여주는 설정이라고 생각된다. 우리는 추락을 흔히 실패와 위험의 동의어로 인식하지만, 도민준과 천송이에게 추락은 위험을 극복하며 서로가 사랑하게 되는 계기로 작용한다. 실패 혹은 실패에 대한 두려움의 모티프가 주인공들을 사랑하게 하고 성장시키는 촉진제가 되고 있다. 〈별그대〉는 추락 모티프와 관련된 수많은 사건과 상징적 이미지를 반복적으로 보여주고 있다.

재자가인소설은 재자가인이 만나서 시련을 적극적으로 극복하고 결연(結緣) 즉, 결혼하여 행복해지는 대단원의 결말을 향해 나아간다. 마찬가지로 로맨틱 코미디 드라마의 남녀 주인공도 현실적인 결혼의 장애나 사랑, 직업적인 경쟁자에 대응하는 자세가 매우 적극적이다. 남녀 주인공은 수많은 문제 상황에서 스스로 문제를 해결하며 어려움을 극복해 나간다.

흔히 한류 드라마의 팬을 이끄는 요소는 이야기 자체와 인물 설정이라고 한다(이수연, 2008). 이상적인 남자 주인공의 모습은 한류 드라마를 다른 나라의 드라마나 한국의 이전 드라마와 차별화하는 요소이다. 한류 드라마의 남자 주인공은 사랑에 충실하고 오직 한 여자만을 사랑한다. 외모, 힘과 재능, 부(富)는 기본이고 무엇보다 사랑하는 여성을 위해 희생할 각오가 되어 있다. 도민준은 로맨스 드라마 남주인공의 기본 스펙에 초능력까지 추가되었으므로 이전까지 없던 최고의 판타지한 남성 캐릭터이다. 초능력자에 한 여성만을 바라보는 은둔형 순정남 이미지는 여성 시청자의 낭만적 사랑에 대한 욕망을 반영한 것이다(백경선, 2018).

한편 한류 드라마의 남자 주인공은 전통적인 남성 이미지인 힘과 여성적인 섬세함을 모두 가지고 있다. 도민준은 외계인이라는 존재의 한계 때문에 갈등하면서 천송이와 헤어지기가 아쉬워서 눈물을 흘리며 울기도 한다. 근래 로맨틱 코미디 드라마의 남자 주인공은 도민준과 같이 곱상한 외모에 여리고 섬세하며 감수성이 풍부한 소위 '우는 남자'의 형상이 많아졌다.

흥미로운 것은 이런 특징이 재자의 모습과 닮아 있다는 점이다. 재자는 흔히 말하는 전형적인 남성의 모습과는 다소 거리가 있다. 명말청초의 재자가인소설에서는 재자를 마치 여성의 미모를 말하는 듯이 '꽃 같은 외모'를 가지고 있다고 표현하며 주(珠), 옥(玉), 단(丹), 화(花)와 같은 여성의 아름다움을 나타내는 말로 비유하고 있다(김홍영, 2007). 또한 외모뿐만 아니라 자신의 감정을 억제하지 못하고 개인적 감수성을 있는 그대로 방출하는 모습을 보인다. 이를 '여성적인 재자(才子)'의 특징이라고 할 수 있을 것이다(권도경, 2013a). 또한 도민준은 소년성을 지닌 불로의 아름다운 외모가 돋보인다. 이러한 특성은 여성 시청자의 '젊음'에 대한 욕망의 투영일 수 있으며, 시각적 상상적 즐거움을 선사하는 요소가 되고 있다(백경선, 2018).

그렇다면 가인은 어떨까. 재미있게도 재자와는 반대되는 요소가 많다. 가인은 적극적이고 용감하다. 강인한 가인은 중국 재자가인소설과 조선의 〈홍백화전〉과 같은 재자가인소설에서도 그대로 나타난다.

천송이도 가인의 특징을 재현한다. 도민준은 처음에 자신이 외계인이기에 지구를 떠나야 한다면서 사랑을 거부했다. 그러자 천송이는 "상처를 주지 않으면 무슨 재미로 살아? 섬처럼 사는 게 외롭지 않아?"라고 일깨우며 상대가 외계인이라도 상관없다면서 사랑에 적극적인 모습을 보여준다. 내면적으로 유약한 도민준은 천송이의 강한 여성성을 통해 보완되고 완전해져서 결국에는 소멸의 위험을 불사하고 자기 별로 돌아가는 것을 포기하게 된다. 재자가인소설에서 재자는 아름다운 여성적 외모에 약한 성격인 반면 가인의 성격은 강하다. 이것이 〈별그대〉의 남녀 주인공에게서도 그대로 나타나고 있다.

천상에서 죄를 짓고 내려온 재자 도민준

〈별그대〉가 독창적인 이유는 하늘에서 내려온 '적강형 남성과 인간 여성이 연을 맺는' 이야기라는 것이다. 도민준과 같이 적강하는 남성 인물은 중국의 재자가인소설에는 거의 등장하지 않는다(최수경, 2001). 이런 적강 유형은 한국형으로서 조선후기의 재자가인소설에서 자주 나타난다. 앞서 이류연애담에서도 남신적 존재가 적강하는 예가 중국에는 없고 한국 고전에서 자주 찾아볼 수 있다고 했는데 이와 같은 맥락이다.

조선의 재자가인소설은 〈구운몽〉부터 〈동선기〉 〈오로봉기〉 〈봉래신설〉 등 여러 작품에서 적강이 필수적으로 등장한다. 적강은 작품 내에서 흥미를 강화시키는 역할을 한다. 중국의 재자가인소설을 받아들인 조선이 중국 재자가인소설의 '통속' 코드를 흡수하면서도 우리 민족 전통에 맞게 변형시켜 만들어낸 것이 바로 적강 화소(話素, 이야기 요소)라고 생각된다. 이것은 중국의 소설이 조선에 와서 조선에 맞게 탈바꿈하여 새롭게 되는 과정에서 나온 변화라고 할 수 있다(한의숭, 2013).

도민준의 특성을 고전소설의 별자리 화소와 연관 지어서도 해석할 수 있다. 고전소설의 적강형 인물 중에는 별자리 화소를 가진 경우가 많은데 대부분이 남성이다(한길연, 2014). 이들은 대개 천상의 '별'이자 선관(仙官)이었다가 죄를 짓고 지상에 쫓겨 내려오는 것으로 등장한다. 도민준도 하늘에서 내려왔다. 또한 그가 살던 별은 천상의 은유일 수 있다. 도민준의 별이 인간보다 우월한 초월적 신성 권능을 가진 존재들이 사는 곳으로 표현되고 있기 때문이다.

반면 지구에서의 삶은 도민준이 400년 동안 살면서 겪어온 다양한 고난과 갈등을 통해 알 수 있듯이 인간 욕망의 총체를 보여주고 있다. 〈별그대〉는 도민준의 지구에서의 삶을 과거와 현재를 반복적으로 교차해 보여주는 구성으로 공상적이고 기이한 전기(傳奇)처럼 흥미롭게 표현한다. 도민준은 "병자년에 방죽을 부리는 군"(건방지다는 말을 달리 이르는 말), "아닌 밤중에 버티고개에 가 앉을 놈들(사기를 치거나 못된 짓을 하는 사람을 이르는 말)" 등의 조선 시대 욕을 하거나, 허균과 김홍도를 만나고, 군대를 수십 번 다녀왔다는 등 불로장생한 인물만이 보여줄 수 있는 색다른 재미를 보여주고 있다.

신화와는 달리 고전소설에서 천상의 인물이 세상으로 내려오는 적강은 천상에서 지은 죄를 씻기 위한 과정이다. 도민준도 죄를 짓고 내려온 적강형 인물에 가깝다고 볼 수 있다. 조선의 여성을 구해주다가 타고 온 비행접시에 탑승하지 못하게 되었으니 동족과 자신의 세계로부터 버림을 받은 셈이기 때문이다. 도민준이 적강형 인물인 이유를 좀 더 살펴보면 또 있다.

도민준이 지구별에 버려져 홀로 남겨지게 된 결정적 원인은 그가 비인간인데도 인간애를 발휘했기 때문이다. 그는 인간이 되는 것을 소망한 적이 없지만 조선 시대에 떨어져 이화라는 여성을 본 순간 인간적인 측은지심이 발현되었다. 고전소설에 나오는 적강 인물의 죄목이 바로 이런 태도와 관련이 있다.

적강 인물의 죄목은 남녀상희(남녀가 서로 희롱함), 신물사취(하늘의 물건을 취함), 세상 부귀에 대한 흠모, 술을 먹지 말라는 금주계를 어기는 행위 등 인간 본연의 욕망이나 인간 문명의 핵심과 관련된 것들이다(장일구, 2009). 천상은 성(聖)의 공간이며 지상은 속(俗)의 공간이다. 천상의 질서를 이루고 유지하는 핵심적 원리는 욕망을 통제하는 것이다. 천상의 규범은 인간 본연의 가장 내밀하면서도 강렬한 욕망인 사랑의 열망을 엄단

한다. 따라서 도민준이 이화와 함께 도망치려 한 행적은 적강 인물의 남녀상희에 해당되는 죄목일 수 있다. 그는 인간적 감정을 억제하지 못해 하늘에서 지상으로 쫓겨난 적강형 인물 원형에 견줄 만하다.

적강 화소에서 신적인 존재나 중간자 정도의 인물에게 인간 세계란 자기 정체성의 위기 상황을 보여주는 곳이거나 경계의 공간을 의미한다. 잠시 머무를 뿐이지 자신의 본질을 회복하기 위해서는 가능한 한 시급히 건너가야만 하는 공간이다. 도민준은 이화의 목숨을 지켜주려다가 이화가 자기 대신 죽게 되자 인간에게 환멸을 품게 된다. 도민준에게 인간 세계는 이상적인 삶과는 거리가 멀고 속히 떠나고 싶은 이질적인 공간이다. 그러나 이처럼 냉소적이었던 도민준이 천송이를 사랑하게 되면서 인간적인 열망에 자발적으로 굴복하게 된다. 사랑은 오랜 고난과 갈등 속에서 기다려온 도민준의 400년의 시간을 없던 일로 만들어버릴 정도로 위력이 대단하다.

재자가인소설에서는 남녀의 계약, 즉 사랑의 언약이 거의 예외 없이 등장한다. 가인은 재자와 혼전에 동침을 하는 데 반드시 일종의 계약과정을 거치고 나서야 응한다. 계약과정은 두 사람이 삶을 끝까지 함께 하는 종신(終身)을 전제로 한 언약으로 표현된다. 로맨틱 드라마에서 종신언약은 결혼을 약속하는 프러포즈 장면으로 재현된다. 도민준은 고향별로 귀환하는 것을 포기하고 천송이에게 프러포즈한다. 그러나 이 장면에서 천송이는 의외의 결단을 한다.

 # 〈별그대〉 19부 – 바닷가(밤)

민준: (반지 끼워준다)

송이: 나 이런 유치한 프러포즈… 꼭 받아보고 싶었는데.

민준: 난… 이런 유치한 프러포즈… 하게 될 줄은 몰랐는데.

송이: (밤하늘 보며) 완벽하게 행복하다. (민준의 표정 보고) 도민준.

민준: (눈물 꾹 참으며 본다, 미소로) 왜? 천송이?

송이: 내가 사랑하는 도민준.

민준: (다정) 왜 ….

송이: 우리 이제… 꿈에서 깰 시간이야. (민준의 표정 보고) 당신은… 날 위해서… 어딘가에 존재해줘. (민준의 의아한 표정) (눈물 참으며) 나를 위해서… 죽지 말고. 어딘가에 존재해줘. 그러니까… 내 말은… (힘들게 미소로) 가. 당신이 있었던 곳으로.

도민준은 떠나지 않겠다고 결심했으나 천송이는 도민준이 점차 죽어가는 것을 알고 자기 별로 돌아가라고 한다. 결국 도민준은 자신의 의지와는 상관없이 투명인간처럼 지상에서 소멸된다. 이것은 언급했듯이 당나라 애정전기의 인신연애담의 결말 '어디로 갔는지 행방과 종말을 알 수 없는' 부지소종(不知所從)의 결말에 대응되는 것이다. 도민준이 사라지자 천송이는 그가 자기 별로 돌아갔다고 생각하며 서글퍼한다.

그러나 사랑하는 남녀가 이별하는 비극적 결말은 로맨틱 코미디 드라마와 재자가인소설의 장르, 관습 모두와 어긋난다. 〈별그대〉의 반전은 도민준이 자기 세계로 돌아가지 않았다는 것이다. 그에게는 더 이상 자기 별로 돌아가는 것이 중요하지 않다. 가장 중요한 일은 천송이와 함께하는 것이다. 도민준은 우주의 질서에 따라 어쩔 수 없이 웜홀(wormhole)로 빨려 들어갔지만 수없는 노력 끝에 지구로 돌아온다. 웜홀은 우주 공간에 존재하는 연결 통로라고 한다.

처음에 잠깐씩 모습을 드러내던 도민준은 나중에는 천송이 옆에서 몇 년씩 머물며 행복한 시간을 보낸다. 언제 또 우주로 빨려 들어갈지 모르지만 목표는 천송이와 오랫동안 함께하는 것이다. 둘 사이에는 기약할 수 없는 만남과 이별이 반복되는데 이런 측면에서 〈별그대〉는 불완전한 해피엔딩이다.

재자가인소설은 이야기의 질서화 과정에서 인물(character)보다는 '구성(plot)'의 영향력이 큰 구성 중심의 장르이다(최수경, 2001). 이런 장르는 플롯이 중요하며 인물은 플롯에 따라 단순하고 자동적인 기능만 하기 쉽다. 인물이 누구냐 하는 것은 별로 상관이 없고 단지 이야기 구조 속에서 어떤 역할을 하느냐만이 중요해진다(Chatman, Seymour, 1997). 그래서 재자가인소설은 인물이 누구이든 간에 천편일률적으로 남녀가 만나고 시련을 겪으며 행복한 대단원을 반복한다. 로맨틱 코미디 드라마도 상투적인 스토리와 진부한 해피엔딩이 공식이다. 이처럼 도식적인 스토리와 해피엔딩은 이야기로서 완결성은 뛰어나지만 서사 구조상 폐쇄성을 피할 수 없게 된다.

그러나 구성 중심의 닫힌 이야기 구조에서 만약 인물이 특별하면 결과가 달라질 수 있다. 〈별그대〉는 보통 사람보다 훨씬 우월한 지위와 환경 대응력을 가진 외계인 캐릭터를 등장시켜 폐쇄적 대단원이 아닌 변동의 가능성이 있는 개방적 결말로 끝날 수 있게 되었다. 〈별그대〉가 이루어낸 '익숙한 것의 낯설게 하기'의 핵심이 바로 불완전한 해피엔딩이라고 생각한다. 〈별그대〉는 재자가인소설과 로맨틱 코미디 드라마의 충실한 장르 관습인 구성 중심에서 벗어나 익숙하면서도 낯선 캐릭터의 특성을 살려 새로운 즐거움을 주었다. 틀에 박힌 도식적인 구성보다는 인물의 특성에 중심을 두고 만들어낸 창조적 결말은 〈별그대〉의 미학적 성취는 물론 대중적 성공에도 크게 기여했다. 상투적이지 않은 낯선 결말은 시청자에게 낭만적 사랑의 판타지를 전달하는 데에도 효과적이었다.

만남과 헤어짐을 순환하는, 견우직녀 설화

완전한 해피엔딩은 아니지만 그렇다고 비극도 아닌 〈별그대〉 결말의 성격과 연관된 또 하나의 옛이야기가 있다. 우리도 익히 아는 견우직녀 설화이다. 이 설화는 중국인의 원시적인 자연숭배, 즉 천체의 별에 대한 숭배에 뿌리를 두고 있다. 견우직녀 이야기는 중국의 4대 설화의 하나로 의인화된 견우성과 직녀성이 분리와 결합을 순환한다는 특징에서 나온 이야기이다. 외계의 별에서 온 도민준과 지구별에 사는 천송이의 결연은 견우와 직녀처럼 별과 별의 사랑에 비유될 수 있다. 도민준과 천송이는 만남과 헤어짐을 반복하고 있으므로 견우직녀의 원형을 보여주면서도, 주기적인 만남과 이별이 아니라는 측면에서 새로운 느낌을 전하고 있다.

견우직녀 이야기의 유래와 숨겨진 의미

고대 중국인들은 해와 달뿐 아니라 밤하늘의 별에 대해서도 관심을 가졌다. 별들을 자신의 생각이나 신앙에 맞게 가상의 선(線)으로 연결시켜 별자리를 만들어냈고 나름대로 특별한 의미나 이름을 지어 붙였다. 늦여름 밤하늘에 은하수를 사이에 두고 가까워지는 견우성(牽牛星)과 직녀성(織女星)도 이런 과정에서 설화로 만들어졌을 것이다. 하지만 모든 오래된 이야기가 그렇듯이 처음부터 완성된 형태의 견우직녀 이야기가 존재한 것은 아니다.

견우성과 직녀성에 대한 기록은 『시경(詩經)』「소아(小雅)」 대동(大東)에 처음 등장한다. 이 기록에서는 한낱 별자리 이름으로만 존재한다. 한나라 때에 오면 두 별이 은하수를 사이에 두고 떨어져 있는 것을, 사랑하는 사람이 안타깝게 헤어져 있다고 생각하게 되었는지 두 별이 신의 모습으로 인식된다. 그러다가 점차 견우성과 직녀성을 연인, 부부 관계로 발전시키는 경향을 보인다(袁珂, 2010).

여기에 더해 은하수를 둘 사이에 건널 수 없는 출렁이는 강물로 설정함으로써 사랑 이야기의 비극의 단초가 마련된다. 아울러 칠월칠석에 둘의 만남을 까치가 다리를 놓아준다는 오작교(烏鵲橋)의 소재가 첨가되었다. 견우직녀가 헤어져 있어야 하는 이유에 대한 언급은 양(梁)나라 시기에 완성된다. 부부가 신혼의 즐거움에 빠져서 자신의 본분을 망각했기에 천제(天帝)가 노하여 둘을 은하수 양편으로 떼어놓고 한 해에 한 번씩만 만나도록 허락했다는 것이다(양충열, 2012).

이로써 견우직녀 설화는 애정설화로서 구체적인 스토리를 갖추게 되었다. 단순한 별자리 이름에서 애정설화로서 가능성이 발견된 이후 사랑, 결혼, 이별, 오작교, 천제의 등장 등 다양한 문학적 소재가 덧붙여져 설화의 기본요소를 갖춘 이야기로 완성된 것이다.

중국인들에게 견우직녀는 매우 친근한 신이 되었다. 한무제 때에는 장안성 안의 인공 연못 곤명지(昆明池)가 조성되었는데 곤명지 좌우 측에 견우와 직녀의 석신상이 세워졌고, 곤명지는 운한(雲漢), 즉 은하로 여겨질 정도였다(양충열, 2012). 견우직녀라는 명칭은 고대 농경사회의 남경여직(男耕女織), 즉 남자는 밭을 갈고 여자는 베를 짠다는 사회적 분업 관계에서 기원을 찾을 수 있다. 사람들은 이로부터 견우직녀의 사랑을 남녀의 이상적인 결합으로 인식했다. 또한 일 년에 단 하루 오작교에서 만나는 이야기는 중국에서 고전적이고 전형적인 사랑의 방식이 되어 칠월칠석날에 제사를 지내고 소원을 비는 풍속으로 굳어졌다.

견우직녀 설화는 2천년 여 동안 중국은 물론 동아시아에서 매우 흥미로운 이야기로 광범위하게 전승되었다. 우리나라의 고구려 고분에 견우직녀가 그림으로 표현된 것으로 보아 이미 중국 한대에 국내 유입이 되었을 가능성이 있다. 한국의 견우직녀, 선녀와 나무꾼, 일본의 천녀하범(天女下凡) 또는 천강소녀(天降少女), 천녀식부(天女媳婦), 베트남의 견우직녀 비, 필리핀의 칠선녀 등이 모두 같은 유형의 이야기이다.

견우직녀는 중국에서도 시대적 변천 속에서 여러 이야기꾼의 입을 거쳐 다채로운 내용으로 발전되었다. 견우직녀 설화에 근간해 중국 민간에 전승되는 이야기로는 지상의 남성과 천상의 여성에 해당되는 우랑직녀(牛郎織女) 설화가 대표적이다(袁珂, 2010). 우랑직녀는 한국의 선녀와 나무꾼과 견우직녀의 칠월칠석 오작교 만남의 이야기가 융합된 것으로 이해하면 될 것이다.

견우직녀이든 우랑직녀이든 사랑하는 남녀의 깊은 애정과 강요된 이별이 공통된 테마이며, 결과로서 만남과 이별, 행복과 불행을 순환하게 된다. 이때 이별을 강요한 이는 하늘의 제왕 천제이다. 천제는 고대 봉건적인 가부장적 권위주의의 존재로서 주인공들의 결혼과 이별을 결정하는 저항할 수 없는 권력으로 작용한다. 그런 측면에서 이 설화는 불합리한 가부장 체제로 인해 희생된 남녀의 사랑을 보여준다.

현대판 견우직녀 천송이와 도민준

〈별그대〉에서 도민준과 천송이의 지속적인 결합을 방해하는 것은 우주의 질서이다. 이 질서는 만물과 자연의 법칙이자 견우직녀에 대한 천제의 강력한 명령과 비견될 수 있다. 견우직녀 설화는 문헌으로 알 수 있는 한 가장 오래된 옛날부터 봉건사회에 이르기까지 엄격한 전통 예법의 굴레를 벗어나지 못하고 굴종해온 중국 인민들의 삶이 사실적으로 투영되어 있다(선정규, 2013).

봉건사회에서 천제의 명은 무조건 따라야 하며 우주의 질서에 버금가는 힘과 권위로 여겨졌다. 견우와 직녀도 천제의 명령에 저항하지 않고 일 년에 단 한 번의 만남이라는 시혜를 받아들인다. 우랑직녀에서는 우랑과 직녀가 은하수를 사이에 두고 하염없이 슬퍼하며 울자 천제가 감동해 오작교의 만남을 허락하게 된다.

견우직녀의 만남과 헤어짐이 계속되는 순환은 통과의례와 같은 시련을 극복하는 시간이라고 할 수 있다. 통과의례(通過儀禮, Les Rites de Passa)는 출생, 성년, 결혼, 사망 따위와 같이 사람이 일생 동안 새로운 상태로 넘어갈 때 겪어야 할 의식을 통틀어 이르는 말이다. 벗어나기 어려운 절망적인 나락의 시간은 개인이 새로운 지위 · 신분 · 상태를 통과할 때 행하는 의식(儀式)의 시작이며 운명을 이겨내야 하는 시간이다.

오랜 기다림 끝의 만남은 아무리 길어도 짧을 수밖에 없고 다시 이별이 예정되어 있다면 그것은 불행이다. 불행은 언제나 인간이 세계와 대결하는 과정에서 세계가 일방적인 우위에 서서 횡포를 드러낼 때 찾아온다. 견우와 직녀는 은하수의 강물이 가로막혀서 헤어졌다. 이런 불행은 일어날 수 있지만 이를 극복하기 위해서는 많은 노력을 해야 한다. 도민준과 천송이도 우주의 질서로 인해 이별하게 되었다. 하지만 도민준은 견우나 우랑과는 다르다. 견우와 우랑은 저항하지도 않고 눈물만 흘리거나 늙은 소의 도움을 받았을 뿐이지만 도민준은 천송이를 다시 만나야겠다는 의지와 노력으로 다시 돌아오는 데 성공한다.

또 하나 〈별그대〉와 견우직녀가 다른 점은 견우직녀의 이별은 재회가 예정되어 있어서 기다리기만 하면 되지만, 도민준과 천송이는 언제 재회할지 언제 헤어질지 알 수가 없다는 것이다. 우주 질서의 틈새를 통해 천송이에게 돌아온 도민준은 최상의 행복을 만끽하는 순간 또 사라진다. 도민준이 사라진 후 천송이는 이렇게 말한다.

 # 〈별그대〉 21부 – 에필로그

송이: 예고도 없이 갑자기 사라지는 게 힘들지 않냐구요? 물론 그렇기는 하지만 그래서 더 사랑할 수 있기도 해요. 지금 내 눈 앞에 있는 그 사람의 모습이 마지막일지도 모른다고 생각하면 그 순간이 정말 소중하게 느껴지니까요.

천송이에게는 재회의 날을 예측할 수 없는 기다림의 시간이 성장을 위한 통과의례의 시간이다. 직녀의 실존이 헤어짐이라는 허무감와 어려움 속에서 시작되었듯이(신원기, 2004), 천송이도 이별 후의 기다림 속에서 '참 있음'이 시작된다. 직녀이든 천송이이든 수동적으로 기다리는 것 말고는 다른 노력을 할 수 없는 듯이 보이지만 기다림은 이별의 슬픔을 극복하려는 의지가 없다면 불가능한 선택일 것이다. 직녀는 베를 짜면서 일 년을 기다리지만 천송이는 일 년 아니면 그 이상인지 그 이하인지도 알 수 없는 시간을 기다린다. 그러다가 도민준이 돌아오면 언제 헤어질지 모르지만 그 순간에 최선을 다해 사랑한다.

기다림은 분리이고 격리이지만 인간이 개별성과 독자성을 확립하는 데 반드시 필요한 시간이다. 진정한 자유와 성숙은 고독과 아픔을 통해 이루어진다. 성숙이란 자신의 행동방식을 스스로 결정할 수 있는 자유를 갖는 것이다. 본능의 지배에서 벗어나 창조적인 자기 결정을 할 수 있는 자유인은 문학이 추구하는 이상적인 인간상이다(문학과 문학교육연구소, 1996). 대중문학인 드라마의 이상적 인간상도 이와 다르지 않다. 〈별그대〉에서의 이별과 기다림은 괴롭고 힘들지만 성장의 촉진제가 되고 성장을 위한 아픔과 성숙이라는 문학적 가치 표현의 수단이 된다.

직녀성에 견줄 수 있는 천송이 캐릭터에는 직녀처럼 천상선녀의 성격도 있다. 천송이가 드라마에서 아시아의 '별' 또는 한류 '여신'으로 불리는 의미를 반추할 필요가 있다. 이 별칭은 천상적이며 인간을 초월하는 여성적 특성과 관련된 것이라고 해석할 수 있다.

천상의 선녀는 평범한 여성에게는 없는 비상한 능력이 있으며 쉽게 잡을 수 없는 존재의 상징이다. 선녀의 신비하고 환상적인 이미지는, 남성 무의식의 아니마를 선녀라는 이미지에 투사(投射, 심리학에서 어떤 상황이나 자극에 대한 해석, 판단, 표현 따위에 심리 상태나 성격을 반영하는 것)한 결과이다. "선녀는 단순히 천상의 사람 것, 신의 사자, 즉 영혼의 인도자일 뿐 아니라 하나의 형용할 수 없는 황홀감의 실체이고 지적으로 설명·파악할 수 없는 신비감이다. 마음의 심층에서 우러나오는 이러한 깊고 야릇한 감흥이 바로 선녀의 심리적 의미"(이부영, 1992)이다.

직녀에게 선녀의 신비감과 동경이 담겨져 있듯이, 천송이도 여신, 별로 불리며 만인의 연인으로 여겨지는 신비로운 톱스타 여배우이다. 은유적 차원에서 보면 〈별그대〉는 여신이자 별인 '직녀성' 천송이가 '견우성' 도민준과 결연하는 견우직녀 설화의 원형이 숨겨져 있다고 말할 수 있다.

하지만 앞에서 말했듯이 도민준과 천송이의 재회가 가능한 것은 천제(우주의 질서)의 일방적 선물이 아니라 도민준의 적극적인 노력 때문이다. 도민준은 이별을 강요하는 세계의 횡포를 용납하지 않고 자기 별로 돌아가는 것을 거부하며 계속해서 지구로 돌아오려고 한다. 사랑지상주의

자가 된 도민준의 노력은 이 시대 여성들의 이상적 남성상으로 부각될 만한 설정이다. 만약 그가 지구로 돌아오려는 시도를 게을리하거나 포기하면 천송이와 만날 수 없게 될 것이다.

또한 정기적으로 만나는 견우직녀와는 달리 도민준과 천송이는 언제 만나고 헤어질지 모르는 부정기적 만남과 이별을 반복하는데 이처럼 시기나 횟수가 균일하지 않은 재회와 이별은 서로를 절대로 망각할 수도 망각하지도 못하게 한다는 점에서 영원무궁한 사랑의 존속을 꿈꾸는 사랑의 판타지를 극대화한다.

도민준은 천송이의 기억과 현실 사이를 넘나들면서 그 경계선의 위와 아래, 안과 밖을 차지한다. 따라서 천송이는 도민준이 나타나고 사라질 때마다 늘 그의 존재와 특성을 자각할 수밖에 없다(장민지, 2016). 도민준은 400년 동안 소망하던 하늘로의 상승을 포기하고 지구로 하강을 반복한다. 사랑으로 인해 행복과 불행에 대한 의식이 바뀌게 되어 외계인임에도 누구보다 사랑이 중요하게 된 도민준은 상실된 인간성을 복원시켜 주는 존재로 시청자의 마음에 깊이 새겨져 뚜렷하게 기억된다.

도민준은 자발적으로 우주의 이방인의 삶을 선택한다. 이런 특징은 설화의 견우나 기존의 대중적 영상콘텐츠의 이류적 존재와 다른 점이다. 이류 간의 연애를 소재로 한 할리우드 영화는 사랑을 완성하기 위해 결말에서 등장인물의 인간화 혹은 비인간화에 대한 선택이 거의 빠짐없이 등장한다. 〈트와일라잇(Twilight)〉(2008)는 결말에서 인간 소녀 벨라가 뱀파이어 사회로 들어가기로 결심함으로써 비인간화된다. 〈웜 바디스(Warm Bodies)〉(2008)는 결말에서 좀비 남자주인공 R이 인간으로 변신한다.

그러나 외계인 도민준은 이류 로맨스의 인물이 꿈꾸는 인간화를 지향하지 않는다. 인간이 되지도 않고 자기 세계로 돌아가지도 않는 중간적 존재, 어느 세계에도 속하지 않는 유동적 존재로서 웜홀과 인간 세계를 넘나들면서 정착을 포기한다. 사랑으로 인해 우주의 이방인을 선택한 외계인 캐릭터의 특징을 살린 결말은 낭만적 사랑의 신화를 견고하게 하는 로맨틱 드라마의 창조적 서사전략이다.

〈별그대〉는 중국에서 가장 오래된 이야기의 하나인 견우직녀 설화를 변용해 낭만적 사랑의 새로운 결말을 만들어냈다. 로맨틱 코미디의 장르 성격상 해피엔딩이 되어야 하겠지만 진부한 결말 대신 신적 능력을 가진 도민준의 특성을 살려 우주과학의 상식을 따르는 개연적이고 독창적인 결말을 구축했다.

대중은 영원한 사랑이 언제나 결혼으로 이어진다는 결말을 이제 어느 정도는 식상해 한다. 그래서 결혼 후 영원히 행복하게 잘 살았다는 비현실적인 환상적 허구의 대단원보다는 〈별그대〉와 같은 불완전한 열린 결말이 오히려 현실적이고 신선하게 다가올 수 있다.

열린 결말의 이야기는 드라마가 끝난 이후에도 여전히 등장인물들에게 어떤 일이 일어나게 될 것인가 하는 궁금증과 서사가 어떻게 새로이 계속 될까 하는 가능성을 열어둔다. 이야기가 완전히 끝나는 것이 아니라 새롭게 전개되며 그것이 현실화될 가능성의 대단원을 보여줄 수 있는 것이다(박노현, 2009). 하지만 잊지 말아야 할 것은 드라마의 결말이 사실적으로 느껴지기 때문에 오히려 더욱 판타지가 되고 있다는 사실이다.

한국 드라마 글로벌 성공의 길, 고전의 변용

한류 현상은 한국의 문화가 다른 나라와 지역에서 재해석되고 지역화

되는 과정이다. 이 글은 한국 드라마 〈별그대〉가 중국과 아시아에서 전에 없는 엄청난 인기를 얻은 배경을 중국의 오래된 사랑 이야기의 원형과 변용의 눈으로 살펴보았다.

가장 먼저, 〈별그대〉에는 외계인 남성과 인간 여성의 사랑을 소재로 하는 이류연애담의 구도가 나타나고 있다. 다른 별에서 온 초월적 권능을 가진 신적 존재인 남성과 인간 여성의 사랑을 소재로 하였다는 점에서 인신연애담의 원형이 드러난다. 그러나 중국 인신연애담의 '여성 신과 인간 남성'의 사랑을 '남성 신과 인간 여성'의 애정 구도로 바꾸어 중국 시청자들에게 익숙하면서도 새로운 즐거움을 주었다고 판단된다.

다음으로 재자가인소설의 원형도 나타난다. 재자가인소설은 로맨틱 코미디 드라마의 서사원형으로 거론되고 있어서 주목을 끈다. 도민준이 하늘에서 내려온 남성이라는 특징은 조선 재자가인소설의 특징이다. 외계인 도민준의 특성은 중국의 재자가인소설과 한국 로맨틱 코미디 드라마의 전형적인 해피엔딩의 관습을 깨는 데 중요한 기능을 하고 있다.

마지막으로 내용적으로 견우직녀 설화의 모습이 엿보인다. 외계에서 온 도민준과 지구별 천송이의 결합은 별과 별의 사랑이라고 할 수 있다. 이들이 이별과 재회, 즉 분리와 결합의 순환을 지속한다는 면에서 견우직녀 설화의 원형이 숨겨져 있다고 볼 수 있다. 하지만 불규칙적이고 비주기적인 이별과 만남을 반복한다는 점에서 설화의 결말과는 다르며 이로써 낭만적 사랑의 판타지를 극대화하고 있다고 생각된다.

한류를 이끄는 텔레비전 로맨틱 코미디 드라마에 수천 년 전의 오래된 이야기의 원형이 새 옷을 갈아입고 나타나 시청자를 즐겁게 하고 있다. 로맨틱 코미디 드라마는 한국과 중국 시청자들 모두가 가장 좋아하는 드라마 장르이지만 모든 드라마가 〈별그대〉와 같은 성공을 하는 것은 아니다. 〈별그대〉는 아시아인이 역사적 경험 속에서 공통적으로 가지는 이야기 원형을 충실하게 담아내면서도 이를 현대적 트렌드에 맞게 창조적으로 변화시켜 중국과 아시아에서 큰 인기를 얻었다고 할 수 있다.

〈별그대〉 연출자의 말에서 알 수 있듯이 작가나 제작진은 중국 옛이야기 원형을 의도하지 않게 차용했을 수 있다. 그러나 미처 의식하지 않았어도 한국인 창작자의 마음에 이미 아시아인의 서사유전자가 작동하여 그런 결과를 만들어낸 것일 수 있다. 보이는 것만을 볼 때 그것은 표피적 분석에 그칠 수밖에 없다. 깊이 들여다보아야 그 속에 오래된 이야기의 보물이 숨겨져 있음을 알 수 있다.

어떤 문화콘텐츠이든 경험해봐야 알 수 있으므로 체험하기 전까지는 그 가치를 알기가 어렵다. 드라마 또한 방영하기 전까지는 누구도 성공 여부를 예측하기 어렵지만 성공의 일차적 디딤돌인 이야기의 질적 우수성을 확보하기 위해서는 보편적인 이야기 원형에 관심을 기울여야 할 것이다. 이 글이 드라마를 깊이 즐기고 싶은 독자와 글로벌 성공을 꿈꾸는 한류 드라마 제작자들에게 작은 도움이 되기를 바란다.

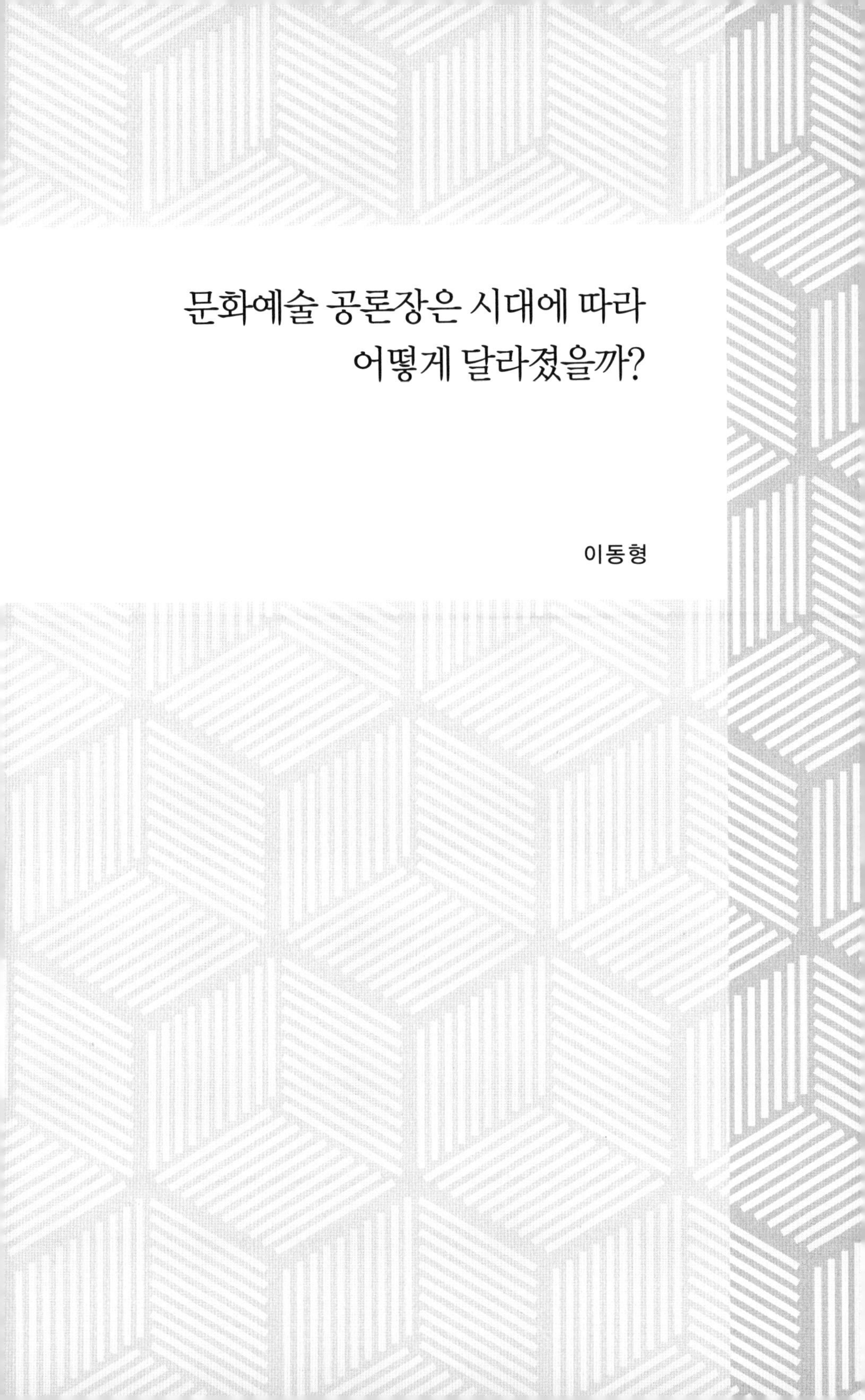

문화예술 공론장은 시대에 따라 어떻게 달라졌을까?

이동형

문화예술 공론장은 시대에 따라 어떻게 달라졌을까?

문화예술 공론장과 연결된 몇 개의 고리

문화예술 공론장에 대한 논의는 먼저 시대적 범주를 어느 정도까지 대상으로 하는가를 전제해야 할 것이다. 또한 문화예술 공론장에 대한 논의에서 빠트릴 수 없는 것이 뉴미디어의 영향과 시민계급의 등장이다. 여기서는 미디어의 발달을 사회적 변화의 배경에서 살펴보고자 함이니 기술적 발전단계는 논의의 범주 밖에 두고자 한다. 마찬가지로 시민계급에 대한 논의도 문화예술 공론장과의 연결고리로만 다루는 것으로 범주를 한정한다.

소모임의 확장, 문화예술 공론장

시민사회의 토대라고 할 수 있는 토론장은 서구 문화유산 중 하나다. 서구 사회에서 토론장이라고 하면 그리스 시대의 스콜라철학을 논하던 대학이나 로마시대 광장(Agora)도 그 구체적 예 중 하나다. 토론장의 범위를 좁혀 문화예술의 토론장을 떠올린다면 근대사회가 형성되면서부터 나타난 유럽의 살롱과 영국의 커피하우스를 들 수 있다.

살롱과 커피하우스는 시대적 · 사회적 변화에 따라 문화공간으로서 어떻게 달라지고 어떻게 변모되었는가. 18세기 살롱과 커피하우스는 사라졌지만 문화예술 공론장으로서의 기능과 역할은 오늘날 새로운 영역에서 연결되고 확장되고 있지 않을까? 필자의 관심은 여기서 통시적 관찰로 이어졌다.

이 글은 위르겐 하버마스(jürgen Habermas)의 『공론장의 구조변동–부르주아 사회의 한 범주에 관한 연구』(2002)에서 출발하고자 한다.

하버마스가 말한 공론장은 이 글에서 다루고자 하는 문예적 공간보다 훨씬 큰 확장성을 가지고 있다. 그가 말한 공론장은 넓게는 시민사회[1]를 말하고 있다.

필자는 하버마스가 말한 왕정시대에서 근대국가가 형성되는 과정에 등장한 부르주아계급의 역할에 대해 주목하고 앞으로 논의할 문화예술 공론장도 새로운 시민계급의 등장과 밀접한 관계가 있음을 강조하고자 한다.

---

1 하버마스는『공론장의 구조변동–부르주아 사회의 한 범주에 관한 연구』 1990년 신판의 서문에서 "이 책의 중심적 문제제기는 오늘날 '시민사회(Zivilgsellschaft)의 재발견'이라는 표제로 받아들여지는 것이다. … 헤겔과 맑스 이래 '시민사회(societas civilis)'를 '부르주아 사회(bürgerliche gesellschaft)'라고 일상적으로 번역한 근대적 의미와는 다른 의미, 즉 노동, 자본, 재화시장을 통해 조정되는 경제영역을 더 이상 포함하지 않는 의미도 연상시킨다. …그것들의 예를 체계 없이 든다면 교회, 문화단체, 학술협회, 독립적 여론매체, 스포츠 및 레저협회, 토론회, 시민광장, 시민운동, 직업연합, 정당, 노동조합, 대안기관 등"이라고 밝히고 있다.

하버마스가 말한 공론장에는 문예적 비판과 토론장의 역할을 했던 초기 살롱도 포함되어 있다.[2] 하버마스는 문화예술 공론장이 대중사회, 대중미디어의 등장으로 토론의 장이 아니라 문화소비의 장으로 바뀌는 것을 비판했다.[3] 필자는 문화예술 공론장이 문화소비의 장으로 바뀌는 데 그치지 않고 시대적 흐름에 따라 문화예술 참여의 장으로 변화하는 과정에 주목하고 시대적 · 사회적 배경과 변화 요인 등 관계성을 찾아보고자 한다.

논의의 시기적 범주는 17세기 중반에서 19세기 초까지 프랑스의 살롱과 영국의 커피하우스를 중심으로 한 문화예술 공론장에서 21세기 현대사회의 인터넷 카페를 중심으로 한 문화예술 공론장까지 다루고자 한다.

논의를 확장하자면 문화예술 공론장의 시대적 변화는 사실상 '문화의 민주화' 정책에서 '문화민주주의' 정책으로의 전환으로 평가할 수 있으며, 이 배경에는 미디어의 발달과 영향이 있다. 한 공간에서 이뤄지던 문화예술 작품에 대한 토론은 미디어의 발달과 확산으로 문화예술 소비로 이어졌으며, 더 나아가 정보 접근의 확대, 정보 공유의 활성화로 시민들은 문화예술 향유자, 문화예술 소비자에서 문화예술 참여자, 문화

---

2 하버마스는 도시의 문화적 기능을 담당했던 것이 1680년부터 1730년까지 번창했던 살롱과 커피하우스라고 했다. 살롱과 커피하우스는 처음에는 문예적 비판의 중심지였으나 후에 정치적 비판의 중심지가 되었다.

3 하버마스는 신판(1990년) 서문에서 "정치적으로 적극적 공중에서 개인주의적 공중으로, '문화비평적 공중에서 문화소비적 공중으로의' 직선적 발전이라는 나의 진단은 단견이었다"고 밝혔다. 그러나 대중이 문화소비적 공중으로 전락했다는 지적이 완전한 오류는 아니라는 것이 일반적 평가다. 이 글은 이를 감안하여 서술해나갈 것이다.

예술 생산자로 변화하고 있기 때문이다.

이 과정을 살펴본다면 17~18세기 유럽에서 성행했던 살롱과 커피하우스의 문화예술 공론장은 21세기 인터넷 사회에서도 여전히 그 기본 골격을 유지하고 진화하여 인터넷 카페, 복합문화예술시설의 문화예술 아카데미로 그 기능과 역할을 이어가고 있음을 확인할 수 있을 것이다.

하버마스가 말한 공론장, 문예적 공론장

하버마스는 공론장을 언급하기에 앞서 '공공성', '공공적'이란 개념을 먼저 말하고 있다. 공론장의 토대가 되는 이 개념을 그는 여론, 공중, 공개성 등과 연결하여 공공 영역과 사적 영역으로 대립하는 것에 주목하고 있다.

18세기 말에도 생소한 개념이었던 '공론장'에 대해 하버마스는 '공공적'인 것과 공공적이지 않은 것, 즉 '사적'이라는 대립적 개념에서 그 틀을 찾았다.

하버마스는 어떤 관직도 갖지 못해 공권력에 대한 참여로부터 배제된 사람들이 바로 사적 개인이며, 이에 반해 '공공적'이라는 말은 '국가적'이라는 말과 동의어가 된다고 했다.

17세기 말 중상주의시대 무역을 통해 부를 축적한 계급이 등장하는데, 바로 부르주아들이다. 이들의 등장은 과거 전통적인 '공공적' 영역과 '사적' 영역의 관계를 허물고 공권력의 기관과 밀접한 관계를 이루게 된다.

하버마스는 이 시기에 국제무역거래 뉴스를 담았던 신문의 폭발적인 발전이 공중을 형성했다고 말한다. 초기의 공중은 관리였으며 이를 거쳐 '교양신분인들' 즉 의사, 목사, 장교, 교수 등이 공중의 구성원에 속했다.

하버마스는 공권력의 추상적 대립자인 자본가, 상인, 은행가, 출판업자들이 부르주아 공론장의 공중이라고 했다. 부르주아 공론장에 대해 하버마스는 공중으로 결집한 사적 개인들의 영역이지만, 상품교환과 사회적 노동의 영역에서 공권력과 대립하는 구조라고 했다.

부르주아계급의 등장, 즉 아직까지 왕정체제의 국가에서 귀족이 아닌 상인계급이 새로운 시민계급으로 등장했다는 건 당시로서는 시대적 · 사회적 대변혁의 결과로 주목하게 된다. 새로 등장한 시민계급이 만들어낸 공론장이 신문과 잡지라는 미디어의 발달과 확장에 힘입어 여론 형성의 장이 되었다는 것이다.

하버마스는 부르주아 공론장과 별도로 문예적 공론장에 대해서도 구체적 설명을 더하고 있다.

문예적 공론장은 궁정의 과시적 공공성과 밀접한 관계가 있다. 궁정 · 귀족 사교계는 왕정에서 근대 국가기관으로 체제가 변화함에 따라 점차 궁정으로부터 떨어져 나와 도시에 자리잡게 된다. 이들은 궁정의 문화정책에 대해 대립적 입장에서 초기 문예적 공론장을 형성하게 된다. 하버마스는 이 초기 문예적 공론장의 형태로 살롱과 커피하우스 및 만찬회를 예로 들었다.

살롱과 커피하우스는 도시 귀족과 시민 출신의 작가, 예술가, 과학자 등이 모여 사적 영역에서 대화와 토론을 통해 여론을 형성하는 공간으로 역할을 했다.

20세기 이전의 문화예술 공론장

서구 사회의 20세기 이전 문화예술 공론장은 프랑스의 살롱과 영국의 커피하우스로 구체화된다. 살롱은 이탈리아, 독일 등 유럽 전역에 퍼져 나갔지만 문화예술 공론장으로서 활발한 움직임을 보인 것은 프랑스의 살롱이기에 여기서는 프랑스의 살롱을 중심으로 살펴보기로 한다. 아울러 커피하우스 역시 영국, 특히 런던이 대표적 중심지였으며 파리의 살롱과 함께 대표적인 문화예술 공론장이라고 할 수 있다.

새로운 계급이 만든 시민 중심 문화, 파리의 살롱

유럽의 살롱문화는 이탈리아의 르네상스 시대에 시작되었다. 오한진은 「유럽에 있어 초기 살롱문화연구」(2000)에서 살롱은 이탈리아의 후로렌즈로부터 시작되어 파리와 런던으로 전파되었다고 했다. 살롱이란 말이 처음으로 사용된 것은 1664년 12월 여왕이 오락을 즐기려 나타난 루브르의 축제홀을 '살롱'이라고 한 것이 시초였다. 초기 살롱은 카페와 차를 마시는 곳, 극장, 음악당, 연극 관람 등의 형식으로 진행되었다.

유럽에서 살롱 문화가 등장하게 된 배경에는 시민계급의 등장, 즉 시민사회의 형성이라는 사회의 구조변동이 있지만 이와 더불어 또 하나 주목할 만한 배경은 여성의 사회적 역할 확대라고 할 수 있다. 유럽, 특히 프랑스에서 살롱을 개장한 사람은 대부분 여성들이었다. 이 여성들은 경제적 부를 축적한 부르주아 계급의 남편을 두고 있거나 남편이 많은 재산을 남겨준 덕분에 경제적 여유를 갖고 있었던 부류들이

었다.[4)]

살롱은 사적 영역에서 시작된 소모임의 담론을 논하던 문화예술 공론장이었다. 대부분 부르주아 계급의 저택을 일부 개조하여 공개적 장소로 만든 것이다.

살롱을 출입한 사람들은 시인, 소설가, 철학자, 미술가 등 주로 예술인이었지만 때때로 관리와 성직자, 심지어 군인들도 출입했다.

단지 살롱은 초대받은 사람들만 출입할 수 있었다. 문화예술 공론장이지만 특정 사람들만 모여 발표와 토론을 즐겼던 폐쇄적 공간이었다. 살롱은 아카데미와 달리 당국의 허가나 간섭을 받지 않고 개인에 의해 자유롭게 개장할 수 있었다.

초기 살롱은 중세의 무용담이 섞인 연애담, 연애 소재의 소설, 새로운 방향의 문학작품에 대한 설명회 성격의 모임이었다. 18세기 후반부터 점차 철학과 정치에 대한 토론이 활발하게 이루어지면서 사상 교류의 장이 되었다.

살롱이 프랑스에서 처음 등장했을 때 배경과 운영 형식에 대해선 가장 먼저 문을 연 살롱을 살펴보는 것이 적절할 것이다.

프랑스에서 가장 먼저 살롱을 연 여성은 랑부이에 후작부인(Mme, marquise de Rambouilet, 1588~1665)이었다. 이탈리아계 여걸로 12세에 랑부이에 후작과 결혼하여 파리에 정착했다. 1608년 문을 연 랑부이에 부인의 살롱은 18개의 큰 의자와 커다란 병풍이 비치되어 있었다. 초기에는 대

4 프랑스 살롱에 대한 자료는 주로 서정복, 「프랑스 살롱의 기원과 문화적 역할」, 『프랑스문화예술연구』 9, 2003과 서정복, 『살롱문화』(살림, 2003)를 주로 참고했다.

략 10~20명 정도가 모였는데 정치가, 귀족, 성직자, 학자, 작가, 시인, 예술가, 관리, 법률가들이 출입했다.

초창기 살롱은 새로 발표된 문학작품에 대한 설명회, 품평회 성격을 띠었다. 이런 살롱은 '순수한 문학 공간'에서 '사교 중심의 문학 공간' '공연 중심의 문학 공간' '토론 중심의 문학 공간' 등으로 다양화 되었는데 이는 여주인의 취향에 따라 달라졌으며 참여자들도 관심 분야에 따라 나뉘어졌다.

살롱의 운영은 여성이 주도적으로 하였지만 정작 토론에 참여하는 것은 제한적이었다. 즉 토론은 초대받은 시인, 예술가, 철학자 중심으로 이루어졌다.

18세기에 이르러 살롱은 귀족적 생활양식의 작은 공간에서 벗어나 신분과 지위의 벽을 깨고 새로운 삶을 논의하는 '대화 공간' '문화 공간'으로 성장하였다.

랑부이에 부인의 '문학 살롱'은 18세기 초반에도 지배적인 위치를 유지했으며 주된 테마는 교회와 종교였다. 사적 영역에서 대화와 토론은 그야말로 문화로 자리 잡아 18세기 후반에는 파리의 살롱 수가 800개를 넘었다.

18세기 후반에 이르러 살롱은 문학을 토론하는 데서 화제를 확대해 과학, 정치, 사상, 사회문제 등을 논의하는 정보와 문화 교류센터 역할을 했다. 살롱은 사교생활을 하지 못하는 살롱 바깥의 시민들을 위해 살롱에서 벌어진 일과 오고간 대화의 내용을 널리 알리기 위해 정기적으로 수집했는데, 이것이 '문학통신(Correspondances Litteraires)'과 '누벨 아 라 맹(Nouvelle à la Main)'이라는 신문의 기원이 되었다.

19세기 후반 빈 살롱을 중심으로 다소 세속화되고 정치적 선전무대의 밀회장소로 변화되었으며 심지어 독일에서는 상류사회의 매춘행위도 이뤄져 도덕적 가치를 훼손했다는 비판이 일기도 했다.

살롱은 대개 개인이 운영했지만 동호인들이 모여 토론을 벌인 공간이어서 하버마스가 말한 바와 같이 '공공의 문학공간'이 되었고 사업가, 문인, 관료 등이 규정에 얽매인 제도 밖에서 문학과 예술에 대한 체험을 하는 '문화 집단'으로 성장했다는 것에 의의가 있다.

시민 토론의 장, 런던의 커피하우스

커피하우스는 언제, 어떻게 등장했을까? 커피하우스의 등장 역시 시대적 변혁과 새로운 도시문화의 확산과 맞물려 있다. 커피하우스의 전형이 문화예술 공론장으로서 어떻게 역할했는지 살펴보자.[5]

1650년대 런던은 썩 살기 좋은 곳은 아니었다. 크롬웰(Cromwell) 정권이 음악과 춤을 금지시켰고, 극장을 폐쇄하는 등 이른바 '공포정치'가 펼쳐지던 시기였다. 그러나 런던은 국제무역 활성화로 유럽에서 가장 큰 도시로 급성장하고 있었다. 새로운 문화가 쉽게 전파되는 국제도시였다.

1652년 파스쿠아 로제(Pasqua Rosée)가 런던에서 처음으로 커피하우스를 열자 불과 몇주 만에 소문이 퍼져 시민들이 몰려들었다. 폐쇄적인 정

---

5 커피하우스에 대한 자료는 매튜 그린, 『런던 커피하우스 그 찬란한 세계(The Lost World of The London Coffeehouse)』, 김민지 · 박지현 · 윤지영 역, 경북대학교 출판부, 2016과 볼프강 융거, 『카페하우스의 문화사(Herr Ober, eîn' Kaffe!)』, 채운정 역, 에디터, 2002를 주로 참고했다.

파스쿠아 로제(Pasqua Rosée)가 1652년 런던에서 처음으로 커피하우스를 연 장소를 기념한 곳. (출처 : Flickr, sleepmyf)

치체제에서 토론을 벌이고 수다도 떨 수 있는 장소는 시민들에게 사상의 자유를 주는 공간으로 환영받았다.

프랑스에서 살롱이 문화예술 공론장으로서 역할을 했다면 영국에서는 커피하우스가 새롭게 등장한 시민계급의 문화예술 공론장으로서 역할을 했다. 그러나 공론장으로서의 구조와 역할은 조금씩 달랐다.

커피하우스 역시 사적 영역에서 시작된 문화예술 공론장이었지만 살롱에 비해 폐쇄적 공간은 아니었다. 커피 한 잔 사 먹을 돈이 있는 사람은 누구나 들어와 작가, 철학자들의 발표를 듣고 토론에 참여할 수 있는 공간이었다.

커피하우스는 런던에 문을 연 지 5년 만에 대중화 되어 1663년 즈음에는 81개나 생겨났다. 18세기 초에는 무려 1,000개가 넘는 커피하우스가 런던을 중심으로 영국 전역에 확산되었다.

커피하우스는 런던 예술가의 중심 역할을 했다. 세인트 폴 대성당 근처 챕터 커피하우스는 주로 작가와 목사가 글을 쓰던 곳이었으며 세인트 마틴즈 레인에 자리잡은 슬로터 커피하우스는 그림을 전시하고, 논평하고, 매매까지 했던 미술 전문 공간으로 유명했다. 작가이자 저널리스트였던 조지프 에디슨(Joseph Addison)이 만든 버튼 커피하우스는 당시 런던의 최고 문학가들이 매일 모여 시와 소설, 희곡을 발표하고 토론하는 문학 중심 공간으로 역할했다.

런던의 커피하우스는 단순히 신작 발표장, 토론장으로서의 역할만 한 게 아니다. 요즘으로 치면 네이버 지식iN이나 위키피디아처럼 손님들의 궁금한 점에 대해 답해주는 잡지를 발행하기도 했다.

시장 관저에 자리 잡은 스미스 커피하우스는 손님들이 궁금한 것을 질문지에 적어 커피하우스 우체통에 넣어두면 자칭 전문가 집단이 커피하우스에 모여 앉아 답변을 만들어 출간하는, 세계 최초 질의응답 잡지 『아테니언 머큐리(The Athenian Mercury)』를 발행했다. 이 잡지는 1690년부터 1697년까지 일주일에 두 번 발행했는데 당시로서는 상당히 정기적인 미디어로서 공론장 역할을 톡톡히 했다.

영국의 커피하우스는 시민 중심의 문화예술 공론장으로 역할을 하다가 후에는 정치 클럽으로 성격이 변하면서 오히려 쇠퇴의 길을 걷게 되어 1730년에는 거의 사라졌다.

살롱이 왕족 · 귀족 중심의 궁정사회에서 빠져 나온 문화예술 공론장, 특히 여성의 주도하에 진행되어 온 시민계급의 토론장이었다면 커피하우스는 남성 중심의, 사회 엘리트 중심의 문화예술 공론장이었다. 루크 구드(Luke Goode)는 『민주주의와 공론장 위르겐 하버마스』(2010)에서 문예적 공론장의 참여 계층과 참여 수는 크게 늘어났지만 영국에서는 커피하우스나 다른 공공 공간의 모임에서 여성들의 참여는 상당히 제한되는 경향을 보였다고 말했다.

파리의 살롱은 여주인의 성향에 따라 문학, 음악, 미술, 연극의 장르에 따라 중심 주제를 갖고 정기적 모임의 형태 띤 데 비해 런던의 커피하우스는 각계각층의 다양한 시민들이 수다를 떨고 논쟁을 벌이고 글을 쓰는 사교장의 성격을 띠는 것에서 차별점을 보였다.

살롱과 커피하우스, 두 문화예술 공론장은 태생부터, 진행되어온 모임 형태까지 많이 달랐다. 다만 새로운 시민계급이 중심이 되어 일정한 공간을 중심으로 정치 · 사회제도뿐 아니라 문학, 미술 등 예술 분야에서 발표 무대를 제공하고 토론과 논쟁을 벌인 것은 공통점이라고 하겠다.

20세기 이후의 문화예술 공론장

서구 사회의 20세기 이후 문화예술 공론장은 특정 국가의 커뮤니티나 콘텐츠가 아닌 전 세계적으로 거의 동일한 형태의 커뮤니티를 형성하는 것이 특징이다. 프랑스의 살롱과 영국의 커피하우스와 같이 국가별로 특징을 가지는 것이 아니라 세계 공통적으로 온라인에서는 인터넷 카페, 인터넷 커뮤니티, 오프라인에서는 지역문화센터를 중심으로 한 문화예술동아리, 문화예술 아카데미로 구체화된다.

인터넷 카페, 인터넷 커뮤니티

인터넷 카페를 논하기에 앞서 간략하게 인터넷 역사를 살펴보자. 오늘날 인터넷 연혁을 되짚어 보면 18세기에 비해 정보교류가 얼마나 빨리 확산되고 있는지를 더욱 실감하게 된다.

1969년 미국에서 소규모의 공공 소유 컴퓨터 네트워크로 시작된 인터넷은 1972년 이메일이란 온라인에서의 편지를 주고 받는 새로운 영역을 보여주었으며 1974년 다수의 컴퓨터들 사이 상호 네트워킹의 간단한 약어로 첫선을 보였다.

오늘날 개념의 인터넷은 내부 컴퓨터 네트워크에 IP(Internet Protocol)를 채택한 1985년에 구체적 모습을 보였으며, 1989년 외부 IP 연결이 이루어졌다. 그로부터 10년 뒤 1998년 인터넷이 전 세계 국가를 커버했다. 한마디로 전 세계를 하나의 연결망으로 구축한 것이다. 이로써 인터넷은 20세기를 정보 교류의 확산이라는 신세계를 열었다.

인터넷이 연 신세계에 대해 사회학자들의 시각은 명암이 엇갈린다. 피파 노리스(Pippa Noris)는 『디지털시대의 민주주의 – 정보불평등과 시민참여』(2007)에서 인터넷에 대한 긍정적 시각과 부정적 시각을 비교, 정리했다.

여기서 사회학자 아미타이 에치오니(Amitai Etzioni)는 인터넷이 현실 세계의 사회적 유대를 보완 · 강화 · 유지시켜줄 뿐 아니라 가상 공동체를 형성, 활성화할 수 있을 것이라고 긍정적으로 본 반면 테일러 보아스(Taylor Boas)는 디지털 기술이 이를 이용하는 사람들에게 힘을 실어주는 것이 아니라 기득권 계층이나 조직들의 권력을 더욱 강화할 수 있다는 점에서 부정적으로 보기도 한다.

이처럼 이론가들에 따라 상반된 시각을 보여주지만 대체로 인터넷은 새롭고 진보적인 사회질서 형성에 기여한 디딤돌 역할을 하고 있는 것으로 평가된다.

인터넷에 대해 긍정적 시각을 갖고 있는 학자들은 인터넷이 더 나은 형태의 저널리즘을 보여준다고 믿고 있다. 컴퓨터와 통신연결망만 있으면 누구나 자신의 의견을 전 세계에 전할 수 있기 때문이다.

그야말로 인터넷은 일반 시민들에게 저렴한 소통의 도구가 되었다. 그러나 제임스 커런(James Curran), 나탈리 펜턴(Natalie Fenton) 등은 『인터넷, 신화를 넘어 공공성으로(Misunderstanding the Internet)』(2017)에서 소통 여건이 향상되었다고 반드시 소통이 잘 된다는 것은 아니라는 점도 지적하고 있다.

또한 인터넷의 급속한 기술 발달은 포털과 인터넷 방송 등 새로운 미디어 영역을 보여주었다. 신문과 방송이라는 전통적인 미디어 외 소셜 네트워크 미디어(Social Network Media)도 등장했다. 최근에는 1인 미디어도 기하급수적으로 증가하고 있다. 새로운 시민계급과 뉴미디어는 가상의 공간에 새로운 공론장을 만들었다.

관심사가 같은 사람들끼리 공동으로 활동하는 사이버 공간을 인터넷 커뮤니티라고 한다. 여기서는 그 중에 인터넷 카페를 논의의 대상으로 한정하기로 한다.

인터넷 포털을 기반으로 하는 인터넷 카페는 수를 헤아리기 어려울 정도로 급속도로 늘어났다. 주제와 유형도 일일이 열거하기 어려울 정도로 다양하다. 대형 포털에서는 주제별, 지역별, 랭킹별 등 대분류 카테고리로 분류해놓을 정도다.

인터넷 카페의 특성은 장르나 주제별 크게 다르지 않다. 필자가 논의하고자 하는 것은 문화예술 공론장으로서의 인터넷 카페이니 주제도 문화예술 분야로 한정한다. 문화예술 분야로 한정해서 봐도 인터넷 카페는 규모부터 모임 주제까지 너무나 다양한 것이 하나의 특징이라고 할 수 있다.

'사색의 향기' 같은 경우 카페의 골격을 지니고 있지만 포털의 시스템을 갖추고 있어 카페 안에 또 하나의 카페가 있는 형식을 갖고 있다. 커뮤니티를 이루는 회원수가 170만명이 넘는 '사색의 향기'는 홈페이지 안에 좋은 책방이란 카테고리가 따로 있고 산하 동호회도 문학기행, 역사

문화예술 분야의 인터넷커뮤니티 중에는 거대한 조직력을 갖추고 홈페이지와 블로그, 카페 등의 형태로 활발한 활동을 하는 곳도 있다. '사색의 향기'도 그중 하나다.

문화탐방 등 6개나 있다. 이들 회원들의 커뮤니티만 해도 거대한 하나의 문화예술 공론장을 형성하고 있다. 예를 들어 여기서 소개되는 책은 일반적인 대중보다 책에 관심을 가진 다수 집단에게 전달되는 시스템이니 훨씬 전달력이 크다. 뿐만 아니라 마케팅 효과도 훨씬 크다.

17, 18세기 살롱과 가장 대별되는 부분이 바로 이런 규모의 차이, 그 규모에서 생기는 파급력의 차이라고 할 수 있다.

살롱과 인터넷 카페의 기능과 특징을 비교해보면 시대적 · 사회적 영향력 등 차이와 공통점을 확연하게 알 수 있다. 살롱과 커피하우스는 오프라인 공간인 데 비해 21세기 인터넷 카페는 온라인 공간이다.

살롱이 여주인의 초청을 받은 사람만 출입할 수 있는 것처럼 인터넷 카페는 개설자가 가입을 허용하는 사람들만 이용할 수 있다. 관심 있는 주제를 다루는 곳에 사전 출입 허가를 신청한 것 또한 살롱이나 인터넷 카페나 마찬가지다.

살롱은 경제적 부를 갖춘, 즉 여러 명이 한자리에 모일 수 있는 공간을 확보한 저택을 소유한 부르주아 계급이 열 수 있었던 것에 비해 인터넷 카페는 개설하는 데 경제적 부담이 없다. 사실상 누구나 개설할 수 있다.

살롱이 그 시대의 명사들 중심으로 초대하여 20명 안팎의 소수 인원들로 운영되는 공론장이었던 데 비해, 인터넷 카페는 공간적 제한이 없어 참여 인원을 적게는 수십 명에서 많게는 수십만 명 수준으로 운영되는 공론장이다.

살롱에선 제한된 공간에서 서로 얼굴을 맞대고 발표를 하고 토론을 하지만, 인터넷 카페는 실명보다 별명을 사용하는 것이 특징이다. 이 익명성으로 인해 개인의 발언에 대한 책임감을 가볍게 여기는 분위기가 조성되기도 한다.

문화예술을 생산하고 소비하는 것 또한 살롱과 인터넷 카페의 공통점이다. 살롱에서 시와 희곡을 발표하고 토론했던 것과 같이 인터넷 카페에서도 시와 에세이를 발표하기도 하고 특정 주제에 대해 자신의 의견을 밝히는 것은 거의 비슷하다고 할 수 있다.

살롱이 다루는 주제가 문학, 음악, 미술, 철학 등 다양한 것과 같이 인터넷 카페 역시 다루는 주제가 다양하다. 인터넷 카페는 현대사회의 복잡한 구조와 양상을 반영하듯 문학과 음악 분야에서도 더 세분화되고 다양한 주제를 다루는 것이 특징이라고 하겠다. 예를 들어 문학 분야에서도 시와 소설, 에세이, 편지 등 다양한 장르의 커뮤니티를 형성하고 있으며 음악 분야도 클래식, 통기타, 바이올린, 색소폰 등 장르별, 악기별 커뮤니티로 세분화 되어 있다.

운영자 경우 살롱은 신흥 부르주아의 부인들이었지만 인터넷 카페의

인터넷 포털에서 볼 수 있는 다양한 인터넷카페. 사진, 발레, 책 등 다양한 취미와 관심 분야의 카페가 활발하게 활동하고 있다.

경우 남녀의 구분이 없을 뿐 아니라 세대별 구분도 없이 누구나 운영자가 될 수 있다. 문화예술 분야 인터넷 카페는 문인, 미술작가, 연주가 등이 직접 운영하는 사례도 있지만 아마추어들이 운영하는 사례도 많다. 문화예술 분야 인터넷 카페는 동호회 성격을 띠는 경우도 있다. 이런 경우는 대부분 작품 발표와 토론, 논쟁이 일어나는 작품 중심의 커뮤니티들이다.

장르와 구성체가 다양한 만큼 인터넷 카페는 익명성 외 다양성과 수평성이라는 특징을 갖고 있다. 네트워크상에서 누구나 자유롭게 의견을 낼 수 있고, 참여자는 모두 동등한 관계에서 토론을 할 수 있다.

같은 목적과 같은 생각을 갖고 있는 개인들은 특정 커뮤니티로 뭉쳐 강력한 메시지를 전달하는 창구 역할을 하기도 한다. 인터넷 문화예술 공론장에서 보다 강한 영향력을 발휘하는 커뮤니티는 특정한 목적을 갖고 집단적으로 한 목소리를 내는 그룹이다. '문화 운동'으로 표현되는 이들의 단체행동은 온라인에서뿐만 아니라 오프라인에서도 조직적 행위로 표출된다. 이들은 문화예술 작품보다 정책에 대한 비판과 대안을 제시하는 것에 주력한다. 그러므로 정책 분야의 문화예술 공론장을 주도하는 그룹이라고 할 수 있다.

지자체 문화예술시설 거점 문화예술 아카데미

오프라인 문화예술 공론장을 형성하는 그룹으로는 지자체 문화예술시설을 거점으로 운영되는 문화예술 아카데미가 있다.

지자체 문화예술시설이라 함은 지자체 또는 지역문화재단 산하의 문화예술회관, 아트센터, 아트홀, 문화원 등을 말한다. 이들 문화예술시설들은 다양한 문화예술 프로그램 강좌를 운영하고 있는데 이런 교육 프로그램은 문화예술 공론장을 형성하는 바탕이 된다. 보다 활성화된 문화예술 공론장 역할을 하는 그룹은 문화예술 아카데미다.

지자체 문화예술시설의 문화예술 아카데미는 공적 시설로 공공 영역에 속하지만 실제 프로그램을 운영하는 구성원은 전문 예술가 중심으로 아마추어 예술가들이 참여하는 골격을 이루고 있다. 전문 예술가가 강좌를 열고 그 분야에 관심가진 일반 시민들이 참여하는 형태로 공적 시설을 토대로 사적 논의가 이루어지는 공간이라고 할 수 있다.

지자체 문화예술시설을 거점으로 한 문화예술 아카데미는 지방분권화 추세에 따라 각 지역으로 확산되고 있다. 우리나라에서는 2005년 '문화예술진흥법' 개정과 2013년 12월 제정된 '문화기본법', 그리고 2014년 1월 제정된 '지역문화진흥법'에 따라 지방분권화가 적극적으로 진행되고 이에 따라 전국 각 지역에 문화예술시설이 건립되고 더 나아가 지역문화재단이 설립되어 이를 기반으로 한 문화예술 아카데미도 크게 늘어나고 있다.

지역문화재단의 문화예술시설을 거점으로 한 문화예술 아카데미는 지역의 문화예술인들과 문화예술에 관심을 가진 일반인들이 만날 수 있는 접점이다. 문화예술 아카데미는 문화예술시설 공간을 기반으로 일방적 강좌를 넘어서 장르별 모임과 기수별 모임을 정기적으로 가지며 관심 주제를 선정하고 토론을 하는 오프라인 문화예술 공론장의 한 축을 이루고 있다. 즉 지역을 기반으로 한 문화예술 아카데미도 문화예술 공론장으로서의 역할을 하고 있다.

동네 거점 문화예술동아리

지역문화재단의 문화예술시설이 일정 규모를 지니고 있지 않거나 지역적 한계로 중심 역할을 하지 못하는 곳에선 소규모 공간을 문화예술 활동 공간으로 개발하는 것이 효과적이다.

일부 지역문화재단에선 실제로 소규모 공간 개발을 적절히 잘하고 있다. 이런 지역의 문화예술시설의 구조는 지역의 중심축 역할을 하는 대규모 또는 중규모의 문화예술시설이 본점 역할이라면, 지역 곳곳의 소규모 공간을 개발한 문화예술활동 공간은 지점 역할을 하는 형식이다.

앞서 언급한 바와 같이 지역문화재단의 설립 증가세에 따라 지역문화재단이 들어선 지역에서는 지역문화 발굴과 지역 고유의 콘텐츠 개발이 활발해졌다. 지역문화재단을 중심으로 각 지역에서는 문화예술 창작공간을 만들거나 지역 문화예술인들을 위한 레지던시 공간을 만들기 시작

성남문화재단의 신흥공공예술창작소(왼쪽)과 태평공공예술창작소. 동네 지역주민들의 문화예술공간으로 운영되고 있다.

했다. 이 공간이 일종의 지점과 같은 역할을 하고 있다.

성남문화재단의 신흥공공예술창작소, 태평공공예술창작소와 구로문화재단의 신도림예술공간 고리, 금정문화재단의 서동예술창작공간, 섯골문화예술촌 그리고 전주문화재단의 팔복예술공장 등이 대표적 사례다.

성남문화재단의 신흥공공예술창작소, 태평공공예술창작소는 문화예술 활동과 문화예술 향유에 있어 지역성과 접근성을 감안하여 성남문화재단의 성남아트센터와 별도로 신흥동과 태평동에 문화예술 활동 공간을 개발한 것이다. 지역과 소통이 가능한 예술가와 지역 주민이 함께 지역의 역사와 환경 등을 소재로 다양한 실험적 공공예술을 모색하는 공간으로 운영하고 있다.

구로문화재단의 신도림예술공간 고리는 지하철 1호선과 2호선이 만나는 신도림 지하역사 연결통로에 세미나실, 연극 연습실, 시각예술실 기실 등을 마련하여 지역문화 담론과 예술활동을 지원하는 공간이다.

금정문화재단의 서동예술창작공간. 전통시장 중심에 위치한 이 공간은 지역주민들의 문화예술 활동 공유 공간으로 역할을 하고 있다.

금정문화재단의 서동예술창작공간은 서동전통시장 중심에 위치한 2층 규모의 지역주민과 예술가들이 소통하는 문화예술창작공간이다. 섯골문화예술촌은 지역예술인 창작레지던시 공간으로 지역 주민이 자유롭게 이용할 수 있는 문화사랑방으로 운영하고 있다.

전주문화재단의 팔복예술공장은 20여 년 방치된 폐산업시설을 문화예술플랫폼으로 구축한 공간이다. 문화소외지역인 팔복동 및 산업단지 내에 지역예술인과 주민을 위한 복합문화공간으로 운영하고 있다.

이처럼 지역의 문화예술 공간들은 지역 내 유휴공간이거나 과거 공장으로 운영되다가 문을 닫은 곳, 전통시장의 방치된 공간을 재활용한 것이 대부분이다.

이 공간들은 지역 문화예술가들의 활동 무대가 되면서 한편으로는 아마추어 문화예술 애호가들과 연결고리가 되었다. 이를 기반으로 동네 거점 문화예술동아리들이 생겨났다. 이런 문화예술동아리의 장르는 음

전주문화재단의 팔복예술공장. 오랫동안 방치된 폐공장을 지역주민들의 복합문화공간으로 만들었다.

악, 미술, 문학, 연극 등 다양했다.

이와 같은 동네 거점 문화예술공간은 지자체 산하의 지역문화재단에서 운영하는 것도 있지만 민간 차원에서 운영하는 공간도 많이 있다. 민간 차원에서 운영하는 곳은 대부분 북카페, 소규모 갤러리, 또는 갤러리와 함께 운영하는 카페가 주를 이루지만 복합문화예술공간으로 운영되는 곳도 더러 있다.

북카페는 지역에서 회원들을 모집하여 정기적으로 북콘서트를 개최하기도 하고 저자 초대 강연, 인문학 강연과 함께 토론을 하는 인문학 아카데미를 운영하는 사례가 주류를 이룬다.

소규모 갤러리 경우도 서울 평창동, 인사동 외에도 그 지역의 문화지킴이 역할을 하는 곳도 더러 있다. 소규모 갤러리 역시 그 동네에서 미술아카데미를 운영하거나 동호회를 구성하여 작품활동과 토론을 이어가고 있다.

행화탕 외관(왼쪽)과 내부 일부(오른쪽). 행화탕은 지금도 외관뿐 아니라 내부도 옛 모습 거의 그대로 두고 문화예술공간으로 활용하고 있다. 낡은 벽돌이 그대로 노출된 내부 벽면은 전시 공간으로, 가운데 공간은 카페로 운영하고 있다.

이처럼 북카페나 소규모 갤러리도 지역을 거점으로 문화예술 공론장의 역할을 하고 있다. 북카페나 소규모 갤러리는 지역별로 곳곳에 산재해 있기 때문에 특정 공간을 사례로 들기보다 운영 형식과 역할을 짚어 보는 데 의미를 둔다.

이보다 조금 규모가 큰 복합문화예술공간은 지역의 '핫플레이스'로 부각되어 다른 지역 사람들도 찾아오는 경우도 있다. 서울시 마포구 아현동 행화탕, 서울시 종로구 통의동 보안 1942, 서울시 성동구 성수동 대림창고 등이 대표적 사례다.

1958년 개장한 행화탕은 지은 지 60년이 넘은 동네목욕탕이었다. 한동안 유휴공간으로 방치되어 있던 것을 문화예술기획단 '축제행성'이 2016년 1월 복합문화예술공간으로 선보였다. '예술로 목욕하다'라는 모토로 공연과 전시를 선보여 화제를 불러일으켰는데 지금도 평소엔 카페로 운영하면서 수시로 기획한 전시를 개최하고 있다.

보안 1942는 지역의 근대문화유산을 보존에서 활용으로 전환한 사례로 카페, 책방, 전시공간 등 복합문화공간으로 재탄생한 곳이다.

보안 1942 카페는 문화예술기획자, 작가 등이 모여 담론을 나누기도 하고 일을 만들기도 하는 공간이다.

복합문화예술공간 보안 1942는 한국 근대문학의 주요 거점 중 하나였던 보안여관의 문화적 유산을 이어 업그레이드한 공간이다. 1942년에 지어진 여관을 완전히 리모델링하여 카페, 책방, 소규모 공연공간 등을 만들었다. 여기서는 기획전시, 개인전, 작가와의 토크쇼 등이 쉼없이 이어지고 있다.

대림창고는 1970년대 정미소로 운영되던 공간이다. 그러다 1990년대부터 20여 년은 이름 그대로 창고로 사용되던 곳이다. 이 낡고 허름한 공간이 2011년 복합문화공간으로 탈바꿈해 주목을 받았다.

대림창고 내부 벽면 역시 그대로 노출한 채 작품 전시장으로 사용된다. 벽면 곳곳에 이렇게 작품을 전시하고 있다.

대림창고 외부 모습. 창고로 쓰이던 20년 전 당시의 간판을 그대로 사용하여 지역과 공간의 역사성을 강조하고 있다.

카페 공간이자 전시공간인 이곳에서 서울시립교향악단이 공연(서울시향의 창고음악회 : 클래식 팩토리, 2015.12.7.)을 할 정도로 유명해졌다. 평소엔 카페로 많은 이들이 찾지만 내부 곳곳에 작품 전시를 하고 있어 문화공간으로서의 분위기를 잃지 않고 있다.

지자체가 운영하든, 민간이 운영하든 지역 기반 문화예술동아리는 살롱의 운영체계와도 비슷하다. 살롱이 운영자의 공간에서 정기적으로 진행되는 반면 문화예술동아리는 특정한 공간에서 모이는 것이 아니라 상황에 따라 공간을 정해 모이는 것이 조금 다를 뿐이다. 또한 살롱이 여주인이 단독으로 운영하는 것에 비해 문화예술동아리는 중심 역할을 하는 여러 명이 의견을 조율해가며 운영하는 경우도 있어 차별화되기도 한다.

동네 거점 문화예술동아리들은 '현대판 살롱'의 역할을 하고 있다. 지역 문화예술가들이 지역의 특정한 공간에서 살롱의 여주인처럼 모임의 중심이 되어 문화예술 애호가들을 모아 강습도 하고, 작품 발표도 하는 것이 살롱의 운영과 비교해보면 거의 비슷한 것을 알 수 있다.

문화예술 공론장의 성장 배경과 그 의미

문화예술 공론장의 형성은 20세기 이전이든, 20세기 이후든 새로운 시민계급의 출현과 새로운 미디어의 등장과 연결고리가 이어져 있는 것이 공통점이다. 20세기 이전에는 새로운 시민계급인 부르주아가 등장했고 그 당시 뉴미디어인 신문과 잡지가 새로운 미디어로 각광을 받았다. 20세기 이후에는 새로운 시민계급으로 누리꾼(네티즌)이 등장했으며 그 당시 뉴미디어인 인터넷을 기반으로 한 인터넷 카페와 소셜 네트워크 서비스가 새로운 미디어로 일상생활과 밀착되었다.

새로운 시민계급의 등장

살롱과 커피하우스, 그리고 인터넷 카페라는 문화예술 공론장의 등장 배경에는 정치·사회적으로 급격한 변화의 시대에 새로운 시민 계급의 출현과 시대의 변화를 촉진하는 그 시대의 새로운 미디어가 있었다.

먼저 살롱과 커피하우스의 등장 배경에서 새로운 시민 계급의 출현에 대해 사회적 배경과 그 의미를 짚어보자.

하버마스가 말한 공론장의 구조변동은 국가체계와 여론, 공론을 형성하는 계층의 변화에 주목한 것이다. 새로운 시민계급이 등장하고 미디어의 발달이 구조변동을 촉진했다는 것인데 살롱은 그 변화의 구체적 사례라고 할 수 있다.

살롱의 등장 이전, 이와 비슷한 역할을 한 것은 궁정의 연희장이다. 17세기까지 궁정의 연희장 사교모임을 주도한 계층은 왕족과 귀족이었다. 왕족과 귀족들은 궁정의 연희장에서 유명한 예술가들을 초청해 공연과 음악을 즐겼는데 이때 귀족의 부인들도 초대받아 궁정을 드나들었다.

18세기 들어 왕권이 약해지고 새로운 시민계급인 부르주아가 경제적 부를 바탕으로 한 강력한 영향력을 갖게 되면서 궁정의 연희장은 점점 쇠락해져 갔다. 이런 시대적 상황에서 궁정의 연희장을 궁정 바깥으로 옮긴 것이 살롱이었다. 거기에 주도적 역할을 한 사람이 바로 신흥 부르주아의 부인들이었다.

살롱을 드나들었던 사람들은 초기에는 왕자, 백작, 시계 제조업자의 아들이었으나 본격적인 살롱 시대의 주요 출입자들은 신흥 부르주아 외 시민 출신의 중요한 작가, 예술가, 과학자 등 신흥 시민계급이었다.

하버마스는 국가와 교회의 지도권에서 거의 배제된 부르주아가 경제에서 점차 결정적 지위를 차지하게 됨에 따라 도시의 주류층을 형성하고 귀족과 동등한 위상을 갖고 만나게 된 것을 의미한다고 했다. 그러면서 살롱의 등장에 대해 궁정의 문화적 기능이 '도시'로 이양됨에 따라 공공성의 담지자들만 변화한 게 아니라 공공성 자체가 변화한 것이라고 했다.

하버마스는 또 영국에서는 궁정이 태양왕의 프랑스에서와 같이 도시를 지배한 적이 없었다며 그럼에도 불구하고 프랑스의 궁정과 도시 간에 한 세대에 걸쳐 일어났던 것과 같은 근본적 변화가 명예혁명 이후 영국의 궁정과 도시 간의 관계에서 관찰할 수 있다고 했다. 혁명 이후 궁정의 광채가 퇴색하고 부르주아 지식인들이 새롭게 부상했다는 것이다.

하버마스가 지적한 바와 같이 커피하우스의 등장도 마찬가지였다. 왕정 중심 귀족사회에서 신흥 부르주아 세력이 등장하여 새로운 시민사회의 중심 세력이 되고 이들이 커피하우스에서의 토론과 논쟁을 이어가면서 문화예술 공론장을 형성하였다.

인터넷 시대의 새로운 시민계급의 등장은 어떻게 나타났을까? 인터넷의 발달은 정보 교류의 무한 성장을 보여주었을 뿐 아니라 새로운 시민계급을 창조했다. 네트워크를 통해 활동하는 이 새로운 시민계급은 다름 아닌 '네티즌'이다. '네티즌'은 인터넷 통신망에 형성된 사회에서 활동하며 의견을 피력하는 사람들을 말하는데, 최근에는 우리말 사용으로 '누리꾼'으로 불린다.

누리꾼들은 현실 세계에서는 제각각 다른 직업을 갖고 현업에 종사하지만 인터넷상에서는 관심사에 따라 하나의 집단을 형성하여 공동의 의견을 내어 사이버상의 공론을 현실 사회로 끌어오기도 한다. 누리꾼들 중에는 개인적인 관심이 전문가적 수준으로 높아져 사회 이슈에 대해 개인적 의견을 내는데, 이런 개인적 의견이 사회 전체에 파장을 일으킬 정도로 영향력을 발휘하기도 한다.

누리꾼들 중 일부는 문화예술 분야에서도 해박한 지식과 탁월한 검색 능력을 발휘하여 이슈를 제기하거나 비판적 여론을 형성하는 파급력을 보인다. 이들 중에는 전문 문화예술인들 즉 문학, 음악, 미술, 영화 등

각 장르별 작가와 비평가들도 있지만 일반인들 중에서도 취미를 넘어 전문적인 식견을 갖추고 비평에 참여하고 심지어 문화정책에 대해서도 비판과 대안을 제시하는 누리꾼들도 나타났다.

이들은 인터넷상에 하나의 개인적 영역을 갖고 있는데, 그 형태에 따라 블로그, 카페, 1인 미디어 등으로 문화예술 공론장을 형성하고 있다.

미디어의 발달이 가져온 사회구조 변동

앞서 언급한 바와 같이 새로운 시민계급의 등장 배경에는 그 시대의 새로운 미디어가 있었다. 이 새로운 미디어는 시대에 따라 편지이기도 했고, 신문이기도 했고, 주간지이기도 했다. 또 인터넷이기도 했고, 인터넷을 기반으로 한 소셜네트워크이기도 했다. 여기서는 미디어 발달사에 따라 시대적 사회변화와 사회구조 변동을 다 살펴보기에는 연구범위의 확대로 한계가 있다. 이 글에서는 새로운 시민계급의 등장과 맞물린 미디어로 살롱 시대와 인터넷 시대 두 시기의 미디어 등장에 한정해 살펴보기로 한다.

미디어가 채 형성되지 않았던 17~18세기 살롱 시대에 공론장으로서의 역할을 키웠던 것은 편지였다. 당시 편지는 국경의 거리와 공간을 넘어 의견을 주고 받았던 미디어로서 역할했다. 손으로 쓴 편지는 그 후 국제 무역시장의 근황을 알 수 있었던 신문과 잡지로 성장하고, 신문과 잡지의 기사를 토론 소재로 삼았던 살롱도 공론장으로서의 역할이 커졌다. 사람들은 신문과 잡지를 통해 국경 너머의 소식을 접하며 정보교류를 하는 새로운 사회 환경을 접하게 된 것이다.

살롱 시대 신문과 잡지는 고정 독자를 형성하며 예술비평의 채널이 되기도 했다. 말 그대로 문예적 공론장의 역할을 했다. 하버마스는 예술비평이 어떻게 살롱으로부터 발생하게 되었는지를 설명하는 과정에 1759년 이래 주기적 아카데미 전시회들에 대한 예술적 식견을 갖춘 평가인 '살롱 보고'를 쓴 디드로(Diderot)를 소개하고 있다. 그림(Grimm)의 문학비평을 담은 '살롱 보고'는 마담 데피나(d'Epinay)의 살롱 내부용으로 만든 잡지『서신 왕래(literarische Korrespondenz)』에 실렸다.

하버마스는 이러한 예술 및 문화비평지들을 제도화된 예술비평의 도구로서 18세기의 전형적 창조물이라고 했다. 그 이전 천 년 동안 이런 전형이 없었는데 갑자기 등장한 매체라는 것이었다.

신문과 잡지를 통해 알려지고 또 신문과 잡지의 주요 기사가 커피하우스에서 논쟁의 소재가 되며 공론장으로서 역할을 키워왔다. 그 한 예로 하버마스는 스틸과 에디슨이 1709년『테틀러(Tatler)』창간호를 발간한 것을 들고 있다.

『테틀러(Tatler)』를 발간할 당시 영국에는 커피하우스가 수없이 많았으며 커피하우스 출입자들의 집단도 매우 다양해졌다. 이 많은 집단들이 접촉하는 것은 오직 하나의 신문을 통해서만 가능했다. 커피하우스의 공중은 신문기사를 토론 대상으로 삼았을 뿐 아니라 이러한 토론들이 기사로 반영되기도 했다. 신문과 잡지의 주요 기사가 커피하우스에서 논쟁의 소재가 되며 공론장으로서 역할을 키워왔다.

당시 영국에는 이미 수많은 잡지들이 발행되고 있었는데, 이때 이미 독자 편지가 등장했다. 하버마스는『스펙테이터(Spectater)』가『가디언(Guardian)』으로부터 분리되었을 때 독자 편지는 하나의 제도가 되었다고 했다. 그 시초는 버튼의 커피하우스에서 비롯되었다. 커피하우스의 서쪽에 사자머리가 놓여 있었는데 독자는 사자의 입에 자신의 편지를 집어넣었다. 이후 독자 투고가 매주『사자의 포효』라는 이름으로 출간되었다.

18세기를 통틀어 영국에서는 227개의 잡지가, 프랑스에서는 31개의 잡지가 발행되었을 정도로 당시 토론과 대화의 매체로 성행했다.

하버마스는 신문을 공론장의 탁월한 제도라고 보았다. 그러나 라디오, 텔레비전과 같은 대중매체가 등장한 이후 공론장의 영역 자체는 확장되었지만 사적 이해관계의 유입으로 공론장의 기능은 변했다고 지적했다.

오늘날 인터넷 공론장을 대표하는 소셜 네트워크 사이트는 전통적으로 구분되었던 공적 영역과 사적 영역의 경계를 해체하고, 이용자의 손에 권력을 안겨준다. 이 이용자는 새로운 인터넷 시민계급이다. 소셜 네트워크에 대해 긍정적인 시각을 가진 이들은 소셜 네트워크 활동에 대해 공중을 위한, 공중에 의한 소통의 도구를 창출했다고 평가한다. 새로운 인터넷 시민계급인 이들은 특정한 커뮤니티에 가입하라는 초대장을 개인 또는 집단 전체에 보내면서 네트워크 이용자들에게 더 퍼뜨려달라고 요청하기도 한다. 소셜 네트워크 사이트는 이런 네트워크를 타고 매우 빠르게 확장된다. 이러한 현상은 단순한 네트워크 참여가 아니며 정치 · 사회 · 문화 분야에서 개인적이거나 공적인 목적성을 띤 소통행위에 대한 참여로 평가된다.

문화예술 소비자이자 생산자들의 공간, 살롱과 인터넷 카페

살롱과 인터넷 카페의 공통점은 한 공간에서 문화예술의 생산과 소비가 이루어졌다는 것이다. 즉 살롱에서 시와 소설, 연극과 같은 공연을 발표하는 것은 곧 문화예술 생산이며, 이를 두고 토론과 논쟁을 벌인 것은 문화예술 소비라고 할 수 있다. 이와 같은 구조는 인터넷 카페에서도 현실공간이 아닌 가상공간이라는 것 외에는 똑같다.

살롱 시대 문화예술 소비자들은 부르주아계급이 중심을 이루었다면 인터넷 카페 시대 문화예술 소비자들은 일반시민들이었다. 살롱 시대에 비해 소비자층의 폭이 훨씬 넓어졌다는 것이 차이라고 할 수 있다.

살롱 시대 문화예술 생산자들은 시와 소설, 희곡, 음악, 미술 등 각 장르별 당대 전문 예술가들인 데 비해, 인터넷 카페 시대 문화예술 생산자들은 전문 예술가들 외 아마추어 예술가, 즉 일반 시민층도 다수 포함되고 있는 것이 차이점이다.

이 차이의 근원에는 정보 교류를 활성화하는 미디어의 발달과 부르주아계급에서 더 보편화된 시민계급의 등장, 그리고 문화예술 향유에 그치지 않고 문화예술 참여를 지원하는 문화민주주의 정책이 있다.

20세기 이후 문화민주주의 시대에 접어들어 일반인들의 문화예술 참여가 활발해진 것도 시대적 변화의 특징이다. 문화예술동아리에서 활동하는 아마추어 예술인들이 문화예술 향유, 문화예술 소비에 그치지 않고 직접 문화예술 생산에 참여하는 추세가 뚜렷해진 것이다.

이는 살롱 시대에 비해 미디어의 혁신적인 변화와 발전에 따른 영향이다. 정보를 접하는 환경이 크게 달라진 데다 문화예술 작품의 발표 공간도 살롱 시대와 비교할 수 없을 정도로 다양하고 넓어졌기 때문이다.

문화예술 공론장에서의 문화예술 생산과 소비를 말하자면 하버마스가 말한 문예적 공론장의 붕괴에 대해 언급하지 않을 수 없다.

하버마스는 문화를 논하던 공중이 형성한 문예적 공론장이 문화를 소비하는 공중의 증가로 사적 개인들을 공중으로 결합시키는 기능이 떨어져 문예적 공론장이 붕괴했다고 지적했다.

하버마스는 이 과정에 대중매체의 소비문화적 공론장이 역할을 했다고 보았다. 사적 토론의 장이 대중매체에 의해 공동화(空洞化) 되고 문예적 성격을 상실한 허위 공론장이 확장되었다는 것이다. 하버마스는 문화적으로 논의하는 공중의 의사소통은 집안의 사적 영역에서 이루어지는 독서의 형태로 남게 되고, 문화를 소비하는 공중의 활동은 사회 분위기 안에서 이루어지지만 그것은 어떤 토론도 필요로 하지 않는다고 지적했다. 이는 곧 공공적 의사소통이 사라진 것을 의미한다.

하버마스는 방송사에서 진행하는 공개 토론회조차 소비재 형태를 띤다고 비판했다. 찬반의 입장은 사전에 연출된 특정한 법칙에 묶여 있기 때문이라고 지적했다.

하버마스는 초기 부르주아 독자를 거느렸던 미디어 역시 1830년대 초반 10만~20만 부를 찍었던 대중 저가지(Penny Press)와 19세기 중반 널리 보급된 주말신문 등은 대중의 공론장에 대한 참여보다 상업적 기능(오락물의 증가)이 더 강했다고 비판했다.

하버마스가 말한 문화의 소비는 문화의 향유와는 다른 차원의 개념이다. 살롱 시대 문화예술을 접할 때 벌인 논쟁과 토론 없이 단순히 즐기는 것, 무비판적 수용을 의미한다. 그러나 대중매체에 의해 문예적 공론장이 붕괴되었다는 주장은 하버마스 자신이 '단견'이었다며 수정한 바와 같이 여기서도 단정적인 주장을 강조할 필요는 없다.

필자는 오히려 문화예술 공론장이자 문화예술 생산과 소비의 장으로서 살롱과 인터넷 카페는 동일한 구조를 갖고 있다는 데 주목하고, 살롱은 두 세기를 뛰어넘어 인터넷 카페로 확장되었다는 데 의미 부여를 하고자 한다.

즉 18세기 살롱에서 당대 예술가들이 작품을 발표하고, 철학자들이 새로운 사상적 전개를 한 것과 같이 21세기 인터넷 카페에서도 여전히, 오히려 더 활발히 문화예술 작품을 발표하고 이에 대해 토론을 이어가고 있다는 것이다. 문화예술 공론장은 미디어의 발전과 시민사회의 성장에 힘입어 연장선상에 닿아 있을 뿐 아니라 새롭게 영역을 확장해가고 있는 것을 확인할 수 있다.

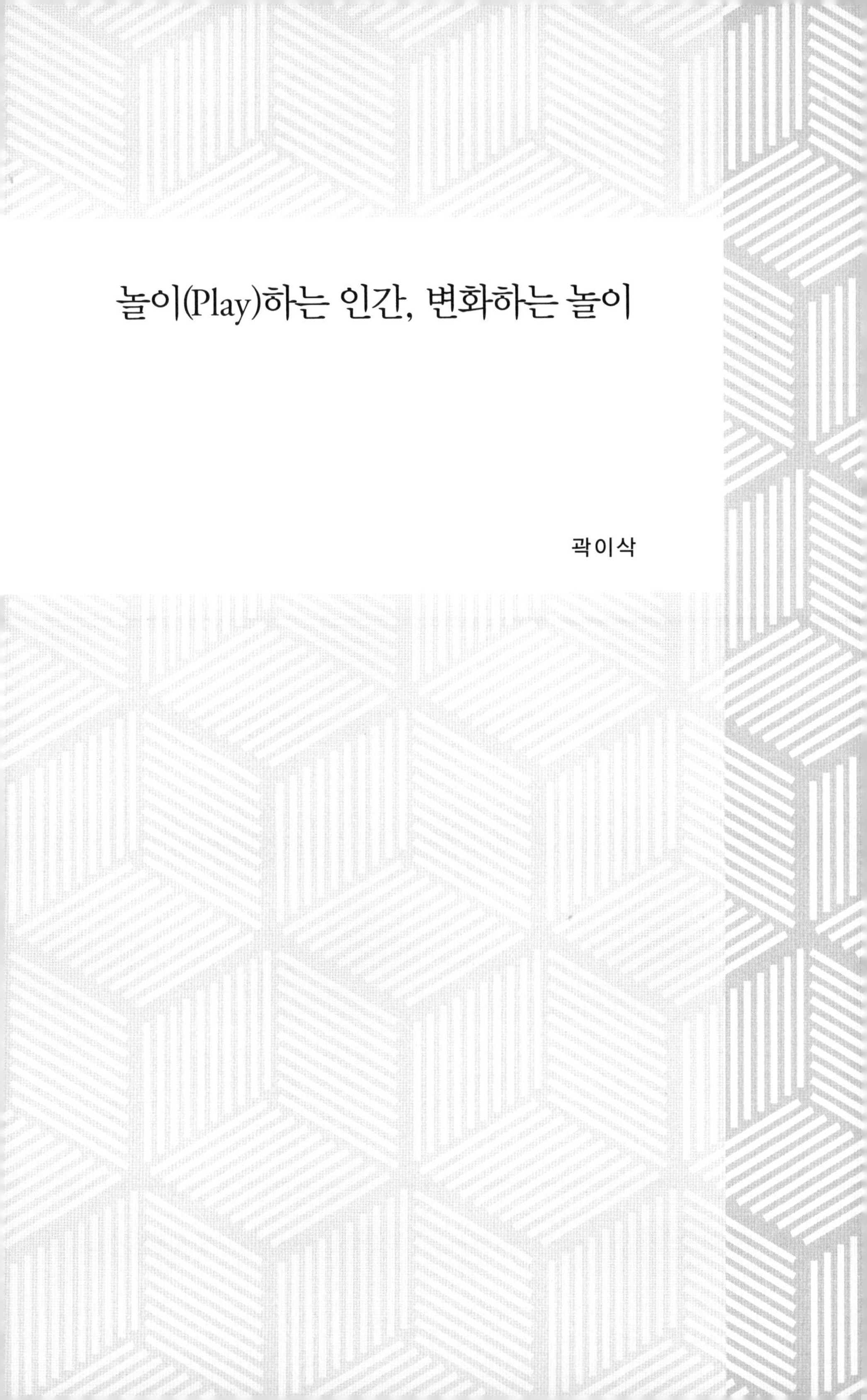

놀이(Play)하는 인간, 변화하는 놀이

곽이삭

놀이(Play)하는 인간, 변화하는 놀이

일상과 놀이

주변 사람들에게 주말의 일과를 물어보면 열의 아홉은 텔레비전을 보았다거나, 영화를 보았다고 이야기하면서 '놀았다'고 말하는 것을 들어본 경험이 있을 것이다. 우리가 주로 사용하는 표현 중 하나인 '놀다'는 정말 무엇을 하면서 놀았다는 것 외에도 그 어떤 것에도 구속되지 않은 채로 휴식을 취했다는 뜻으로 사용되고 있다. 노는 방법은 사람마다 다를 수 있으나, 분명한 것은 놀이는 자발적으로 행해지는 하나의 행위라는 점이다. 때문에 우리는 놀이가 어린아이들의 전유물이라고 말하면서도 놀이를 하는 어른들을 주변에서 심심치 않게 볼 수 있다.

흔히 '놀이'는 '노동'과 대조되는 말로 받아들인다. 때문에 아이들의 학업은 노동이 아니라 당연히 해야 하는 일로 여겨지고, 아이들의 놀이는 철이 들지 않은 행동으로 받아들이는 경향이 있다. 반면, 어른들이 돈을 버는 행위는 노동이라고 여겨져서, 놀이가 여가로 생각되는 경향이 짙다. 아마도 우리가 놀이를 판단하는 기저에는 놀이하는 주체의 수익 창

피터 브뤼겔, 〈아이들의 놀이(Children's Games)〉(1560)

춤을 여부가 깔려 있는 듯하다. 이러한 인식은 우리의 일상에 깊게 뿌리 박혀 사회에 만연하게 퍼져 있지만, 남녀노소 나이를 불문하고 우리는 여전히 일상에서 놀이를 즐기길 원하기에 놀이는 여가의 한 축으로 단단하게 자리매김하고 있는지도 모른다.

앞서 이야기한 놀이에 대한 사회적 인식은 하루 이틀 새에 만들어진 것이 아니다. 그 시점을 특정할 수는 없으나, 과거에도 놀이는 줄곧 어린아이들의 전유물로 인식되어왔다. 우리에게 〈바벨탑(The Tower of Babel)〉(1563)의 작가로 잘 알려진 피터 브뤼겔의 그림 〈아이들의 놀이(Children's Games)〉(1560)를 보자. 16세기 작품인 이 그림에는 놀이를 하는 약 250명의 사람이 있다. 그림 속의 사람들은 저마다 공기놀이, 말타기, 굴렁쇠 굴리기 등 서로 다른 놀이를 하는 것을 볼 수 있다. 언뜻 보기에 그림 속의 크고 작은 사람들은 모두 어울려 노는 것 같다는 느낌을 주기도 하고, 포즈가 역동적인 것으로 보아 재미있게 놀이를 즐기고 있는 것으로 보인다.

여기에서 주목하고자 하는 부분은 이 그림의 제목이 아이들의 놀이라는 점이다. 제목으로 미루어보아 그림 속의 놀이 행위자들은 모두 아이들일 것이다. 아마 그림의 제목이 알려지지 않았다면 이 그림에는 〈마을 사람들의 놀이〉 〈다양한 놀이〉 〈놀이의 현장〉 〈축제〉와 같은 제목이 붙었을지도 모를 일이다. 하지만 브뤼겔은 그림 속의 놀이 주체를 아이들이라고 한정하였으며, 이를 통해 우리는 당시에도 놀이가 아이들의 한정된 문화는 아니었을지 짐작할 수 있다.

사실 우리 중 누구도 놀이가 아이들만의 것이 아니라는 것을 모르지 않는다. 누구나 놀이에 눈을 뜨면 어디에서나 놀이를 발견할 수 있고, 또 함께하고 싶은 마음을 갖게 된다는 것을 알기 때문이다. 놀이를 즐기기 위해서 조건이 없다는 점이나, 함께 노는 것이 얼마나 쉬운지도 알고 있다. 놀이는 어렵거나 거창한 것이 아니다. 가령 거리에서 댄서들이 모여서 춤을 추면, 지나가던 행인들이 발걸음을 멈추고 춤을 관람하는 것을 보는 것도 하나의 놀이이다. 춤을 추는 사람은 춤을 추는 놀이를, 관람하는 사람은 관람하는 놀이를 즐기는 것이다.

춤을 추고, 춤을 관람하는 사람들에게 성별이나 연령의 제한은 없다. 참여가 제한된 공연이 아니라면 관객이 흥에 겨워 함께 춤을 추는 일은 공연의 재미를 더욱 가중시키기도 한다. 이렇듯 놀이는 합류함에 있어 경계의 벽이 높지 않아 누구든 놀이에 참여할 수 있으며, 직접 행하지 않고 지켜보는 것만으로도 즐거움을 느낄 수 있는 것이다. 다만 놀이는 경험을 기반으로 하므로 놀이를 즐겨보지 못한 사람보다는 즐겨본 사람이 놀이가 주는 가치와 영향력을 더 잘 알 수 있다. 놀이가 주는 가치와 영향력을 알고 있는 사람들은 인간은 생각하고 노동하는 존재인 동시에 놀이하는 존재이며, 놀이를 삶의 원천으로 여겨 놀이의 가치를 높게 평가한다.

놀이, 관점의 변화

한국에서는 사회 분위기상 놀이가 여가 활동으로 자리 잡게 되었다. 더불어 '놀 권리'가 강조되면서, 대략 90년대 이후부터 놀이에 대한 사회적 관심도 증가하기 시작하였다. 핵가족화와 낮은 출산율, 아이를 적게 낳는 대신 아이에게 해줄 수 있는 최대한의 것을 해주고 싶어 하는 젊은 엄마들의 육아 방식도 놀이의 확산에 한몫하였다고 볼 수 있다. 놀이가 아이들의 창의력을 키우는 데 도움이 된다는 사회의 풍조와 맞닿아, 놀이가 다양한 분야에 접목되는 데 영향을 주었기 때문이다. 언제부터인가 놀이를 강조한 아이들 대상의 프로그램이 호황을 누리고 있다는 점도 함께 짚어보면 좋을 것 같다.

아이들을 대상으로 하는 놀이 프로그램은 놀이 방법을 알려주는 것은 아니며, 놀면서 교육하는 방식으로 진행된다. 예술, 코딩, 수학 등 다소 어려워 보이는 교육을 진행할 때, '놀이'를 접목하는 식이다. 이는 사람들이 생각할 때 '놀이'가 얼마나 재미있고, 쉽고, 친숙한 개념인지 말해주는 것으로 생각해 볼 수 있다. 일상에서 놀이라는 단어를 손쉽게 접할 수 있게 되면서, 현재의 아이들은 과거의 아이들보다는 놀이라는 단어를 친숙하게 접하면서 성장할 수 있게 되었다. 물론 놀이로 된 교육을 받았다고 해서, 아이들에게 모든 놀이가 허락된 것은 아닐 것이다. 많은 부모가 교육 도구로서의 놀이가 아닌 유희로의 놀이는 여전히 제한하는 분위기이기 때문이다. 부모들은 '놀이 교육'을 중시하며, 자신의 아이가 다양한 놀이 교육으로 많은 지식을 습득하기를 바란다.

어리이날을 기념한 순창 축제 홍보물, 교육과 놀이가 섞여 있다.

자연스럽게 미디어를 접하는 최초의 연령대가 낮아지게 되었고, 놀이 주체자 연령의 범위는 점점 넓어지고 있다. 이는 놀이를 원하는 대상층의 확대로 볼 수도 있을 것이다. 스마트폰 앱 스토어(App Store)의 앱(App)만 살펴보아도 어린아이들이나 노인을 대상으로 한 앱도 많다. 앱과 같은 놀이 콘텐츠는 사용자가 없으면, 소멸하는 것이 일반적이다. 때문에 그들을 대상으로 한 앱이 많다는 건 그만큼 원하는 사람들이 많다는 이야기가 된다. 보통 아이들 대상의 앱은 부모, 형제자매를 통해 구매되어야만 아이들에게 전달될 수 있으며, 노인 대상의 앱은 스스로 구매하는 경우도 있지만 그들의 아들 · 딸을 통해 전달되는 것이 일반적이다. 놀이는 일차적으로 놀이를 선호하는 사람들의 시각에 받아들여질 수 있어야, 놀이로의 기능이 발현될 수 있을지 없을지가 결정되는데, 현재의 30–40대가 놀이를 중요시하는 세대로 자라났기 때문에 자신의 아이에게 놀이로 교육을 시키고, 부모에게는 놀이를 추천하면서 자연스럽게 사회에서 놀이의 위치가 변화한 것은 아닐까.

그렇기 때문에 대중문화 속의 놀이는 대중성(大衆性)을 가지며, 일반적 선호도가 있어야 하며, 반감이 없는 형태로 적용되는 경우가 많다. 어린이를 대상으로 하는 〈뽀뽀뽀〉[1], 〈TV 유치원〉[2], 청소년을 대상으로 하는 〈롤챔스〉[3], 〈학교〉 시리즈[4], 중장년을 대상으로 하는 〈세상 어디에도 없는, 아내의 맛〉[5]과 같은 프로그램의 등장은 여가문화를 즐기는 연령층이 다양해졌다는 것과 대중적인 소재들이 다양해졌다는 것을 단적으로 보여주는 예가 될 것이다. 물론 여전히 노인들을 대상으로 하는 프로그램은 많지 않은 실정이지만, 한국 역시 고령화 사회로 가고 있기 때문에 점차 늘어날 것으로 예측해볼 수 있다.

이처럼 놀이를 즐기는 대상이 점차 다양한 연령으로 확대되면서, 대중문화는 대중문화 향유자에게 접근하기 쉬운 형태로 변해가고 있다.

---

1 〈뽀뽀뽀〉는 대표적인 어린이 방송 프로그램이다. 1981년 5월 25일부터 2013년 8월 7일까지 아침 방송되었다. 이후 2018년 4월 2일 다시 부활하였다.

2 〈TV유치원〉 역시 〈뽀뽀뽀〉와 대표적인 어린이 방송 프로그램으로 꼽힌다. 1982년 9월 20일부터 현재까지 방영중이다.

3 〈롤챔스〉는 OGN(On Game Network)에서 2012년부터 개최한 〈리그 오브 레전드〉의 정류 리그이다. 〈리그 오브 레전드〉를 즐기는 게이머들이 많으며, 본격적으로 구단과 프로게이머들이 있을 정도로 해당 방송은 큰 인기를 얻었다. 2019년부터는 라이엇 코리아가 직접 소유하고 중계하게 되었다.

4 〈학교〉 시리즈는 1999년부터 2017년까지 주인공과 에피소드가 다르게 진행되어온 학생 중심의 드라마이다. 학생들의 학교 생활들을 다양하게 조명하였으며 최강희, 배두나, 김민희 등 많은 배우들이 드라마 〈학교〉를 통해 데뷔한 경우가 많다.

5 〈세상 어디에도 없는, 아내의 맛〉은 2018년 6월 5일부터 현재까지 방영되고 있는 프로그램이다. 대한민국의 연예인 부부가 출연하여 그들의 결혼 생활을 가감없이 보여주는 리얼리티이다.

대중이 선호하는 플랫폼에 따라 종이책이 전자책으로 확대되고, TV 방송이 인터넷 방송으로 확대되는 등 향유자들의 생활 패턴에 맞는 형태로 확장되어 가는 것을 보면, 더욱 실감된다. 그런데도 대중문화 속의 놀이 형태는 여전히 대중이 공감하기 쉬운 것들을 소재로 삼는 경우가 많다. 때문에 일부 미디어 속의 놀이는 현실과 다소 갭이 있는 것처럼 보이기도 한다. 왜그럴까.

미디어 속의 미취학 아이들은 대부분 놀이터에 모여 놀고, 청소년은 PC방이나 자신의 방에서 컴퓨터 게임을 한다. 노인들은 평상에 앉아 바둑이나 장기를 두는 경우가 많고, 젊은 남자들은 농구를 하거나 스키 등의 육체적인 활동이 필요한 놀이를 하고, 젊은 여자들은 좋아하는 연예인의 춤을 따라 추는 식이다. 이는 전통적인 관점이라는 인식 속의 놀이이며, 현실은 이와 다를 수 있다. 대중문화는 대부분의 사람들에게서 공감을 얻어야 하는데, 일부의 놀이는 여전히 사회적으로 논란이 되고 있는 경우도 있기 때문이다. 즉, 놀이는 사람들이 가치를 어디에 두고 있느냐에 따라 평가가 달라질 수 있다.

협의의 놀이 향유자를 대상으로 하는 대중문화에서는 이 틀이 깨지기도 한다. 영화가 대표적이다. 영화의 향유자들은 영화를 감독이나 각본가의 사상이 반영된 하나의 '작품'으로 받아들이는 경향이 있다. 따라서 놀이라는 소재가 일상에 기반을 둔 대중성이 강한 놀이, 특별한 사건이 더해지는 계기로의 놀이, 혹은 완전히 놀이 향유자에 특화된 놀이로 나타나는 경우도 많다. 그 과정에서 놀이가 긍정적인 시선으로 비치기도 하고, 부정적인 시선으로 비치기도 하지만, 사람들은 이를 리얼리티로 받아들이지 않고, 그저 영화라고 받아들이는 경우도 더러 있다.

영화 〈쥬만지(Jumanji)〉(1995)나 〈아바타(Avatar)〉(2009)를 보면, 두 영화의

주인공들은 타인의 강요가 아닌 자발적으로 놀이 상황에 매료되어 놀이를 이어간다. 그리고 주인공들이 매료되는 놀이 상황은 하나의 단편적 사건이 아닌, 영화의 중요한 시발점이 된다. 〈이상한 나라의 앨리스〉에서 앨리스가 시계 토끼를 쫓아가다 우연히 토끼굴에 빨려 들어가는 것처럼, 자신도 모르는 새에 상황에 매료되어버리는 것이다.

〈쥬만지〉에서는 주인공 앨런과 세라가 호기심에 이끌려 보드게임을 시작하면서 영화가 시작된다. 〈아바타〉에서는 주인공 제이크 설리가 하반신을 이용할 수 없어 아무런 욕구가 없는 사람으로 묘사하면서 영화가 시작된다. 이후 아바타 조종을 시작하고, 아바타를 통해 대리 신체를 얻음으로써 몸을 자유자재로 움직일 수 있는 믿지 못할 경험을 하게 된다.

〈쥬만지〉는 영락없는 놀이 상황을 보여주고, 〈아바타〉는 제이크 설리가 현실과 가상을 모호하게 생각하는 과정에 관객을 빠져들게 하는 요소로 놀이를 대입한다. 〈아바타〉의 경우 제이크 설리의 상황에 관객을 몰입시켜 여운마저 주고 있다는 점에서 놀이가 단순히 즐거움의 도구만이 아닌, 다양한 기능이 있다는 점을 간접적으로 느낄 수 있다.

대중문화가 놀이를 긍정적이고 흥미로운 시각으로만 조명하는 것은 아니다. 언젠가부터 드라마들은 소재가 현실에만 국한되지 않고 있는데, 영국 드라마 〈블랙 미러(Black Mirror)〉(2011) 시즌 1의 한 에피소드를 보면 또 다른 시선으로의 놀이를 확인할 수 있다. 시즌 1의 '15 Million Merits'라는 편에서는 미디어의 발전, 디지털 사회의 일부를 놀이라는 소재를 통해 표현하고 있다.

인간이 기계의 한 부품처럼 살아가는 가상의 세계. 사람들은 눈을 뜨자마자 자전거 페달을 밟는다. 주인공 빙(Bing)의 삶이 그렇다. 이 세계에서 자전거 페달을 밟는 행위는 일하는 것이다. 그리고 페달을 밟은 대가로 사이버 머니를 얻는다. 사이버 머니는 이 세계에서 통용되는 돈으로 자신의 아바타를 꾸미고, 의식주를 해결하는 데 사용된다.

〈블랙 미러〉에서는 자전거 페달을 밟는 행위를 놀이에 대입하여 비판하는 것인데, 반복적이고 삶에 영감을 줄 수 없는 놀이는 즐거운 감정을 주지 못하기 때문에 따분하고 반복적인 느낌만을 제공할 수 있다는 것을 말해준다. 즉, 주인공 빙을 통해 미디어에 얽매여 놀이를 놀이처럼 즐기지 못하는 미디어의 놀이를 비판하는 것이며, 놀이가 놀이의 기능인 즐거움을 주지 못할 경우에는 놀이로의 생명력을 잃게 되는 부분을 지적하는 것이다. 이는 사회 분위기가 변하여 놀이가 보다 중요해졌지만, 여전히 놀이를 바라보는 시각은 긍정과 부정이 함께 섞여 있는 상황이라는 것을 말해준다.

따지고 보면, 놀이가 존재했던 시간 이래로 놀이를 바라보는 긍정적 시간과 부정적 시간은 항상 존재해왔다. 우리에게 "너 자신을 알라"는 명언으로 잘 알려진 아리스토텔레스(Aristotle)의 경우에도 놀이를 인간이 삶을 완성하며 이뤄가는 스콜레(schole)의 하나로 바라보았다. 놀이를 '여가'를 활용해 '자유 시간을 즐기는 활동'으로 이야기한 것이다. 여기에는 놀이에 대한 긍정도 부정도 없지만, 중요한 것은 아리스토텔레스가 정의한 스콜레는 노동(ascholia)과 대립되는 여가 활동에만 해당하는 개념이라는 사실이다. 따라서 아리스토텔레스의 수많은 정의들 가운에 놀이는 중심에 속하지 못했다고 볼 수 있다.

놀이에 관해 소극적이고 부정적 평가가 자리 잡은 데 결정적인 영향을 끼친 이는 플라톤(Plato)이다. 플라톤은 놀이가 의존성, 특수성, 일회성이라는 속성을 가지고 있으며, 이러한 속성이 실재(idea)와는 거리가 멀다고 보았다. 놀이가 인간의 정신을 실재가 아닌 그림자 또는 가상으로 이끈다고 간주하였다. 그는 화가나 시인의 창작 행위 역시 이데아의 모상인 사물을 다시 모방(Mimesis)하거나 뮤즈에게 홀린 헛된 것으로 보고 그것을 '놀이'(paidia)라고 표현하였다. 이 역시 플라톤이 놀이를 어떻게 생각하는지 보여주는 부분이다. 플라톤의 관점에서 예술가의 창작행위는 놀이에 해당하는데, 창작행위를 모방으로 보았기 때문에 이를 예술에 대한 평가절하의 근거로 삼기도 하였다.

가다머(Hans-Georg Gadamer)는 예술작품을 설명하는 기반에 놀이를 적용하였다. 그에 따르면 예술작품이 존재 방식은 단적으로 놀이이다. 따라서 화가가 작품을 모방하는 행위도 놀이 방식이다. 가다머는 예술작품의 존재 방식과 놀이의 관계를 설명하기 위해서 놀이에 관한 일반적인 편견을 비판하기도 했다. 놀이가 진지하지 않다는 편견을 비판함으로써 '놀이함' 자체의 신성함과 진지함을 강조한 것이다. 이는 우리가 놀이를 노동의 관점에서만 보기 때문에 놀이가 진지하지 않다고 생각하는 경향이 있음을 짚어주며, 놀이의 진지함은 놀이 자체에 찾아야 한다는 것을 말해준다.

근대로 오면서 놀이는 점차 삶의 일부로 해석이 되기 시작한다. 놀이의 근대적 사유는 칸트(Immanuel Kant)와 실러(Friedrich Schiller)를 중심으로 형성되었는데, 칸트는 놀이를 이론이성과 실천이성 사이의 간극을 해결하기 위한 매개체와 같은 수단으로 바라보았다. 실러는 놀이가 이성에 기초한 형식 충동과 그것에 대립하는 감성 충동이 조화를 이룰 때 발생하는 놀이 충동이며, 놀이할 때 인간은 비로소 완전한 존재가 될 수 있다고 보았다. 그러나 칸트와 실러의 철학에서 놀이는 형식 충동과 감성 충동의 산물로 탄생한 것 그 이상도 이하도 아니었다. 여전히 놀이는 놀이 자체로 인정받지 못하고 수단이나, 산물(産物)로 받아들여졌던 것이다.

철학에서 놀이가 놀이 자체로 인정받아 삶의 일부로 받아들여진 것은 니체에 들어서라고 볼 수 있다. 니체(Friedrich Nietzsche)는 세계 자체를 하나의 놀이로 보았다. 니체는 세계를 목적이나 인과의 틀에 넣어 파악할 수 없는, 영원히 생성하는 것으로 보았다. 세계를 하나의 틀에 가두려고 하는 것은 인간의 독단(獨斷)이며, 독단의 과정에서 니힐리즘(Nihilism)이 생성된다고 보았다. 놀이는 니힐리즘을 극복할 수 있는 새로운 가치를 제시하는 등대 역할을 한다고 본 것이다. 니체의 이러한 놀이 관점은 현대의 놀이 철학에 큰 영향을 주어, 현대의 놀이 철학이 니체에서 출발한다고 보아도 과언이 아니게 되었다. 근대의 놀이 철학에 의해 놀이가 진지한 것으로 받아들여지지는 않았지만, 인간의 감성과 취미는 고정적이지 않으며, 즉각적이고, 일회적이며, 가변적이라는 것을 이해하는 계기가 되어준 것이다.

현대로 올수록 삶에서 놀이의 중요성은 더욱 강조되고 있다. 때문에 놀이의 긍정적인 측면이 더욱 부각되었고, 놀이에 대한 개념 · 정의도 함께 주목을 받기 시작했다. 우리에게 놀이 철학자로 가장 많이 알려진 하위징아(Johan Huizinga)가 대표적이다. 그가 정의한 '호모루덴스(Homoludens)'의 개념은 인간에게 놀이가 중요하다는 것을 상기시켜줌과 동시에 학문으로의 놀이 연구를 적립(積立)시키는 계기가 되어 놀이에 대한 인식을 변화시키는 데 지대한 영향을 주었다. 이와 더불어 로제 카이와(Roger Caillois) 역시 다른 것에서 파생된 개념으로의 놀이가 아닌, '놀다'라는 의미를 가진 'jeu'로부터 놀이를 정의하고 있어 놀이 철학자로서 함께 주목받았다. 단, 둘의 놀이 개념에는 조금의 차이점이 있다.

하위징아의 경우, 모든 것이 놀이에서 비롯된다. 먼저 놀이를 일정한 시간과 공간의 한계 속에서 자유롭게 동의하고, 구속력이 있는 규칙에 의해 행해진다. 또한 놀이는 놀이 자체에 목적이 있으며, 긴장과 즐거운 감정, 일상생활과는 다른 의식을 동반하는 자발적인 행위나 활동을 말한다고 정의하였다. 그는 사회의 질서를 잡아주는 제도들, 그것에 공헌하는 학문의 근원까지도 '놀이 정신(l'esprit de jeu)'에서 찾고 있다. 미와 전쟁 역시 마찬가지로 놀이의 범주에서 다룰 수 있다고 보았다. 즉, 그가 다루는 놀이의 범주는 매우 광의적이다.

로제 카이와의 경우, 놀이의 형태를 아곤(Agon), 알레아(Alea), 미미크리(Mimicry), 일링크스(Ilinx)라고 정의하며 놀이의 범위를 좁혀 정의한다. 아곤은 '경쟁'으로, 규칙 속 경쟁을 통해 인정받고 싶은 욕망을 느낄 수 있는 형태를 말한다. 대결을 통해 승패를 가릴 수 있는 놀이 대부분이 여기에 해당한다. 알레아는 '우연'으로, 아곤과는 상반된 개념인 운과 같은 형태를 말하며, 주사위 놀이나 뽑기 등이 여기에 해당한다. 미미크리는 '모방'으로, 일시적으로 '~이 되기'와 같은 하나의 폐쇄된 세계를 일시적으로 받아들이는 형태를 말한다. 인형 놀이, 흉내 내기, 가상세계에서 타인이 되어 채팅하는 형태 등이 여기에 해당한다.

일링크스는 '현기증'으로, 놀이 자체보다는 놀이를 통해 느끼는 쾌감과 같은 감정에 가깝다. 앨프리드 히치콕(Alfred Hitchcock) 감독의 영화인 〈새(Bird)〉(1963)처럼 새 떼가 등장하여 일시적 긴장감이나 공포 게임 〈사일런트 힐(Silent Hill)〉(1999)처럼 언제 어디에서 무엇이 나타날지 짐작할 수 없어 공포와 긴장감에 사로잡히는 불안감과 이를 해결했을 때의 쾌감 같은 것도 여기에 해당한다. 롤러코스터를 타면서 느끼는 통제할 수 없는 어지러운 상태, 팀플레이를 할 때 느끼는 팀원끼리의 동질감이나 유대감 같은 것 역시 일링크스에 해당하는 감정이다. 즉, 로제 카이와의 경우 놀이를 상세하게 분류하고, 놀이 자체를 분류할 수 없을 때는 놀이를 통한 감정이나 상태로 확대하여 놀이를 분류한다.

더 나아가 놀이 학자인 스튜어트 브라운(Michael Stuart Brown)은 놀이를 목적이 없어 보이는 것, 자발적인 것, 고유의 매력이 있는 것, 시간 개념에서 자유로운 것, 자의식이 줄어드는 것, 즉흥적으로 바꿀 수 있는 것, 지속하고 싶은 욕구를 불러일으키는 것으로 이야기함과 동시에 놀이자의 유형을 분류한다. 놀이자의 유형은 놀이를 즐기는 사람들의 성향에 따라 익살꾼(joker), 활동가(kinesthete), 탐험가(explorer), 경쟁자(competitior), 감독(director), 수집가(collector), 예술가/창조자(artist/creator), 스토리텔러(storyteller)로 나눌 수 있다.

익살꾼은 농담하며 노는 유형, 활동가는 몸을 움직이길 좋아하는 유형, 탐험가는 창의력을 유지하고 상상력을 자극하는 활동을 좋아하는 유형, 경쟁자는 이기기 위해 놀이를 하는 유형, 감독은 계획하는 것을 즐기고 이벤트 만드는 것을 좋아하는 유형, 수집가는 흥미로운 물건을 최대한 많이 모으고 갖는 것을 좋아하는 유형, 예술가 혹은 창조자는 만들고 판매하거나 기존의 것을 개선하는 것을 좋아하는 유형, 스토리텔러는 어떤 종류든 퍼포먼스를 하는 것을 좋아하는 유형으로 정의된다.

오늘날 다양한 놀이가 존재하듯이 사람들은 자신이 좋아하는 놀이를 자기만의 방식으로 놀이를 즐기고 있다. 따라서 스튜어트 브라운의 분석이 가능했던 것은 놀이 유형을 나눌 수 있을 만큼의 모집단(Population)이 충분해졌음의 방증일 것이다. 놀이를 즐기는 사람이 사회적으로도 많아졌다는 것을 증명이라도 하는 것처럼, 다양한 분야에서 놀이를 중심으로 하는 다양한 연구와 사업 등이 진행하는 움직임도 보이고 있다. 만약, 사회 분위기가 뒷받침되지 못했다면 놀이의 확장 속도는 지금보다 더뎠을지도 모른다.

세계적으로 '게임화(Gamification)'의 열풍이 불었던 것은 놀이 확산의 대표적인 예가 될 수 있다. 최근 SBS의 〈집사부일체〉라는 프로그램에서 카카오게임즈의 남궁훈 CEO가 나와 '게임화'에 대한 설명을 하기도 했는데, 게임이 아닌 것에 게임 플레이 기법을 적용하는 것을 이야기한다. 게임화는 계단을 피아노로 만들어 엘리베이터나 에스컬레이터 대신 계단을 이용할 수 있도록 유도하는 캠페인으로부터 시작되었다. 건강을 챙기고 전기 에너지를 아낄 수 있다고 소개가 되었으며, 사람들은 호기심에 이를 이용하거나, 재미있는 놀이 소재로 여겨 UCC로 제작하기도 했다. 또 다른 사례인 소리 나는 쓰레기통은 쓰레기를 버릴 때마다 마치 게임을 하듯 소리가 나도록 하자, 사람들이 놀이하듯이 거리의 쓰레기를 주워 쓰레기통에 넣어 거리가 깨끗해지는 효과를 얻었다. 일시적이지만 자발적 환경보호를 이끌어낸 셈이다.

만약, '에너지 절약을 위해 계단을 이용하시오', '길거리에 쓰레기를 버리지 마시오'와 같은 딱딱한 안내 문구가 적혀 있었다면, 사람들은 이를 그냥 지나쳤을 가능성이 높다.

물론 이러한 사례들이 장기적으로 이어지지는 못했지만, 놀이라는 요소를 일상생활에 도입하였을 때, 그렇지 않은 것보다 시민들의 자발적으로 참여율이 높고 재미를 느껴, 당시 그들의 놀이(UCC)로까지 이를 확대했다. 게임화는 앞으로 놀이가 적용될 수 있는 영역이 무궁무진할 거라는 믿음과 기대, 놀이가 단순히 즐거운 쾌락만을 위한 것이 아니라는 것을 보여주었던 대표적인 사례가 아닐까 싶다.

놀이의 이유

우리 사회에는 다양한 놀이가 존재한다. 위에서 다룬 게임화처럼 놀이의 기법을 사용하는 것도 놀이의 영역으로 본다면 놀이의 영역은 더욱 넓어질 것이다. 놀이는 '지금부터 놀이하자!'라고 정의하지 않아도, 자연스럽게 타인의 놀이에 참여할 수도 있고, 정확한 룰을 몰라도 '더듬기'를 통해 충분히 즐거울 수 있기 때문에 놀이의 참여나 새로운 놀이가 생겨나는 것은 어렵지 않다. 그러다 보니 사람들은 남들이 모르는 나만의 놀이가 있을지도 모르겠으며, 타인이 나와 다른 놀이를 하고 있다고 해도 크게 신경을 쓰지 않는다. 또한 같은 놀이를 하면서도 개인의 상황에 따라 놀이의 정의가 다를 수도 있다.

일찍이 놀이 연구자 브라이언 서튼 스미스(Brian Sutton-Smith)는 사람들 사이에서 놀이가 다양하게 정의될 수 있는 현상을 주목한 바 있으며, 이를 사람들이 저마다 고유한 방법으로 놀이에 대해 정의하기 때문이라고 이야기하였다. 놀이는 놀이를 즐기는 향유자의 상황, 향유자의 직업과 같은 향유자의 다양한 환경 등이 개개인의 놀이 정의를 다르게 만들 수 있다고 본 것이다.

예를 들어, 게임을 플레이하는 것을 직업으로 하는 프로게이머(Progamer)에게 게임은 일이지만, 대부분의 사람에게 게임은 '놀이'이고, 누군가에게는 교육의 '도구'가 될 수도 있다. 그렇기 때문에 놀이는 놀이 향유자만 아닌 놀이 평가자를 통해서도 가치가 쉬이 달라질 수 있다. 놀이는 놀이 행위자와 놀이 평가자 그 누구의 소유물이 될 수 없으며, 놀이의 룰은 정의될 수 있으나 놀이의 경험적인 측면은 하나로 정의될 수 없다. 따라서 경험과 생각이 다른 사람들이 바라보는 놀이에는 호불호가 있을지라도, 그것이 놀이를 계속하게 하는 이유나 중단하게 하는 이유가 되지는 못하는 것이다.

놀이는 '본능적인 감정'이다. 본능(本能)이란, 모든 동물이 가지고 있는 유전적인 것으로, 태어날 때부터 가지고 있는 성질을 이야기한다. 놀이는 사람마다 다른 요소가 본능적으로 끌리게 하고, 인간은 이성적으로 이를 즐길지 말지를 판단한다. 따라서 어린 시절에는 본능과 감정에 충실하여 놀이를 쉽게 제어할 수 없지만, 성인이 된 이후에는 이성적으로 판단하여 놀이를 제어하면서 즐길 수 있다. 앞서 말하였듯이 놀이의 요소에는 다양한 요소가 있고, 사람마다 본능적으로 끌리는 요소가 다를 수 있기 때문에 특정 놀이를 바라보는 관점에는 차이가 생긴다. 또한 나와 즐기는 놀이가 다를 수도 있기 때문에 모든 놀이에는 호불호가 있을 수 있다.

놀이는 우리가 생각하는 것보다 삶에 많은 영향을 준다. 놀이는 삶을 외롭지 않게 만들고, 일상을 덜 따분하게 만들어준다. 대부분의 사람들은 놀이를 취미(趣味)의 영역에 두고 즐긴다. 일반적으로 취미란, 즐기기 위해 하는 것으로 정기적으로 행하는 여가이다. 꽃꽂이, 축구, 게임, 텔레비전 보기, 영화 관람, 암벽 등반, 책 읽기 등이 취미 활동에 포함될 수 있다. 누군가 우리에게 취미를 즐기는 이유를 물어봐서 답할 때면, '재미있어서'라는 말보다는 '주말에는 좀 쉬고 싶어서', '공부를 너무 많이 했으니 쉬려고', '다른 일을 시작하기 전에 리프레시하기 위해' 같은 다양한 이유를 들어 설명한다. 상대에게 이를 즐기는 이유를 납득시키려고 한다는 점은 언제나 아이러니하다.

놀이 행위자가 점점 많아지고 있음에도 불구하고, 온갖 설명으로 놀이하는 행위를 상대방에게 납득시키려는 이유는 놀이가 무상성(無償性)

이라는 특징을 가지고 있기 때문일 것이다. 삶에서는 매 순간이 중요하기에 선택을 자유로이 할 수 없다. 선택의 결과가 좋지 못했을 때 돌이킬 수 없어 좌절이나 후회로 이어지기도 한다. 그러나 놀이에서의 선택은 상대방에게 양해를 구하고 다시 할 수도 있고, 처음부터 다시 할 수도 있다. 놀이는 현실에서 불가능하거나 해서는 안 되는 것들을 할 수 있고, 윤리적 제도로부터 탈피도 가능하다. 놀이의 행동이 현실에 영향을 주는 것이 아니기 때문에 아무런 문제도 되지 않는 것이다. 이러한 특징은 놀이를 계속하게 하는 이유가 되기도 하지만, 실제 삶에서 목표를 두고 달려가는 사람들에게 놀이는 가치가 없는 것처럼 생각될 수 있다.

그럼에도 불구하고 많은 사람이 놀이를 즐기는 이유는 놀이가 자기 목적성(autotelic)을 기반으로 하기 때문일 것이다. 스스로가 원해서 하는 일이기에 몰입(Flow)도 쉽다. 놀이 향유자는 놀이하면서 저마다 목표를 세우기 마련이다. '1시간만 해야지', '이번 달에는 곡 하나를 완성해야지', '저 아이템까지만 먹어야지'와 같은 이룰 수 있을 것 같은 목표들 말이다. 목표가 완료되기 전까지는 목표를 달성하기 위한 노력을 하는데, 바로 이 상황에서 매직 서클(The Magic Circle)이 생성되기도 한다. 일반적으로 몰입은 쉽지도 어렵지도 않은 과제(task)를 해결하는 과정에서 쉽게 일어난다. 너무 쉬운 과제라면 지루함이나 권태가 되고, 반대로 너무 어려운 과제라면 불안함이나 걱정이 되기 때문에 적당한 도전 가치가 있는 과제에서만 몰입이 일어날 수 있다. 그런 의미에서 놀이는 쉬이 몰입이 일어날 수 있다.

게임과 같은 놀이에서 생성될 수 있는 매직 서클은 놀이를 위한 시공간을 전제로 한다. 매직 서클이 발생하기 위해서는 자유 선택이 있어야 하고, 시공간이 현실과 경계에 있어야만 한다. 매직 서클 안에서는 몰입을 하므로 시간이 가는 줄 모르고 놀이를 즐기게 되는 것이다. 다만, 디지털과 스마트폰의 영향으로 매직 서클의 성질은 변화되고 있다. 전화벨 소리, 메일 알림 등 언제라도 매직 서클이 깨질 수 있는 상태가 되었기 때문이다.

그러나 사람들 역시 환경에 적응하도록 진화되었다. 사람들은 밥을 먹으면서 텔레비전을 볼 수 있게 되었고, 전화 통화를 하면서 게임을 하는 등 후천적으로 매직 서클의 경계에 더 오랫동안 머물 수 있도록 적응하게 되었다. 야스퍼 율(Jesper Juul)은 이러한 상황을 두고 전통적 매직 서클은 게임 안팎을 원천 차단하는 벽의 개념이었다면, 디지털 기술이 적용된 게임은 세포막 같은 형질로 변화되고 있다고 설명한다. 기술의 발전으로 현실과 놀이 공간의 상호 침투가 자연스럽게 이루어지고 있는 부분을 언급한 것이다.

사람들이 자신의 놀이 활동에 이유를 부여하려는 이유는 사회에 만연한 놀이에 대한 부정적 인식으로 인한 반작용일 수도 있다. 현대 시대의 놀이 축 중심에 있는 게임이 대표적인데, 게임을 둘러싼 담론을 살펴보면, 부정적 측면의 관점이 얼마나 심각한 상태인지[6] 알 수 있다. 2015년, 보건복지부는 국민의 게임 중독을 방지하겠다며 한 광고를 냈었다. 광고의 내용은 체크 리스트를 통해 게임 중독 여부를 확인하고, 중독이라면 그만 게임을 멈추라는 내용이었다. 광고상의 체크리스트는 다음과

6 게임을 둘러싼 부정적 담론 역시 오래 되었다. 2015년부터는 보건복지부가 게임 중독 광고를 하거나, 게임 중독을 질병으로 몰아가는 움직임도 있어 게임 산업 자체가 영향을 받기도 하였다.

같다.

'게임 BGM 소리가 환청처럼 들린 적이 있다', '사물이 게임 캐릭터처럼 보인 적이 있다', '게임을 하지 못하면 불안하다', '가끔 현실과 게임이 구분이 안 된다'였으며, 광고의 출연자들은 혼이 빠진 사람들처럼 표현되어 있다. 이는 현재의 놀이 문화를 이해하지 못한다는 목소리로 번져, 사람들의 물매를 맞고 청와대의 중재를 받아 중단된 바 있다. 보건복지부는 게임 광고를 유튜브에 공개하였고 광고를 중단할 생각이 없다고 밝힌 바 있지만, 여론의 뭇매를 맞고 같은 해 3월 2일까지만 상영을 하였다.

게임을 바라보는 사람들의 시각이 다르기 때문에 무엇이 맞고 무엇이 다르다고 말하기 어려운 부분이 있다. 그러나 분명 어떤 사람들은 광고에 공감했을 것이고, 어떤 사람들은 아닐 것이라는 점이다. 이 사례를 통해 중요하게 생각해볼 점은 현재는 디지털 문화가 기반이 되고 있고, 자연스럽게 디지털 내부의 놀이 문화가 활성화되는 것은 어쩌면 당연한 수순인데, 몇몇 사례들로 인해 해당 놀이 자체가 부정되어서는 안 된다는 것이다. 우리의 놀이 문화는 앞으로도 계속해서 변화될 것이며, 더 다양한 연령대에서 즐겨질 것이기 때문이다.

놀이의 변화

우리가 생각하는 놀이는 즐거움을 제공하고 끝나는 것에 가깝지만, 그렇지 않은 경우도 더러 있다. 놀이를 통해 자신의 삶을 발견하는 경우도 있기 때문이다. 만화 평론가이자 만화 잡지 편집장을 거친 오쓰카 에

이지(大塚英志)는 상업 잡지에 에로물을 연재하는 만화가들의 대부분이 독자였다고 말한다. 독자였던 그들이 자신의 성적 환상을 그려 데뷔하는 경우가 많아, 작가와 독자의 차이가 아주 미미하다고 말한 바 있다. 에로물을 예시로 들어 얼굴을 찌푸리는 독자들이 있을지도 모르겠으나, 여기에서 말하고 싶은 것은 에로물이 아닌 놀이에 빠져들어, 놀이를 연구하고 창작하다가 본업으로 삼는 사람들에 대한 이야기이다. 이러한 사례는 디지털 기반의 놀이에서 흔한 사례가 되었기 때문이다.

위의 사례는 K-POP, 게임, 애니메이션의 1세대들의 데뷔 사례나 성공 사례에서도 주로 접할 수 있다. 놀이를 즐기는 것처럼 몰입하다가 자연스럽게 일로 전향되었다는 이야기이다. 2000년대 초반만 하더라도 아이돌을 보고 빠져들어 춤을 추고 노래를 부르는 것을 좋아하다가 본격적으로 기획사에 소속되어 아이돌이 되는 것, 게임에 빠져들어 게임 개발자나 프로게이머가 되는 것, 애니메이션을 좋아하고 빠져들어 애니메이션 제작자가 되는 등의 사례가 많았다. 그리고 최근에는 영상 크리에이터가 청소년층으로부터 지지를 받으면서, 이전 시대의 연예인, 게임 제작자나 프로게이머, 애니메이션 제작자만큼 지지를 받는 직업으로 부각되고 있다.

유튜브에서 〈도티TV〉[7]로 유명한 도티가 대표적인 영상 크리에이터이다. 유튜브라는 한정적인 플랫폼의 유명인이었던 그가 〈마이 리틀 텔

7 〈도티TV〉는 전 아프리카TV의 BJ이자 현재의 샌드박스 네트워크 소속의 영상 크리에이터 도티가 진행하는 유튜브 방송의 이름이다. 2013년부터 꾸준히 방송을 시작하였다. 〈마인크래프트〉를 시작으로 게임 방송을 하였으며, 청소년들에게 〈마인크래프트〉가 인기를 얻으면서 유명해지기 시작하였다. 이로 인해 초통령이라는 별명이 생기기도 하였다.

레비전 V2〉[8]이나 〈전지적 참견 시점〉[9] 등 지상파 방송에 출연하는 것만 보아도 크리에이터들의 인지도가 대중적으로 높아졌으며, 영향을 줄 수 있는 위치에 있다는 것을 짐작할 수 있다. 즉, 도티와 같은 사례들이 향유자가 놀이를 어떻게 즐기느냐에 따라 단순 놀이로 끝날 수도 있고, 또 다른 결과로 이어질 수도 있다는 것을 보여주는 부분이기도 하다.

시대가 이렇다 보니 조금 과장하면 현재는 잘만 놀아도 직업을 얻을 수 있는 시대가 도래했다고 보아도 과언이 아니다. 사회적으로 놀이가 인정받기 시작한 것도 얼마 되지 않았는데, 놀이가 직업이 되는 시대가 되었다는 사실은 기성 세대들에게는 놀라운 일이 아닐 수 없다. 그만큼 디지털 시대의 놀이가 확산 속도가 빠른만큼 파급력 또한 대단하다는 점을 짐작할 수 있는 부분이다.

디지털 시대의 놀이는 보통 컴퓨터를 기반으로 작업이 이루어지는 경우가 많아서, 전통적 놀이 관점에서 생각하면 큰 차이가 있다. 때문에 놀이를 기반으로 탄생한 직업들 역시, 기존의 직업관과는 표면적으로 큰 차이가 있기도 하고, 전통 직업관의 가치와 충돌하는 문제가 있기도 하다. 디지털 문화에서 놀이 중심으로 생성된 직업은 컴퓨터만 있다면

---

8 〈마이 리틀 텔레비전 V2〉은 2019년 3월 29일부터 2020년 1월 20일까지 방영된 인터넷 방송 형태의 프로그램이다. 시즌1에서는 백종원이 '백주부'로 출연하여 고급진 레시피, 기미상궁과 같은 키워드와 함께 백종원 열풍을 일으켰고, 시즌2에서도 김구라, 정형돈 등 여러 연예인을 중심으로 방송이 이루어졌다.

9 〈전지적 참견 시점〉은 2018년 3월 3일부터 현재까지 방영 중인 프로그램이다. 연예인과 연예인의 매니저가 함께 출연하여 그들의 생활을 엿볼 수 있다는 부분이 시청자들에게 신선하게 어필이 되었다. 2018년의 MBC 연예대상을 〈전지적 참견 시점〉의 관찰자로 출연하는 이영자가 받은 바 있으며, 연예인들의 매니저들도 크게 사랑을 받았다.

작업을 할 수 있으므로, 시공간의 제약이 없다. 전통적인 직업들에 비해 야근과 철야가 당연시되기도 한다. 무엇보다 '속도'가 중요한 시대가 되면서, 콘텐츠의 소모 속도만큼이나 콘텐츠 제작 속도도 빨라져야 하는 상황인 것이다.

다시 콘텐츠로 돌아와 디지털 시대에 가장 민감한 10대층의 유튜브 선호 기사를 보면, 그들은 검색보다는 동영상 기반의 검색 결과를 선호하고, NAVER나 DAUM과 같은 검색엔진 대신 유튜브를 사용하는 패턴으로 자연스레 이동하고 있다. 유튜브에서는 〈도티TV〉처럼 10대들을 대상으로 하는 많은 채널이 생성되고 있다.

10대 층의 유튜브 선호 기사에서는 '김재원의 즐거운 게임 세상'의 운영자인 김재원 씨를 인터뷰하고 있는데, 이 인터뷰 내용을 보면, 유튜브 이용자들의 이용 패턴이 어떻게 변화되고 있는지를 확인할 수 있다. 김재원 씨는 〈오버워치〉[10]가 유행하던 시기였던 중학교 2학년 때부터 유튜브에 영상 올리기 시작하여, 남들과는 차별화된 콘텐츠를 만들어 내는 것에 목표를 두었다. 현재는 〈1박 2일〉 〈삼시 세끼〉 〈알아두면 쓸데없는 신비한 잡학사전〉 등의 인기 있는 프로그램을 제작한 나영석 PD의 예능을 보면서 편집을 공부하고, 게임 시나리오도 쓰고 있다고 한다. 즉, 유튜브는 하나의 개인에게 보는 동시에 창작할 수 있는 공간이며, 배움의 공간으로 확대되어가는 양상을 보인다.

---

10 오버워치(Overwatch)는 블리자드 엔터테인먼트가 2016년 서비스하기 시작한 FPS장르의 게임이다. 특별한 스킬을 가진 캐릭터 가운데 하나를 선택하여 팀플레이 하는 게임이며, 한국에서는 '옵치', '고급시계' 등의 별칭을 가지며 게이머들에게 많은 사랑을 받고 있다.

유튜브가 확장될 수 있었던 것에는 단순히 스마트폰의 확산 같은 타이밍만의 문제는 아닐 것이다. 유튜브의 기술력이 뒷받침되었기 때문이다. 유튜브는 내가 클릭한 영상과 유사한 영상들을 기반으로 지속해서 새로운 영상들을 추천해주기 때문에 트랜디한 콘텐츠들이나 나에게 어울릴 만한 콘텐츠를 지속해서 노출 시켜준다. 때문에 향유자는 유튜브에서 아무것도 선택하지 않아도 콘텐츠를 끊임없이 소비할 수 있다. 아무것도 하지 않아도 알아서 추천해주고, 플레이해주는 그런 편리함이 이용자에게 어필된 것이다.

게다가 새로운 콘텐츠를 창작하기에도 자본의 부담이 없고, 영상이 스트리밍되어서 수익까지도 창출할 수 있게 되니, 유튜브야말로 놀면서 돈을 번다는 말의 대표적인 케이스가 아닐 수 없다. 과거 앤소니 스토는 그의 저서『고독의 위로』에서 어느 정도 고립이 되어 지낼 때, 어린 시절의 분리나 사별 같은 것이 동력이 되어 창작의 방향으로 발달할 수 있다고 한 바 있지만, 디지털 시대의 창작은 고립보다는 접함을 통해 트랜드를 읽어야만 가능하도록 변하게 된 것 같다.

추세가 이렇다 보니, 디지털 놀이는 점점 확대되어가고, 전통 놀이는 축소되어가는 양상을 보인다. 문화의 보존 차원에서 전통 놀이를 살리려는 움직임[11]이 있기도 하지만 쉽지 않은 일이다. 더불어 오프라인에서

11 국가 차원에서 사라져가는 전통 놀이를 부활시키기 위한 프로그램을 진행하고 있다. 문화체육 관광부는 전통 놀이 문화 조성 · 확산 사업 공모 공고를 통해 전통 놀이를 보존을 지원한다. 부여에서는 "백제문화제"를 통해 부여 지역의 무형문화재 등 전통 공연을 개최한 바 있고, 용인에서는 용인시 민속놀이 보존회가 나서서 전통놀이를 복원하는 데 힘쓰고 있는 등 전통 문화를 살리기 위한 움직임이 정부와 민간에서 이루어지고 있다.

존재하는 수많은 놀이 역시도 사라져가고 있다. 현대인들에게 외부 활동은 많지 않으며, 외부 활동을 한다고 하더라도 함께 노는 것 자체가 쉽지 않기 때문이다. 〈런닝맨〉[12]과 같은 텔레비전 프로그램이 청소년 층에게 꾸준히 인기를 얻으면서, '방 탈출'[13]과 같은 오프라인 놀이 문화도 함께 활성화되고 있으나, 가격이 비싸고 예약이 쉽지 않은 테마도 있어 접근성은 떨어진다.

반면에 디지털 놀이는 그 범위가 확대되어가고 있는데, 최근에는 운동과 같은 오프라인 활동들이 디지털로 이동한 사례들도 눈에 띈다. 〈링 피트 어드벤처〉[14], 〈저스트 댄스〉[15]는 닌텐도 스위치를 플랫폼으로 하는 게임으로, 실제로 몸을 움직여 전신 운동을 하거나, 춤을 추는 구조로 되어 있다. 뿐만 아니라 VR이나 AR로 놀이가 확장되어가는 양상[16]을 본

---

12 2010년부터 현재까지 방영중인 SBS의 버라이어티 프로그램이다. MC 유재석이 중심이 되어, 매회 팀을 나누고 미션을 받아 추격전 방식으로 게임을 진행한다. 주로 도시의 층이 있는 빌딩에서 게임을 진행하지만, 해외의 유명 관광지인 건물로 가서 추격전을 하기도 한다.

13 방 탈출은 방 탈출 카페라고 불리는 곳에서 예약하고, 놀이를 즐기는 방식이다. 사람들은 자신이 탈출할 방을 선택하고, 갇히고, 탈출하기를 하는 일회성의 게임이다. 즉, 향유자들이 머무는 장소는 그들이 사는 지역 혹은 머무는 지역이지만, 방 탈출 내 테마 선택을 통해 다른 도시 혹은 가상의 지역에 속한 것처럼 게임을 즐기는 방식이다. 최근의 방탈출은 VR을 도입하여 더욱 사실감을 높이고 있어, 오프라인 놀이에도 디지털이 적용되어가는 흐름을 보이고 있다.

14 〈링 피트 어드벤처〉는 2019년 10월 18일 닌텐도 스위치로 발매된 게임이다. 기존의 닌텐도 피트니스 게임에 어드벤처 장르를 결합한 것이 특징인 게임이다.

15 〈저스트 댄스〉 시리즈는 유비소프트에서 제작한 댄스형 리듬게임으로 닌텐도 스위치, 플레이스테이션, XBOX 등 다양한 플랫폼을 대상으로 제작되고 있다.

16 VR이나 AR를 기반으로 하는 서비스들이 지속 개발 되고 있다. 세계의 AR.VR SW 시장 규모는 2022년까지 1,784.7억 달러 규모까지 성장을 할 것으로 예상되

다면, 사람들은 늘 새로운 경험과 놀이를 갈구하고 있다는 생각도 든다. 특히, 코로나19로 인해 바깥 활동이 자제되는 현재 상황이 지속된다면, 디지털과 현실이 적절히 적용된 놀이들이 앞으로 더 성행할 수 있지 않을까 하는 예측도 가능하게 한다.

〈링 피트 어드벤처〉나 〈저스트 댄스〉처럼 제품의 형태로 공식화된 것은 아니지만, 게임은 이미 오래전부터 디지털과 접목되어 영상 문화를 창조한 사례도 존재한다. 그 시작은 게이머들의 '놀이'에서 비롯되었다. 아마 '아프리카 TV' 같은 초창기 인터넷 방송에서 게이머들이 자신의 게임 플레이를 올린 영상이나, 자신의 플레이 영상에 스토리를 부여하여 영화처럼 만든 것을 본적 있는 독자들도 있을 것이다. 이는 플랙 비디오(FLAC VIDEO) 라는 영상 장르의 하나로, 〈헤일로(Halo)〉(1999), 〈월드 오브 워 크래프트(World of Warcraft)〉(2005), 〈심즈(Sims)〉(2000) 등의 게임이 대표적인 플랙 비디오의 도구가 되었다. 이후 플랙 비디오는 전문적으로 변화 되어 머시니마(Machinima)라는 영상 장르의 초시가 되었다. 머시니마는 기계(Machine)와 영화(Cinema)의 합성어로 게임 엔진을 이용한 영상을 말한다. 머시니마 영화제를 만들어낼 만큼 확대되기도 했었다. 앞서 유튜브의 사례와 플렉 비디오의 사례를 보면 알겠지만, 디지털 시대의 놀이는 놀이 향유자들의 창작 행위를 가능케 한다는 점이 가장 큰 특징이다. 아즈마 히로키(東浩紀)는 이러한 디지털 놀이 형태를 '데이터베이스 소비'라고 명명하였다. 데이터베이스란, 인터넷으로 대변되는 상상력의 새로운 환경을 말하며, 데이터베이스에 기반을 둔 콘텐츠 소비의 새로

고 있어 AR, VR의 시장과 기술 직업 수요가 점차 늘어날 것으로 전망하고 있다.

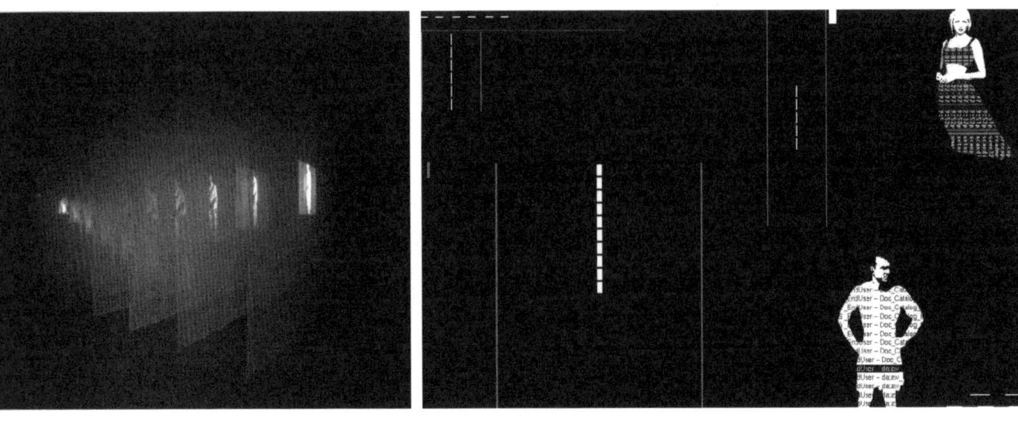

빌 비올라(Bill Viola)와 올리아 리아리나(Olia-lialina)의 비디오 아트 작품.
종래의 예술작품들과는 전혀 다른 형태의 예술로 평가받고 있다.

운 현상을 데이터베이스 소비라고 규정한다. 데이터베이스 소비 현상은 이야기의 지위 저하, 캐릭터의 자율화, 미디어 믹스 등을 그 특징으로 한다. 때문에 이러한 환경에서는 이야기가 확장되면서 또 계속해서 파생되는 것이다

디지털 창작 행위는 비단 게임뿐 아니라, 예술 창작자들과 작품에도 많은 영향을 주었다. 부르디외(Pierre Bourdieu)는 디지털의 특징이 예술의 능력을 상실한다고 평가하였고, 플라톤의 관점에서 놀이에 해당하는 예술가의 창작 행위는 예술을 평가절하시키는 근거가 되었으나, 시대가 많이 바뀐 만큼 예술의 의미도 과거와는 다른 평가를 받을 수 있게 되었다. 디지털 예술은 주로 이미지 변형을 통해 성취되는데, 이미지의 생성 · 처리 · 수정 · 배포를 가능하게 컴퓨터의 도움을 받아 새로운 창작물이 생성된다. 사람들은 디지털을 기반으로 탄생한 작품 역시 예술 작품이라 부르고, 미디어 아트(Media Arts), 비디오 아트(Video Arts)와 같은 용어들로 미디어 기반의 예술 분야를 일컫는 용어를 새로이 만들어내기도

하였다. 그만큼 미디어 기반의 작품이 영역을 분류할 수 있을 만큼 다양해지고, 많아졌다는 것을 말해주는 것이다.

디지털을 기반으로 다양한 작품을 선보인 백남준, 빌 비올라(Bill Viola), 올리아 리아리나(olia-lialina) 등 아티스트들의 작품은 새로운 아트의 영역을 구축하면서 현대의 예술로 자리를 잡았다. 예술가들의 창작 행위, 원본이 복제되어 예술로의 값이치를 상실한다는 부르디외의 주장과 예술작품이 놀이로 여겨져 평가절하의 근거가 된다던 플라톤의 주장이 무색하게 현대 사회에서 디지털 예술은 높이 평가되고 있다.

미디어의 발전은 놀이, 예술의 범위를 확장해나가고 있다. 놀이에 대한 사회적 위상이 변화되어, 놀이를 즐기는 사람들을 바라보는 사람들의 시선에도 변화가 생겼기에 가능한 일이었다. 후기 산업의 산물인 '오타쿠(オタク)'는 등장 당시에는 사회에 대한 사람들의 욕망과 불만을 담는 형태로 놀이를 즐기는 사람들을 일컫는 말로 사용이 되었지만, 현재에는 한 가지 일에 끈기와 집착을 보이는 사람 정도로 사용되고 있으며 책 덕후, 일 덕후 등 자신의 분야에 열정적인 사람을 칭하는 말로 확대되어 사용될 만큼 대중적인 용어로 자리 잡은 것 역시, 일부 놀이 행위자를 칭하던 특정 집단의 용어가 대중적으로 사용될 만큼 일반화 되었다는 것을 알 수 있다. 그런 면에서 오타쿠의 의미 변화는 사람들의 인식이 변화된 것을 보여주는 대표적인 사례이다.

이처럼 놀이에 대한 사회적 분위기가 형성되고, 놀이 평가자들의 시선이 이전보다 관대해진 것, 놀이 평가자였던 사람들이 놀이 향유자로 변화되면서, 놀이 평가자를 평가하던 편견의 시선에도 차츰 변화가 생기고 있는 것이다.

디지털화와 앞으로의 놀이

그간의 놀이를 되새겨보니, 어느 순간 놀이가 자연스럽게 디지털화되어왔다는 생각이 든다. 문득, 문구사에서 팔던 조그마한 기계 다마고치(たまごっち)를 가지고 놀던 기억이 빠르게 지나간다. 지금 생각해도 다마고치를 처음 대면했을 때의 기억이 생생하다. 분명 강아지를 키우겠다고 선택했는데, 달걀 모양으로 생긴 정체불명의 원형 픽셀을 대면했을 때의 충격. 이 픽셀은 1초 단위로 팔딱팔딱 튀어 오르며 살아 있음을 증명하였고, 시간 맞춰 밥도 주고, 배설물을 치워주다 보면 며칠이 지나야 처음 선택했던 강아지 비슷한 모양이 되었다.

정체불명의 원형 픽셀은 종종 병에 걸려 아프기도 했다. 처음에는 치료하지 못한 생물체가 죽어서 죄책감이 느껴지기도 했고, 슬프고, 당혹스럽기도 해서 어찌할 바를 몰랐던 기억이 난다. 그 이후에는 키우고, 죽고를 몇 번 반복하다 보니 자연스럽게 다시 키웠던 기억도 있다. 원하는 강아지 모습의 생물체는 아니었지만, 나름의 정성이 들어갔던 새로운 연결기기(connectivity devices)였기 때문에 다마고치를 키웠던 기억은 나름 특별하다.

처음 부모님께 다마고치를 사달라고 했을 때 부모님은 반대하셨다. 다마고치가 유해한 요소가 있는 것도 아닌 것 같은데, 반대하셨던 이유를 추측해보면 그것이 어른들의 인식에 '게임기'이기 때문이었던 같다. 당시만 하더라도 학생이 게임을 하는 경우는 정말 드물었고, 게임은 남자아이들의 전유물이라는 인식이 강한 데다가, 공부를 해야 할 청소년이 게임기를 가지고 노는 것이 이해되지 않았을 것이다.

시간이 많이 흘러 놀이를 중시하는 사회분위기가 형성되었지만, 놀이에 대한 부정적인 시각이 있는 것은 여전하다. 게임이 나쁜 것은 아니며, 어느 정도는 용인되거나 당연시되고 있기도 하다. 우리 일상에 컴퓨터나 모바일이 대중화된 만큼, 컴퓨터와 모바일을 플랫폼으로 하는 다양한 놀이들 역시 자연스럽게 받아들여지고 있는 것이다.

시대가 변할수록 놀이를 바라보는 사람들의 시선에도 변화가 찾아올 것이다. 다만 지금까지 그래왔듯 도구로의 놀이 개념이 하루아침에 완전히 바뀌기는 어려울 것이다. 대신에 놀이가 자발적이고, 재미있는 기분을 동반한다는 점에서 놀이를 즐기는 사람들은 점점 더 증가할 것이며, 발전하는 디지털 속도에 맞춰 계속해서 변해갈 것을 예측해 본다. 누가 알까. 앞으로 몇백 년 뒤에는 피터 브뤼겔의 〈아이들의 놀이〉가 컴퓨터 게임이나 SNS에 '좋아요'를 누르는 수많은 사람들로 가득 찬 디지털 홀로그램 작품으로 리메이크될지 말이다.

참고문헌

윤필상 고전(古典)의 고전(古典)

1. 단행본

레슬리 오레이, 『오페라의 역사』, 류연희 역, 동문선, 1990.
민석홍 · 나종일, 『서양문화사』, 서울대학교 출판문화원, 2006.
사이먼 셰퍼드 · 믹 월리스, 『드라마 씨어터 퍼포먼스』, 정우숙 역, 연극과인간, 2014.
슬라보예 지젝 · 믈라덴 돌라르, 『오페라의 두 번째 죽음』 이성민 역, 민음사, 2010.
아이스킬로스 · 소포클레스, 『희랍비극 1』, 조우현 외 역, 현암사, 1995.
아르놀트 하우저, 『문학과 예술의 사회사 1, 2』, 백낙청 역, 창비, 1999.
아리스토텔레스, 『시학』, 천병희 역, 문예출판사, 1999.
아리스토텔레스, 『시학』, 로즐린 뒤퐁록 · 장 랄로 주해, 김한식 역, 펭귄클래식코리아, 2014.
오스카 G. 브로케트 , 『연극개론』, 김윤철 역, 한신문화사, 1998.
윤필상, 『오페라, 음악과 극의 만남』, 푸른사상사, 2018.
이상섭, 『아리스토텔레스의 시학 연구』, 문학과지성사, 2002.
임철규, 『그리스 비극』, 한길사, 2007.

칼 달하우스, 『음악미학』, 조영주 · 주동률 역, 이론과실천, 1987.
Vila, Marie Christine, 『라루스 오페라 사전』, 김영 역, 삼호뮤직, 2012.
Abbate, Carolyn · Parker, Roger, *A History of Opera*, New York: W. W. Norton & Company, Inc, 2012.
Baest, Arjan van, *A Semiotics of Oper*, Delft: Eburon, 2000.
Galilei, Vincenzo, trans. by Palisca, Claude V., *Dialogue on ancient and modern music*, New Haven: Yale University Press, 2003.
Grout, Donald Jay, *A History of Western Music(Third Edition)*, New York: W. W. Norton & Company, Inc, 1980.
Kerman, Joseph, *Opera as Dram*, Berkeley: University of California Press, 1988.
Palisca, Claude V., *The Florentine Camerata: documentary studies and translations*, New Haven: Yale University Press, 1989.
Pirrotta, Nino, *Temperaments and Tendencies in the Florentine Camerata*, New York: G. Schirmer, Inc, 1954.
Wagner, Richard, trans. by Ellis, William Ashton, *Opera and Drama*, Lincoln: University of Nebraska Press, 1995.
Weiss, Piero, *Opera: A History in Documents*, New York: Oxford University Press, 2002.

2. 논문

김 효, 「비극은 보편적 장르인가?－정치적 사건으로서의 그리스 비극 연구」, 『프랑스학연구』 제29집, 프랑스학회, 2004.
이광모, 「그리스 비극의 공동체적 의사소통 기능」, 『헤겔연구』 제22집, 한국헤겔학회, 2007.
인성기, 「고대 그리스비극에서 합창의 역할－동일시와 카타르시스」, 『뷔히너와 현대문학』 제31집, 한국뷔히너학회, 2008.

백훈기 연극을 본다는 것의 행위적 층위

1. 단행본

마빈 칼슨, 『연극의 이론』, 김익두 외 역, 한국문화사, 2004.

막스 베버, 『직업으로서의 학문 · 정치』, 김진욱 외 역, 범우사, 2002.

발터 벤야민, 『기술복제시대의 예술작품/사진의 작은 역사 외』, 최성만 역, 도서출판 길, 2016.

아리스토텔레스, 『시학』, 천병희 역, 문예출판사, 2002.

에드윈 윌슨, 『세계 연극사』, 김동욱 역, 한신문화사, 2000.

움베르토 에코, 『대중문화의 이데올로기』, 김운찬 역, 열린책들, 2009.

이상복, 『연극과 정치』, 연극과인간, 2013.

이유선, 『사회 철학』, 민음인, 2009.

주디스 버틀러 · 아테나 아타나시오우, 『박탈』, 김응산 역, 자음과 모음, 2016.

폴 덤, 『관객을 위하여』, 김문환 역, 평민사, 1998.

플라톤, 『국가(政體)』, 박종현 역주, 서광사, 2003

Berger, P.L. · Luckman, T. 『지식형성의 사회학』, 박충선 역, 기린원, 1989.

Barrett, Lisa Feldmann, *How Emotions Are Made*, Houghton Mifflin Harcourt, 2017.

Freshwater, Helen, *Theatre & Audience*, Palgrave Macmillan, 2009.

Goleman, Daniel, *Emotional Intelligence*, New York: Bantam Book, 1997.

Hurley, Erin, *Theatre & Feeling*, Palagrave Macmillan, 2010.

Paul, d. Maclean, *The Triune Brain in Evolution: Role in Paleocerebral Functions*, Plenum, 1990.

Woodruff, Paul, *The Necessity Of Theater*, Oxford University Press, 2008.

2. 논문

백훈기, 「플롯의 모방과 수사학적 변용」, 『미디어와 공연예술연구』 12권 3호, 2017.

알베르토 멜루치, 「일상생활의 민주화」, 미셸 마페졸리, 앙리 르페브르 외, 『일상생활의 사회학』, 박재환 외 역, 한울, 1994.
크리스토프 울프, 「의례로서의 사회적인 것-모방, 수행성, 공동체, 베를린 의례 연구」, 김성현 역, 루츠 무스너 외, 『문화학과 퍼포먼스』, 문화학연구회, 유로서적, 2009.

홍상은 창극과 경극의 경계에 꽃피우다

1. 단행본

송철규, 『경극』, 살림, 2004.
이병욱, 『미래 디지털 사회를 위한 융합의 이해』, 생능출판사, 2011.
진옥섭, 『진옥섭의 사무치다-노름마치』, 문학동네, 2013.

2. 논문

김세원, 「혼종성과 문화정체성에 관한 소고」, 『철학과 문화』 제28집, 한국외국어대학교 철학과문화연구소, 2014.
김학주, 「중국의 경극(京劇) 현황 연구」, 『학술원논문집(인문 · 사회과학편)』 제50집 1호, 대한민국학술원, 2011.
오경희, 「중국경극의 보전과 전승」, 『비교문화연구』 Vol.25, 경희대학교 비교문화연구소, 2011.
오수경, 「국극이 된 경극:근대 중국 민족 예술의 표상」, 『동아시아문화연구』 Vol.62, 한양대학교 동아시아문화연구소, 2015.
유영대, 「창극의 전통과 국립창극단의 역사」, 『한국학연구』 33호, 고려대학교 한국학연구소, 2010.
이재성, 「창극의 양식적 변천과 발전과정 연구」, 『연극교육연구』 20호, 한국연극교육학회, 2012.

조득창, 「20세기 전반기 중국 경극형식의 변모양상 연구」, 『중국어문논총』 Vol.0 No.26, 중국어문연구회, 2004.
홍상은, 「장막극 창작 판소리의 전통 계승과 현대적 변용에 대하여」, 고려대학교 박사학위 논문, 2017.

3. 기타

서항석, 「나와 국립극장」, 『극장예술』 1970(11).
위셴룽(睮顯龍), 한국어 월간지 『중국』, 인민화보사, 2019년 제12호.
이미혜, 「창극과 경극 사이」, 『국립극장 미르』, Vol. 351, 국립극장, 2019. 4.
창극 〈패왕별희〉 팸플릿 '무대디자이너 노트', 2019. 4.
황수정, 「'한중 전통의 현대적 만남… 창극 〈패왕별희〉」, 뉴스핌, 2019.4.3.
한태숙 연출, 연극 〈안티고네〉, 대전 예술의전당 앙상블홀, 2013. 6. 21~23.

김공숙 〈별에서 온 그대〉에 숨겨진 중국의 오래된 사랑 이야기

1. 기본 자료

박지은 극본, 장태유 연출, 〈별에서 온 그대〉, 총 21부작, SBS, 2013.12.18.~2014.02.27.

2. 단행본

김정운, 『에디톨로지』, 21세기북스, 2015.
문학과 문학교육연구소 편, 『문학교육의 탐구』, 국학자료원, 1996.
박노현, 『드라마, 시학을 만나다』, 휴머니스트, 2009.
박희병, 『한국전기소설의 미학』, 돌베개, 1997.
배원룡, 『나무꾼과 선녀 설화 연구』, 집문당, 1993.

선정규, 『여와의 오색돌』, 고려대학교 출판부, 2013.
이부영, 「민담의 심리적 해석」, 『민담학개론』, 일조각, 1992.
이수연, 『한류 드라마와 아시아 여성의 욕망』, 커뮤니케이션북스, 2008.
장일구, 『경계와 이행의 서사 공간』, 서강대학교출판부, 2009.
최진아, 『환상, 욕망, 이데올로기』, 문학과 지성사, 2008.
S. 채트먼, 『이야기와 담론』, 한용환 역, 고려원, 1997.
袁珂, 『중국신화사』, 김선자 외 역, 웅진지식하우스, 2010.
袁珂, 『중국의 고대신화』, 정석원 역, 문예출판사, 2012.

3. 논문

강필임 외, 「중국의 한국드라마 연구와 수용－'별에서 온 그대' 관련 중국학술논문 내용분석」, 『중국학보』 제74호, 한국중국학회, 2015.
권도경, 「동남아 한류드라마의 한국고전문학 재생산과 한(韓)·동남아 서사코드」, 『아태연구』 제20권 제1호, 경희대학교 국제지역연구원, 2013a.
권도경, 「동북아 한류드라마의 한국고전문학 재생산과 한(韓)·동북아의 문학공유 경험」, 『동아 연구』 Vol. 66, 서강대학교 동아연구소, 2014.
권도경, 「드라마 〈가을동화〉의 애정전기서사원형 재생산과 동아시아 한류 드라마적 탄생 배경」, 『고전문학연구』 제43집, 한국고전문학회, 2013b.
김공숙, 「〈별에서 온 그대〉에 나타난 중국애정서사의 원형과 변용」, 『한국학연구』 제 57집, 고려대학교 한국학연구소, 2016.
김진영, 「古典小說에 나타난 謫降話素의 起源探索」, 『語文研究』 64, 어문연구학회, 2010.
김창현, 「한국애정비극서사의 기원과 그 미학적 특성」, 『어문논집』 제47집, 중앙어문학회, 2011.
김홍영, 「한·중 애정소설 비교연구－〈홍백화전〉과 중국 애정소설의 서사구조 비교를 중심으로」, 강원대학교 석사학위논문, 2007.
문현선, 「중국 대중문화(1979－2008)에서의 고전서사 수용 연구 : 필름 및 텔레비전 드라마 텍스트 異類戀愛談을 중심으로」, 이화여자대학교 박사학위논문, 2012.
백경선, 「초능력자 남성 주인공과 멜로드라마 캐릭터의 확장」, 『한국극예술연구』 Vol.61, 한국극예술학회, 2018.
신원기, 「〈견우직녀〉 이야기의 문학교육적 가치 분석」, 『어문학교육』 제 29집, 한국어문교육학회, 2004.
양승국, 「텔레비전 드라마에서 기억의 구조와 의미:〈별에서 온 그대〉를 중심으로」, 『冠嶽語文硏究』 Vol.39, 서울대학교 국어국문학과, 2014.
양충열, 「견우직녀 설화의 생성과 사회적 배경 고찰」, 『세계문학비교연구』 제38집, 한국세계문학비교학회, 2012년 봄호.
이루다, 「주류이데올로기의 한국드라마 수용－중국공산당의 문화 담론 맥락에서 본 한국드라마 담론(2002－2012)」, 『아태연구』 제20권 제 2호, 경희대학교 국제지역연구원, 2013.8.
정병설, 「조선후기 동아시아 어문교류의 한 단면－동경대 소장 한글번역본 『玉嬌梨』를 중심으로」, 『한국문화』 Vol. 27, 서울대학교 한국문화연구소, 2001.
최수경, 「淸代 才子佳人小說의 硏究」, 고려대학교 박사학위논문, 2001.
최진아, 「동아시아 愛情類 전기의 탐색」, 『中國語文論叢』 Vol. 28, 중국어문연구회, 2005.
최진아, 「'하백의 신부'－한 중 다원과 공존의 서사 읽기」, 『中國語文論叢』 Vol.83, 중국어문연구회, 2017.
한길연, 「고전소설의 '별자리 화소' 연구」, 『고전문학연구』 제46집, 한국고전문학회, 2014.
한의숭, 「조선후기 재자가인소설 관련 논의의 비판적 검토와 전개 양상에 대한 試論」, 『인문과학연구』 38, 강원대학교 인문과학연구소, 2013.
한의숭, 「漢文敍事散文의 연구 동향과 과제」, 『한민족문화연구』 Vol. 48, 한민족문화학회, 2015.
俞 娟, 「韓劇'來自星星的你'的美學解讀」, 『美與時代』(下), 2014.8.

4. 기타

장민지, 「비인간 캐릭터에 대한 대중의 환상」, 『방송작가』, 한국방송작가협회, 2016. 3월 호.

〈별에서 온 그대〉 홈페이지(https://programs.sbs.co.kr/drama/lovefromstar.)

이동형 문화예술 공론장은 시대에 따라 어떻게 달라졌을까?

1. 단행본

루크 구드, 『민주주의와 공론장 위르겐 하버마스(Jurgen Habermas)』, 조항제 역, 컬처룩, 2015.

매튜 그린, 『런던 커피하우스 그 찬란한 세계(The Lost World of The London Coffeehouse)』, 김민지 · 박지현 · 윤지영 역, 경북대학교 출판부, 2016.

벤자민 R. 바버, 『강한 시민사회, 강한 민주주의(A Place for Us : How to Make Society Civil and Democracy Strong)』, 이선향 역, 일신사, 2006.

볼프강 융거, 『카페하우스의 문화사(Herr Ober, eîn' Kaffe!)』, 채운정 역, 에디터, 2002.

서정복, 『살롱문화』, 살림출판사, 2003.

설진아, 『소셜미디어와 사회변동』, 커뮤니케이션북스, 2001.

위르겐 하버마스, 『공론장의 구조변화(Strukturwandel der Offentlichkeit : Untersuchungen zu einer Kategorie)』, 한승완 역, 나남, 2002.

주성수, 『시민참여와 민주주의』, 아르케, 2006.

제임스 커런 · 나탈리 펜턴 · 데스 프리드먼, 『인터넷, 신화를 넘어 공공성으로(Misunderstanding the Internet)』, 김예란 · 박성우 역, 컬처룩, 2017.

최민재 외, 『디지털 미디어 시대의 저널리즘 : 쟁점과 전망』, 한국언론진흥재단, 2013.

최 영, 『공유와 협력, 소셜 미디어 네트워크 패러다임』, 커뮤니케이션북스, 2013.
피파 노리스, 『디지털시대의 민주주의-정보불평등과 시민참여(Digital Divide Civic Engagement, Information Poverty, and the Internet)』, 이원태 외 역, 후마니타스, 2007.

2. 논문

강지웅, 「온라인 공론장의 분화와 네트워크 개인주의 공론장 형성에 관한 연구」, 연세대 대학원, 박사학위논문, 2016.
김태근, 「공론장의 위기와 공론장 구조변동 연구:이론적 재구성을 통한 전통적 저널리즘과 SNS, 특히 팟캐스트의 관계 고찰을 중심으로」, 『민족문화논총』, Vol.68 No.-, 2018.
박홍원, 「공론장의 이론적 진화-다원적 민주주의에 대한 함의」, 『언론과 사회』 20권 4호, 2012.
서윤경, 「시민 문화예술활동의 사회적 의미 고찰-서울시 마을예술창작소 사업의 일상성, 공동체성, 공공성을 중심으로」, 『도시인문학연구』, Vol.9 No.1, 2017.
서정복, 「프랑스 살롱의 기원과 문화적 역할」, 『프랑스문화예술연구』 제9집, 2003.
송호근, 「공론장의 역사적 형성과정:왜 우리는 不通社會인가?」, 『한국언론학회 심포지움 및 세미나』, Vol.2011 No.5, 2011.
오한진, 「유럽에 있어 초기 살롱문화연구」, 『외국문학연구』 6, 2000.6.
전석환 · 이상임, 「공론장의 형성과정 안에서 본 문학의 사회철학적 의미-하버마스의 공론장의 구조변화를 중심으로」, 『새한철학회』, 제68집, 2012.
전석환 · 이상임, 「'시민적 공론장' 개념을 통해 본 밀(J. S. Mill)의 자유주의이론에 대한 고찰-하버마스의 공론장의 구조변동에 나타난 논의를 중심으로」, 『새한철학회』 제61집, 2010.
최항섭, 「미디어 패러다임의 변화, 공론장, 그리고 사회적 자본」, 『정보와사회』 제13호, 2008.

하승우, 「풀뿌리 공론장에 대한 이론적 고찰」, 경희대 대학원 박사학위논문, 2006.
한승완, 「한국공론장의 원형 재구성 시도와 사회 · 정치철학적 함축」, 『사회와 철학』 제26집, 2013.

곽이삭 놀이(Play)하는 인간, 변화하는 놀이

1. 단행본

로제 카이와, 『놀이와 인간』, 이상률 역, 문예출판사, 1996.
마크 더핏, 『팬덤 이해하기』, 한울아카데미, 2016.
스튜어트 브라운 · 크리스토퍼 본, 『즐거움의 발견 플레이』, 윤미나 역, 흐름출판, 2010.
에티엔 바랄, 『오타쿠 가상 세계의 아이들』, 송지수 역, 문학과지성사, 2002.
아즈마 히로키, 『게임적 리얼리즘의 탄생』, 장이지 역, 현실문화, 2007.
요한 하위징아, 『호모루덴스』, 김윤수 역, 까치, 1981.
정낙림, 『놀이하는 인간의 철학』, 책세상, 2017.
Juul, J., *Half-real: Video games betwwen real rules and fictional worlds*, MIT press, 2011.

2. 기타

「아이들의 놀이환경, 놀이의 중요성 모르는 어른 '장해'」, *Landscape Times*, 2018.11.11(http://www.latimes.kr/news/articleView.html?idxno=31426)
「[유튜브 톡톡] 유튜브 찾으면 10대, 포털 검색하면 30대」, 동아일보, 2018.08.31 (http://www.donga.com/news/article/all/20180831/91762588/1)
이동현 외 2인, 「유망 SW분야의 미래일자리 전망」, 소프트웨어정책연구소, Issue Report 2018-001호, 2018.04.23, 11~13쪽.

http://culturalaction.org/wp/wp-content/uploads/2019/11/20191122-%EC%9E%90%EB%A3%8C%EC%A7%91-%EA%B8%B0%EC%88%A0%EB%AF%B8%EB%94%94%EC%96%B4%EB%AC%B8%ED%99%94%ED%8F%AC%EB%9F%BC-%EA%B2%8C%EC%9E%84%EA%B0%9C%EB%B0%9C%EC%9E%90%EB%85%B8%EB%8F%99%ED%99%98%EA%B2%BD.pdf

찾아보기

ㅂ

ㅇ

ㅊ

ㅋ

ㅌ

ㅍ

ㅎ

필자 소개

곽이삭

고려대학교에서 문화콘텐츠를 전공했으며, 게임의 사용자 경험에 대한 연구로 박사학위를 받았다. 현재 넥슨 코리아에서 게임 기획자로 일하고 있으며, 게이머의 게임 경험 · 게임 행위 · 게이머 중심의 문화에 대한 논문을 주로 발표했다.

김공숙

국립안동대학교 한국문화산업전문대학원 융합콘텐츠학과 스토리텔링 전공 교수이다. MBC, KBS, EBS 작가로 활동했고 한국방송평론상 수상 후 드라마와 예능을 비평한다. 『멜로드라마 스토리텔링의 비밀』(2017 세종도서 학술부문), 공저 『응용인문학과 콘텐츠』, 『문화원형과 콘텐츠의 세계』가 있다. 드라마, 영화 등 영상문화콘텐츠에 숨겨진 신화 · 민담과 고전의 원형 탐구에 관심을 두고 있다.

백훈기

예술집단 페테의 대표로 활동하며 연극과 뮤지컬 등의 대본을 쓰고 연출했다. 현재 목원대학교 TV영화학부에 재직하며 연극사, 교육연극, 스토리텔링, 극작술, 연출법 등을 가르치고 있다. 공연콘텐츠 개발 및 관객과 공연의 상호작용에 관심을 둔 연구를 진행하고 있다.

윤필상

한국예술종합학교에서 오페라 연출을 전공하고 고려대학교에서 문학박사학위를 취득했다. 현재 광주과학기술원 지스트대학 기초교육학부에서 예술과 응용인문학을 강의하고 있다. 저서로 『오페라, 음악과 극의 만남』, 논문으로는 「그레마스 기호학 이론을 통해 본 리브레토의 서사구조-시빌리야의 이발사를 중심으로」 등이 있다.

이동형

전 경향신문 기자, 문화사업국장, 고려대학교에서 지자체의 문화정책 및 지역문화재단 운영에 대한 연구로 박사학위를 받았다. 『문화예술 분야 언론홍보 가이드북』을 책임 집필했다. 『지역문화재단, 문화민주주의가 답이다』를 펴냈으며 그 외 논문으로 「신문 만평에 나타난 이데올로기 은폐현상에 대하여-에코의 수사학적 기법을 중심으로」 등이 있다.

홍상은

충남대학교 국어국문학과 학사, 추계예술대학교 예술경영대학원 석사, 고려대학교 문화콘텐츠학 박사를 취득했다. 지역문화와 창작 판소리에 관심을 갖고 있고 '창작 판소리'로 박사학위를 받았다. 할머니와 손자가 같이 볼 수 있는 공연 창작을 꿈꾸며 현재 대전시립예술단에서 일하고 있다.

고전은 어떻게 콘텐츠가 되었을까

윤필상 백훈기 홍상은 김공숙 이동형 곽이삭